ÜBER DAS BUCH:

Die »Trotzdemliebe« ist der Schlüssel zu einer beglückenden, zufriedenen Beziehung. Sie hat niemals den Charakter von Almosen oder Selbstzweck. Sie ist kein Flickwerk von zusammengesetzten Tugenden wie Mitleid, Pflichtbewußtsein, Helfenwollen und Aushalten was immer geschieht. Sie ist kein Eintopf sentimentaler Gefühle, sondern Geisteshaltung. Mit Fallbeispielen wird die Kraft der »Trotzdemliebe« belegt, die sich Traditionen, Konventionen, Institutionen und politischen Zwängen zu widersetzen versteht.

DIE AUTORIN:

Gertrud Zelinsky, geboren im schwäbischen Laupheim, kam erst mit 50 Jahren zur Feder. Mit ihrem Erstling »Kein Grund zur Panik« erschrieb sie sich gleich einen großen Erfolg. Sie lebt mit ihrem zweiten Mann in der Nähe von Würzburg.

Weitere Veröffentlichung:
Kein Grund zur Panik. Leben und Lieben der reifen Frau (1989).

Gertrud Zelinsky

»Und trotzdem liebe ich dich«

Vom besseren Umgang mit den Männern

Ullstein

Partnerschaft
Ullstein Buch Nr. 35306
im Verlag Ullstein GmbH,
Frankfurt/M—Berlin

Ungekürzte Ausgabe

Umschlagentwurf:
Friedemann Porscha
Unter Verwendung eines Fotos
von David W. Hamilton/The Image Bank
(© by David W. Hamilton/The Image Bank)
Alle Rechte vorbehalten
Taschenbuchausgabe mit
freundlicher Genehmigung der
F. A. Herbig Verlagsbuchhandlung GmbH,
München
© 1991 by nymphenburger in der
F. A. Herbig Verlagsbuchhandlung GmbH,
München
Printed in Germany 1993
Druck und Verarbeitung:
Clausen & Bosse, Leck
ISBN 3 548 35306 1

August 1993

Gedruckt auf alterungsbeständigem Papier
mit chlorfrei gebleichtem Zellstoff

Von derselben Autorin
in der Reihe der
Ullstein Bücher:

Kein Grund zur Panik (34788)

Die Deutsche Bibliothek —
CIP-Einheitsaufnahme

Zelinsky, Gertrud:
»Und trotzdem liebe ich dich«:
Vom besseren Umgang mit den Männern/
Gertrud Zelinsky. – Ungekürzte Ausg. –
Frankfurt/M; Berlin: Ullstein, 1993
  (Ullstein-Buch; Nr. 35306:
  Partnerschaft)
  ISBN 3-548-35306-1
NE: GT

für Uwe

Inhalt

Vorwort 9

Eva an Adam 11

Rückblicke 57
  Wie liebten Adam und Eva sich? 59
  Bis heute hat sich nichts geändert 61
  Wo war Josef? 65
  Hexenprozeß 69
  Fürstbischof Clemens August und die Frauen 73
  Das neunzehnte Jahrhundert – Pro und Contra 81
  Schopenhauer zum Thema Frau 83
  Frauen des neunzehnten Jahrhunderts 87
    Annette von Droste-Hülshoff · Bettina von Arnim ·
    Luise Aston · Fanny Lewald · Luise Otto-Peters ·
    Ricarda Huch
  Wenn Frauen und ihre Männer denselben Beruf
    ausüben 103

Der Alltag auf dem Prüfstand 111
  Fragen und Antworten 115

Der Unterschied und sonst noch Wissenswertes 195
  Der kleine Unterschied 197
  Der große Unterschied 200
  Gibt es ein weibliches und ein männliches Gehirn? 205
  Der Stoff, aus dem die Liebe ist – biochemisch gesehen 208
  Der Stoff, aus dem die Liebe ist – metaphysisch
    gesehen 211
  Erröten, Herzklopfen, Streß 215

Die Vielfalt der »Trotzdemliebe« 221
  Die Trotzdemliebe 223
  Kann man Liebe träumen? 230
  Mala und Edek 235

Gefühle 237
  Mitfühlen 239
  Sehnsucht 242
  Wut 244
  Gewissen 246
  Kummer 249
  Angst 251
  Die günstige Gelegenheit 255
  Humor 257
  »... hab ich Lieb, so hab ich Not ...« 259
  Rituale 262
  Versöhnung im Bett? 264
  Loben und schmeicheln 266
  Vertrauen und Mißtrauen 270
  Der erhobene Zeigefinger 272
  Schweigen oder Sprechen 274
  Traurigkeit 277
  Ausgleich 278

Die Liebeserklärung 283

Mein Dank 287

Vorwort

Wohin geht die Liebe, wenn sie geht? Warum geht sie immer wieder verloren im Alltag einer Beziehung? Liegt es daran, daß Frauen zu sehr lieben und Männer nur lieben lassen? Oder liegt es daran, daß unsere romantischen Vorstellungen von der Liebe immer wieder an der Wirklichkeit des Zusammenlebens zweier Menschen scheitern? Vielleicht weil die Erwartungen beider Partner zu hoch waren oder zu unterschiedlich?
Gertrud Zelinsky weiß von all diesen Fragen. Aus der Perspektive der Frau setzt sie sich offen und direkt mit den Problemen der Liebesbeziehungen auseinander. In einem »offenen Brief« den »Eva« an »Adam« schreibt, macht sie sich Luft über alles, was sie unerträglich und gar nicht liebenswert an ihm findet. Jedoch schon hier wird deutlich, daß es ihr nicht darum geht, aufzuzeigen, was in einer Beziehung schief läuft oder gar einseitig Schuld zuzuweisen. Vielmehr geht es ihr darum, zu zeigen, wie beide Partner trotzdem eine gemeinsame Zukunft schaffen können, die für beide befriedigend ist und in der die Liebe die Grundlage bildet.
Die Kraft hierfür liegt in der »Trotzdemliebe«. Eine Liebe, die über die Probleme und Ärgernisse des Alltags hinausgeht, ohne diese zu mißachten. In Fallbeispielen, in den Ergebnissen vieler Gespräche und Befragungen werden die Aspekte dieser »Trotzdemliebe« dargestellt.
Die Autorin gibt dabei keine oberflächlichen Patentrezepte. Vielmehr macht sie Vorschläge, mutmachende Anregungen, die dem Leser dabei helfen, seine eigenen Vorstellungen zu überdenken, eingefahrene Pfade zu verlassen und neue Wege zu finden, um so zu einem tieferen Verständnis von Liebe und Partnerschaft zu kommen.
Das vorliegende Buch hat mir auch deshalb gefallen, weil es persönlich geschrieben ist. Gerade dieser eigene Standpunkt, der

immer deutlich bleibt und die flüssige Art des Schreibens machen das Buch besonders empfehlenswert.
Ich wünsche dem Buch und der Verfasserin zahlreiche Leser, Frauen und Männer, denen es dabei helfen kann zu einem besseren Umgang miteinander zu finden.

Heidelberg, im Januar 1991

Wolfgang Knörzer
Diplom-Pädagoge
Fachreferent für Gesundheitsbildung und Psychologie
an der Volkshochschule Heidelberg

Eva an Adam

Lieber Adam,

Dank für Deinen Brief, Du schreibst, Du fühltest Dich verunsichert, ungerecht behandelt, von Eva ins Abseits gestellt.
Wundert Dich das?
Seit Jahrhunderten – bis auf wenige Ausnahmen – hast Du doch die Frau als Selbstbedienungsladen betrachtet, wo man alles haben kann zu niedrigsten Preisen, hast Eva unterdrückt und nicht selten der Würdelosigkeit ausgesetzt.
Doch Eva geht auf Dich zu, obwohl sie genau weiß, weshalb sie Dich zeitweilig ablehnt, verteufelt, niedermachen möchte, warum sie Dich quält bis zur Selbstzerstörung:
Sie braucht Dich, achtet Dich, sucht Dich.
Sie macht es auch deshalb, um den neuentdeckten Mut zur Liebe zu untermauern, um seine Existenz deutlich zu machen.
Evas Mut zur Liebe ist bewundernswert angesichts des »Sündenregisters«, das Deine Akte füllt. Eine Akte, die Dir, dem »Angeklagten« sehr zu schaffen machen müßte, hättest Du nicht den besten Anwalt der Welt: *Eva*.
Denn sie macht alles *trotzdem:* lieben, verzeihen, vergessen, lächeln, vertrauen, mutig ihren Weg gehen.
Nicht weil sie dümmlich wäre, unwissend, blauäugig.
Nicht weil sie keine Alternative zu Dir hätte.
Nicht weil sie ohne Dich nicht atmen könnte.
Nicht weil Du die »Krone der Schöpfung« bist.
Nicht aus sexueller Begierde.
Auch nicht weil Du der Vater ihrer Kinder bist.
Sondern weil sie Dich einfach liebt –
Dich verdammtes, vergöttertes Biest.

Doch warum diese unendlich vielen Schwierigkeiten? Gibt es so wenig gemeinsame Gedanken und Gefühle? Warum wird leichtfertig aufs Spiel gesetzt, in das einmal viel investiert wurde?

Warum überhaupt diese offenen Fragen?
Ist es nicht ein Unvermögen von beiden, Eva und Adam, zu verstehen, verstehen zu wollen? Einer den anderen?
Warum wird so viel riskiert? Ist man sich der Zuneigung und Treue des anderen nur allzu sicher?
Ist man sich wirklich sicher oder tut man nur so?
In der Nacht, wenn das Kopfkissen nebenan kalt und glatt, unbenutzt bleibt? Dein Kopfkissen Adam?
Dann hat Eva die schlechteren Karten.
Oder, sage mir, wie oft hast Du schon unruhig, angstvoll wartend eine Nacht durchwacht? Durchweint?
Für Eva gibt es da kein Ausweichen – eine Wahl hat sie nicht. Ein Ersatz für Adam ist seit dem Paradies nicht erfunden, nicht erschaffen, nicht konstruiert – nicht einmal gedacht worden.
Doch können nur Eva und Adam gemeinsam die Früchte der Liebe ernten und genießen.
Du, Adam, machst es Eva schwer, sich Dir zu zeigen, unverpackt, ungeschützt. Sie sieht Gefahr für ihre innigsten Gefühle, befürchtet, sie könnten durch Dich verletzt werden.
Du könntest ihr die Angst nehmen, wolltest Du Dich zu *Deinen* Gefühlen bekennen.
Außerdem würdest Du in der Achtung einer jeden Eva steigen, hättest Du den Mut, weich und gefühlvoll zu sein.
Deine Männlichkeit bekommt dadurch keinen Knacks. Warum läßt Du Dich nicht einfach fallen, läßt es darauf ankommen?
Alles was unversucht bleibt, kann niemals gelingen.
Eva ist verwegen genug zu behaupten, daß Du Gefühle hast und gefühlvoll bist.
Dir ist doch hoffentlich klar, daß *weich* oder *empfindsam* sein durchaus sehr männlich ist und nicht im mindesten verwechselt werden darf mit »Memme« oder »Waschlappen«. Derlei Gestalten, die bei der geringsten Schwierigkeit den Rückzug antreten oder gar mit dem Dauergesichtsausdruck »Ja Mama« bis an ihr Lebensende der Ehefrau ein zusätzliches Kind bedeuten – oft sind sie sogar deren einziges – sind genauso belastend für die

Eva-Adam-Beziehung wie Polterer und Brutalos, Diktatoren und Besserwisser.

Eva weiß genau, daß es mitunter auch an ihr liegen kann, wenn Du Dich zurückziehst wie ein Einsiedlerkrebs, wenn Du Dich manchmal fühlst wie Jonas im Rachen des Fisches, eingeschlossen ohne Aussicht auf Freiheit.
Sollte es an ihr liegen, so ist es dazu erst nach langer Zeit der Enttäuschung gekommen, nach Jahren, in denen Du sie »kurz« gehalten, sie in ihrer Gefühlswelt allein gelassen hast.
Jetzt hast Du die Quittung und wunderst Dich.
Nicht nur das. Du beschimpfst sie als Unruhestifterin, als Nörglerin, bescheinigst ihr Unfähigkeit für jegliche Art des Miteinander.
Eva fühlt sich nicht nur zu Unrecht angegriffen, es tut ihr auch weh, weil sie so nur schwer eine Hoffnung sehen kann.
Sie möchte sich nicht nur als körperliche Ergänzung begreifen, sondern auch Dein geistiger Gegenpol sein.
Eva bekommt leider oft den bedauerlichen Eindruck, daß dies – Körper zu Körper – Dein einziges Bestreben ist, das einzige Interesse, das Du an ihr hast und ihr zeigst. Geist zu Geist ist nicht gefragt. Machen wir uns nichts vor – mach Dir nichts vor: im Grunde kann Dich das auch nicht befriedigen – oder womöglich doch?
Eva will mehr. Sie will nicht nur das eine oder das andere – sie liebt mit dem Körper, dem Kopf und ihrer Seele.

Neuerdings hört man Dich über Evas Selbständigkeit klagen. Es paßt Dir nicht, daß sie aufmüpfig wird und ihre eigenen Gedanken denkt. Schon lange hat sie keine Lust mehr, nur nach Deiner Pfeife zu tanzen und sich nur nach Deiner Uhr zu richten.
Was hast Du dagegen, wenn sie *nein* sagt, wo sie früher brav und unterwürfig *ja* zu sagen pflegte?
Soll sie nicht in ihrer eigenen Welt leben dürfen?
Warum wirst Du muffig und brummig, hegt Eva den Wunsch,

wieder in das Berufsleben einzusteigen? »Meine Frau hat es nicht nötig zu arbeiten.« Darum geht es doch überhaupt nicht. Es geht darum, daß sie unabhängig sein möchte, von Dir und auch von Deiner Brieftasche. Weshalb beklagst Du Dich? Du warst es doch, der Eva seit Menschengedenken wie eine Marionette handhabte:
Eva schließe die Fenster. Eva lege Holz auf das Feuer. Eva bring die Kinder ins Bett. Eva tu dies, Eva tu jenes...
Also, was willst Du? Willst Du ihr verbieten, daß sie endlich selbständig denken und handeln will? Und zwar, *ohne* sich von Dir zu entfernen?
Wenn Du sie aus jeder Verantwortung herausnimmst, so ist das nicht nur schlichtweg eine Beleidigung und Mißachtung, sondern Du erweist ihr auf einem anderen Gebiet noch einen ausgesprochen schlechten Dienst. Schau Dich um und beachte bitte, wie viele Frauen im Alter alleine sind – auf sich gestellt. Du hast sie zur Unmündigkeit erzogen, hast sie gehalten wie eine Leibeigene. Plötzlich steht sie da, oft von einem Tag auf den anderen, ohne daß sie sich auf das Alleinsein hätte vorbereiten können.
Hier herrscht vielfach große Unsicherheit und Ratlosigkeit, die Du zu verantworten hast.
Also was willst Du? Warum beklagst Du Dich über Eva heute? Lamentierst herum. Schiltst sie Emanze und ähnliches mehr.
Kann es sein, daß Du ihre Konkurrenz fürchtest? Es sieht ganz danach aus. Welchen Grund solltest Du sonst haben, so heftig zu reagieren?
Du solltest vielmehr stolz auf sie sein – denn sie akzeptiert Dich *trotzdem* – in ihrer Selbständigkeit mehr denn je.
Bewußt und selbstbewußt. Selbstgewählt. Frei.

Du bist wichtig für sie. Sie nimmt an Deinem Leben teil.
Sie weiß auch ganz genau, daß Beruf und Karriere für Dich immer an erster Stelle stehen werden. Eva akzeptiert dies. Doch es darf nicht so weit kommen, daß Du nicht mehr mit ihr, sondern mit Deinen Computern, Akten und Börsenberichten lebst.

Sie möchte, daß Du mit *ihr* lebst, daß Du da bist, nicht nur dann, wenn sie Dich braucht – dann jedoch ganz besonders. Denn es gibt so vieles, was Eva alleine durchstehen muß. Wenn sie alleingelassen wird mit ihren Gefühlen, dem bewegten Herzen. Von Trost kann ohnedies nur selten die Rede sein.
Hast Du denn noch immer nicht kapiert, wie entscheidend Du für ihr Leben bist?
Schlicht gesagt, Eva liebt Dich. Warum geht das so oft und grausam schief? Du liebst Eva doch auch. Aber anders. Gravierend anders! Erschütternd anders! So anders, daß oft nichts mehr geht – nicht vertikal, nicht horizontal.
Hast Du dafür eine plausible Erklärung? Du hast natürlich keine, weil Du gar keine willst. Es ist Dir überhaupt nicht wichtig. Eva soll nur lieb sein. Zärtlich, anschmiegsam, ohne eigene Meinung. Glaubst Du im Ernst, daß Dir das genügt? Auf Dauer? Nie! Es sei denn, Du bist beschränkt.
Allerdings kann sich Eva gut vorstellen, daß Dir das am bequemsten wäre: Ein ständig grinsender Jasager, Kopfnicker, Händchenhalter. Doch eines Adams, wie Eva ihn liebt, wäre das nicht würdig. Oder täuscht Eva sich gar? Sie kennt selbstverständlich ein paar dieser Adamexemplare. Sie ist nicht bereit, derlei Magerangebot auf sich zu beziehen. Magerangebot, Minuspersönlichkeit, Püppchen – eine etwas zu groß geratene Barbie-Puppe.
Eva ist Dir mindestens ebenbürtig. Du weißt das.

Unterdessen bist Du zu Ruhm und Ehren gelangt, hast Karriere gemacht, bist in die Jahre gekommen. Plötzlich hast Du die »zündende« Idee, Du könntest Deine treue Gefährtin austauschen. Deine Frau, die oftmals einen langen, mühsamen und beschwerlichen Weg mit Dir gegangen ist, genügt Dir nicht mehr. Sie konnte mit Dir nicht Schritt halten, glaubst Du. Du glaubst das wirklich? Wann hätte sie denn Gelegenheit gehabt, sich weiterzubilden? Gelegenheit, ohne den Haushalt und die Kinder zu vernachlässigen?

Du hast sie sicher nicht dazu aufgemuntert oder gar unterstützt, wenn sie derlei Wünsche äußerte.
Du liest in Fachzeitschriften, während sie Kartoffeln schält.
Du besuchst Seminare, während sie Mathematik und Englisch mit den Kindern paukt.
Du bildest Dich weiter, während sie den Rasen mäht oder Wäsche bügelt.
Eva kennt den Adam auch anders. Sie kennt einen Adam, der die Rollenverteilung gleichmäßig vornimmt.
Das ist die neue Generation der Evas und Adams. Eine neue Denkweise kann sich allmählich durchsetzen. Eva zieht endlich gleich. Sie hat sich den Platz erkämpft, der ihr zusteht.
Weshalb wird sie dann immer noch ausgetauscht?
Eva wartet auf eine Antwort...
Der zur Zeit Schlagzeilen machende Soziologe an der Universität Münster, Horst Herrmann, behauptet: »Im Land der Intimität sind die Männer die Laien geblieben, sie haben Angst vor überlegenen oder auch nur ebenbürtigen Frauen. Kein Wunder also, daß sie sich um jüngere Frauen bemühen, die sie leichter beherrschen können.«
Wäre das die Antwort?

Du fragst Dich, warum Eva sich überhaupt Gedanken macht, sich hinhockt und versucht, Dir das nahezubringen, was ihr auf der Seele und dem Herzen brennt? Du mußt es wissen. Du weißt es nur zu gut: Weil Du ihr nicht egal bist. Weil sie sich mit Dir beschäftigt, weil sie Interesse an Dir hat.
Sie will Dich nicht umkrempeln – auch wenn Du das glaubst.
Letzten Endes weißt Du genausogut wie sie, daß das überhaupt nicht geht, ein Unterfangen, von vornherein zum Scheitern verurteilt. Doch Eva hat nun mal das feinere Gespür. Sie weiß instinktiv, wie eine Beziehung »funktionieren« kann oder nicht.
Ihre oft heftige Reaktion hat den Grund darin, daß Du daneben stehst, von Dingen redest, die überhaupt nicht zum Thema gehören, Antworten gibst, die genau zeigen, daß Du nicht zuge-

hört hast, nicht verstehen willst – oder gar nicht kannst? Eine ohnmächtige Wut befällt sie dann.
Doch es soll Dinge geben, Ebenen, die Du niemals wahrnimmst, weil in Deinem Herzen und in Deinem Kopf nicht vorhanden.
Eva ist das schmerzlich bewußt, deshalb ist sie lange nachsichtig und geduldig.
Wenn sie aber nicht mehr nachsichtig und geduldig ist – spätestens dann wird sie unbequem, und dann tauschst Du sie aus.
Wie genial von Dir und natürlich auch generös.
Nicht weil sie geistig zurückgeblieben wäre, nein, sie ist kompliziert und aufsässig. Deshalb.
Sie stellt Fragen, die Adam nicht beantworten will, erzählt Dinge, die ihn nicht interessieren.
Anspruchsvoll wie sie ist, erwartet sie Teilnahme, fordert ihn...

Du brüstest Dich, die Seele alles Weiblichen zu kennen, streust »wichtige Erkenntnisse« Deinerseits über jeden, der Dir bewundernd zuhört, gibst praktische Anweisungen über den Umgang mit Eva, wo Du ein Tölpel bist in Sachen Gefühl. Ein Stümper in Sachen Mitmensch. Auch sparst Du nicht mit weisen Kommentaren, gibst Dich erfahren und empfindsam zugleich, wenn körperliche Nähe zur Intimität wird. Wohlgemerkt, Du gibst Dich, gibst Dich einem Wahn hin, Liebes*lust* zu schenken, wo Du nicht selten Liebes*frust* hinterläßt.
Ein Egoist bist Du, träge, herablassend.
In Deinen Kreisen ist man häufig der Auffassung, Eva hätte gefälligst selbst für ihren Orgasmus zu sorgen.
Oft ist »entjungfern« gleichbedeutend mit entzaubern und das für ein ganzes Frauenleben.
Du bist zu bedauern, fällt Dir zum Thema Erotik nichts Besseres ein.
Der große Lehrmeister in Liebe? Liebesspiel? Freudiger Erregung? Gemeinsam erlebter Höhenflüge?
Du kannst der sein, wenn Du nicht vorgibst zu lieben, wo Du nur körperlich begehrst.

Wo *Liebe* zu dem Wunsch führt, sich körperlich zu vereinen, da ist die körperliche Liebe ohne Gier, ohne Selbstzweck, ohne das Gefühl, erobern zu müssen – sie wird zur zärtlichen Erfahrung des »Du« und des »Ich«.

Sexuelle Erlebnisse ohne Liebe führen zu der fatalen Erkenntnis, daß man sich »hinterher« genauso fremd ist wie »davor«.

Man beginnt den anderen zu hassen, weil man feststellen muß, daß alles nicht *mehr* war, als eine orgiastische, zeitlich sehr eingegrenzte und begrenzte Vereinigung.

Solltest Du dies allerdings anstreben, darfst Du mit einer Eva, die mit Leib *und* Seele liebt, nicht rechnen.

Zwar ist ihre erotische Liebe immer exklusiv, doch liebt sie im anderen alles Lebendige.

»Erotische Liebe schließt die Liebe zu anderen nur im Sinne einer erotischen Vereinigung, einer vollkommenen Bindung an den anderen in allen Lebensbereichen aus – aber nicht im Sinne einer tiefen Liebe zum Nächsten.«

Der Philosoph Erich Fromm kommt zu dieser Erkenntnis in seinem Buch: »Die Kunst des Liebens.«

Seit der berühmten, allseits bekannten Geschichte von der Erschaffung Evas, sie soll dem Bibelwort zufolge aus einer Rippe Adams modelliert worden sein – womöglich war es auch völlig anders – fehlt ihm etwas, dem armen Adam. Es fehlt ihm das, was Eva nun zusätzlich besitzt.

Die Gelehrten, ob Anatom oder Chronist, haben es bis zum heutigen Tag verabsäumt, eine schlüssige Antwort darauf zu geben.

Eva aber sollte wissen, daß sie im Vorteil ist. Wie immer, wo immer, weshalb auch immer. Sie ist es nun mal.

Wir verlassen den biblischen Hain wieder und wenden uns der Gegenwart zu.

Eva und Adam sind berufstätig.

Beide kommen abends müde und abgekämpft nach Hause.

Wer geht dann zuerst in die Küche und wirft die Mikrowelle an?
Wer deckt den Abendbrottisch, putzt den Salat?
Wer räkelt sich vor der Flimmerkiste?
Diese Fragen beantwortest Du Dir bitte selbst und denkst ein paar Minuten nach.
Oder bist Du zu müde zum Nachdenken? Nun, das soll dahingestellt sein. Eva interessiert es brennend, ob Dir Dein derartiges Verhalten überhaupt schon jemals aufgefallen ist.
Ist Dir bewußt, daß auch Du Fehler hast?
Dein hochprozentiges Selbstbewußtsein ist geradezu unerträglich. Eva kennt Dich doch. Deine Schwächen und Unzulänglichkeiten. Deshalb ist es so lächerlich, mit fadenscheinigen Ausreden zu argumentieren. Was ist denn Schlimmes dabei, einen Fehler einzugestehen? Hast Du Angst um Deinen Lack?
Weißt Du denn nicht, daß ein menschlicher Mensch liebenswert ist?
Hast Du schon überlegt? Überlegen macht überlegen!
Schlimm sind ja nicht Deine Ausreden, Deine Ausflüchte. Schlimm ist, daß Du Eva für so dumm und einfältig hältst, sie kurzerhand und auch auf Dauer als Dummchen hinstellen zu können. Und sie auch noch so zu behandeln.
Das geht nicht mehr. Eva kann nämlich überlegen...
Glaube nur nicht, Du wärst der Intelligentere der Spezies Mensch. Statt dessen denkst Du Dir Gewalttaten aus, treibst üblen Scherz mit Gefühlen, suggerierst Unvermögen und doch bist Du es, der Evas Tage und Nächte mit Freude erfüllt. Du schenkst ihr beglückende Stunden, gibst ihr ein wohliges Rundumgefühl – hautnah, seelennah.

Weißt Du, Eva hält nichts von den Vernichtungskampagnen gegen Adam. Sie hält nichts von all den Hetzparolen gegen Dich.
Die helfen keinen Schritt weiter, machen das Zusammenleben nur noch unerträglicher, verhärten unnötig die Fronten.
Eva meint, Eva solle sachlich und fair bleiben, sonst wird ein Dialog nie zustande kommen.

Sie weiß allerdings auch nur zu gut, daß es Sorten der Adamsgesellschaft gibt, die jeder sachlichen Kritik bewußt ausweichen, ihr mit konstanter Hartnäckigkeit aus dem Wege gehen, die jedem, der nicht unentwegt in die Hände klatscht und Bravo ruft zu ihrer Person und deren Heldentaten, Blödheit und Schwachsinn bescheinigen. Doch von diesen soll hier nicht die Rede sein.
Hier ist die Rede von dem Adam, der sich seiner Unzulänglichkeit wohl bewußt ist, immer wieder guten Willen zeigt, an sich zu arbeiten, kooperativ zu sein.
Es ist die Rede von jenen Männern, denen Sätze wie: »Es tut mir von Herzen leid«, oder »sei mir nicht böse, ich war wieder einmal ein Schaf«, durchaus nicht fremd sind und die zu gegebener Situation auch anzuwenden sie den Mut und die Größe haben.
Leider führen solche Männer noch immer ein Solitärdasein.
Die Schicksale ungezählter Frauen sind der Beweis dafür. Trotzdem, es gibt sie, die Männer, die liebenswert sind.
Diese Tatsache läßt Eva hoffen.

Ungeachtet dieser Tatsache, möchte Eva noch ein paar Anmerkungen zu Deiner umstrittenen Person machen:
Die verwirrende Art, auf dem genau falschen Fuß Hurra zu schreien, wo Du besser daran tätest, Dich ruhig zu verhalten.
Deine unsensiblen Kommentare in Problemsituationen, anstatt mit Fingerspitzengefühl Dich vorzutasten.
Das rechthaberische Auftrumpfen, das nur sehr mühsam und unter Aufbietung allen Selbstbewußtseins ertragen werden kann.
Deine beleidigende Nachsicht, die nicht ermutigt oder tröstet, sondern klein und mutlos macht.
Dein repressives Schweigen, wenn Du glaubst, eines Deiner Imagefelle könnte am Wegschwimmen sein.
Die stete Bereitschaft, auf dem Altar Deiner Eitelkeiten Gefühle anderer – nicht selten trifft es Eva – zu opfern.

Nun, kommt Dir etwa irgend etwas bekannt vor?
Gibt es da Dinge, die Dir sehr wohl vertraut sind?
Vielleicht ziehst Du Dich in ein stilles Kämmerlein zurück und ziehst Bilanz. Oh, Du hast das nicht nötig?
Da hat Eva schon wieder eine »beklagenswerte« Eigenschaft an Dir entdeckt: Du bist vollkommen! Unschuldig wie der junge Morgen. Nur Eva tritt ins Fettnäpfchen... Zeitweilig sicher.
Doch Du stehst mit beiden Beinen drin, denkst nicht einmal daran, Dich daraus zu erheben. Das könnte ja Mühe kosten, unbequem sein. Womöglich gibt es Fettflecken auf der weißen Weste, und Du müßtest Dich umziehen.
Welch großer Fortschritt für Adam, wenn er die Zeit fände, die alteingetragenen, muffeligen Kleider abzulegen, sich umzuziehen. Eva spricht nicht von »umfunktionieren«, das hat sie nicht im Sinn.
Hier ist »Umziehen« mit »Umdenken« gleichzusetzen.
Dies wäre eine kleine Anstrengung wert.
Dann hieße es auch nicht mehr nur »trotzdem«, sondern »deshalb« liebe ich Dich.
Eva liebt den Adam, der an sich arbeitet, der sich bemüht um ein besseres Miteinander.
Doch leider ist sie noch nicht am Ende ihrer Aufzählung angekommen. Hast Du ein gutes Gedächtnis? Eigentlich schon.
Wie kommt es dann, daß Du Dich an nichts erinnern kannst, was Deine Kreise stört und wodurch Du eventuell unangenehm berührt sein könntest? Zumindest hast Du das Tuch des großen Vergessens darüber gebreitet. Du kannst Dich und willst Dich nicht erinnern. Eva macht das rasend und oftmals unversöhnlich.
Sie baut Dir die kühnsten Konstruktionen riesiger Eselsbrücken, beschreibt Dir bis ins Detail die Situation – nein, es will Dir nichts in den Sinn kommen...
Du weist alles weit von Dir? Die Palette der »typisch männlichen« Eigenschaften geht Dich nichts an? Hat mit Dir nichts zu tun? Das spricht nicht gerade für Dich.

Eva hat Mühe, ihre Achtung vor Dir nicht zu verlieren, wenn Du so störrisch bist. Warum bist Du so? Bist Du am Ende doch nicht so großartig? Bist Du schwach? Fühlst Du Dich Eva unterlegen? Warum stehst Du nicht zu Deinen Schwächen?
Oh, ja, Eva weiß, Du stehst zu ihnen bei einem verführerischen Weib, aber sonst?
Eva ist nichts bekannt. Die Geschichte erzählt auch nichts Einschlägiges.
Nichts als Heldentaten:
Spitzengeschwindigkeiten von hier nach dort.
In noch weniger Sekunden die soundsoviel Meter gelaufen.
Dem Chef die noch kältere Schulter gezeigt.
Die Untergebenen mit noch mehr Härte bedacht.
Heute nicht nur den, sondern auch noch jenen unter den Tisch getrunken.
Ohne Schwierigkeiten die begehrte Schöne zum Schäferstündchen überredet. Undsoweiterundsofort.
Welcher Adam möchte da hintanstehen?
So hat Eva seit Menschengedenken Mühe, aus diesem Labyrinth der männlichen »Großmannssucht« das Quentchen Wahrheit herauszufinden, das ihr die Möglichkeit gibt, sich ein Bild von Adam zu machen.
Ob es wenigstens in die Nähe der Realität gelangen wird? Womöglich erfährt sie es nie, muß ein Leben lang mit Schaumtörtchen und Luftballons zurecht kommen, Blähhälsen und Schwellköpfen. Wird Eva es schaffen? Adam, Du könntest ihr doch dabei helfen, oder ist Dir das zu mühsam?
Für Dich ist es selbstverständlich weitaus angenehmer, wenn Eva staunend ob Deiner Großartigkeit an Deinen Lippen hängt, mit schweren Augenlidern Deinen Bewegungen folgt, mit denen Du Deine Meisterstückchen glaubst zum Besten geben zu müssen.
Aber warum hängt sie denn? Sie weiß nur zu gut, daß Dir das schmeichelt und sie somit »gute« Tage hat.
Ist das der Sinn einer Partnerschaft? Kann man das Gleichklang der Seelen nennen?

Wer und was klingt denn da gleich? Hier klingt doch nur einer und das bist Du, Adam. Ob allerdings Deine Seele klingt, möchte Eva bezweifeln. Bestenfalls ertönen Mißklänge, schräge Töne, Dissonanzen, – Kakophonie, wohin man hört! Manchmal möchte Eva lieber taub sein, oder sich zumindest die Ohren zuhalten können. Doch sie vermag Unglaubliches: Sie verwandelt dieses Gejaule in eine wohlklingende Melodie, die alles wieder heil machen kann bis zum nächsten Mal, wenn das Spiel der falschen Noten von vorne beginnt.
Weil wir gerade bei Tönen sind.
Ist das *Dein* guter Ton, wenn Du bei jedem freundlichen Wort, das Eva mit einem anderen wechselt, oder wenn sie sich ausgelassen und locker gibt, zynisch wirst?
Deine unangebrachte Eifersucht mit gemeinen Worten zu verbergen suchst?
Warum bist Du überhaupt eifersüchtig? Hat Eva Dir jemals einen Anlaß dazu gegeben? Gab es jemals einen Grund zur Beunruhigung?
Du vergißt in Deiner Eifersucht, daß man Liebe niemals fordern kann. Daß selbst die eigene Liebe – oder was davon noch übrig ist – aufhört, ernsthaft, glaubhaft zu sein, sobald man einen Anspruch daraus ableitet.
In Deiner albernen Eifersucht bist Du – weiß Gott – nicht betörend oder gar gewinnend – leider nur lächerlich. Es könnte die erste Ermunterung für Eva sein, sich mal umzusehen, zu schauen, was es sonst noch so gibt. Eva wittert eine schwache Stelle bei Dir und wird immer reizvoller werden für Dich, ja sie wird begehrenswerter, als Du es bis jetzt bemerkt hast.
Hast Du denn Angst, sie könnte bei einem anderen mehr Lust erfahren? Der andere könnte besser sein als Du?
Wenn Du ein gesundes Selbstbewußtsein hättest und Deiner Männlichkeit sicher wärst, würde man Dich nicht eifersüchtig sehen – genausowenig wird man Eva in diesem Zustand sehen, wenn sie weiß, wie sie wirkt und wie sie ist.
Natürlich wird beiden nicht erspart bleiben können, was sich

wie ein Dorn in die Seele bohrt und was wohl keiner Liebe erspart bleiben wird, doch fühlen sie sich nicht verhöhnt oder lächerlich.
Solch ein Adam wird seine Eva nicht mit üblen Schimpfworten bedenken, sie nicht als Hure bezeichnen, sollte er ihr nicht mehr das geben können, was sie sich erhofft und wünscht. Dieser Adam kommt sich dann auch nicht minderwertig vor.

Eifersucht sei immer »Angst vor dem Vergleich«, wie Max Frisch in seinem Aufsatz »Eifersucht« beschreibt.
Eva ist bekannt, daß der Anlaß dieses fressenden und nagenden Gemütszustandes häufiger Du bist, als es Eva jemals sein könnte.
Deine Art, Dich »locker« zu geben, ist nicht selten schamloses Flirten. Du demütigst die Eva, die in Deiner Begleitung ist.
Absichtlich machst Du das nicht, Eva will es Dir wenigstens nicht unterstellen. Doch was sie Dir vorhalten möchte, ist Deine wieder einmal sprichwörtliche Gedankenlosigkeit, die verdächtig in die Nähe von Gleichgültigkeit gerückt ist.
Mach es dem Miteinander doch nicht so schwer.
Es ist kein gutes Markenzeichen, zeugt eher von einer minderen Qualität desjenigen, der solch eines Aushängeschildes bedarf. Er macht für sich die schlechteste Reklame. Keine Eva, die anspruchsvoll ist, die von Dir, Adam, etwas versteht, wird das Opfer eines Marktschreiers werden. Außerdem hat diese Eva Stil. In Gegenwart einer Artgenossin wird sie derlei Tun ohnehin nicht beachten. Worauf *Du* allerdings achten solltest, ist die Kunst, mit dem anderen Geschlecht Verbindung aufzunehmen, ohne peinlich zu sein, ohne irgend jemand zu verletzen.
Du kannst Dich charmant geben. Sprühen. Mit hinreißender Eloquenz begeistern, aber laß diese Schwüle zwischen Deinen Atemzügen. Es gibt so viele reizende Evas, die anziehend, begehrenswert sind.
Gib *Deiner* Eva zu verstehen, daß sie für Dich die begehrenswerteste ist, dann bringt ihr Dein *gekonntes* Spiel mit fremdem Feuer

auch keine schweren Gedanken, macht sie nicht unglücklich – sie wird sich höchstens amüsieren.
Doch solltest Du ihr ernsthaften Anlaß zur Eifersucht geben, zu diesem irremachenden Gefühl, dann kann die überlegteste und überlegendste Eva nicht mehr denken. Jede Minute der Unsicherheit wird zur Höllenqual, eine Marter schrecklichen Ausmaßes. Sie stellt alles, was sie und ihre Person betrifft in Frage. Was hat die andere, das ich nicht habe? Ist sie schöner, ist sie jünger? Ist sie verständnisvoller, kann sie besser zuhören? Kocht sie besser? Ist sie die bessere Geliebte? Was ist anders an ihr? Heute will Eva sie unbedingt kennenlernen. Morgen sagt sie sich: »Wie komm ich dazu? Ich geb ihr doch nicht die Genugtuung, heimlich oder gar offensichtlich über mich zu grinsen.« Und dann wieder: »Ich muß mit ihr sprechen, ich muß ihr sagen, daß er *mir* gehört, daß er der Vater unserer Kinder ist. Ich muß ihr ins Gesicht sagen, daß sie in meinen Augen eine Schlampe ist. Doch nein, das ist sie alles nicht wert.«
»Ich muß mit *ihm* sprechen, ich muß ihn an unsere wunderschöne gemeinsame Zeit erinnern. Ihn fragen, ob er denn alles vergessen hat.« Quälende Gedanken bei Tag und Nacht.
Dann kommt der Teufel der Phantasie. Eva malt sich Deine Liebesaffäre bis ins kleinste Detail aus. In selbstzerstörerischer Weise kann sie sich sogar daran weiden, außerdem kennt sie Dich. Ob Du in einem anderen Gemach anders bist? Sicher strengst Du Dich mehr an als bei ihr. Im Laufe der Jahre bist Du etwas nachlässig geworden. Dann kommst Du nach Hause. Argwöhnisch beobachtet Dich Eva. Du bist von einer aufreizenden und unnatürlichen Höflichkeit und Heiterkeit. Eva glaubt, ein fremdes Parfüm in die Nase zu bekommen. Soll sie etwas sagen, ihn fragen? Aus Angst, daß sie belogen wird, bleibt sie still.
Wird sie es durchstehen, ohne ihre Haltung zu verlieren? Wird es irgendwann wieder so werden, wie es einmal war? Das schließt sie entschieden aus. Nie mehr wird es so werden. Die Unbeschwertheit ist dahin, das Vertrauen zerstört.

Sie wird sich rächen. Ein Liebhaber muß her. Doch wenn Eva diesen Gedanken mit mehr Nüchternheit betrachtet, kommt sie sich schäbig und dumm vor. Was hätte sie davon? Ein wenig Spaß vielleicht, die Selbstachtung angeknackst. So verwirft sie diese verlockende Idee.
Der Teufel ist wieder da. Ein ganzer Film läuft vor Eva ab, der ihr Szenen voller Zärtlichkeiten zeigt, ungeahnten Ausmaßes, die sie nie erlebt hat, die nur in ihren Träumen Wirklichkeit wurden.
»Das Äußerste, wessen das menschliche Herz an ohnmächtiger Wut und Selbstverachtung fähig ist, ohne zu zerbrechen...«, sagt Stendhal.
Adam, gib Dir und Eva eine Chance – wenn Du sie liebst. Hör auf, sie zu beleidigen, ihr Leid zuzufügen. Sei fair. Erkläre ihr Deinen Zustand, wenn Du kannst. Sie wird auch fair sein, bereit sein, mit Dir gemeinsam zu suchen, wie es dazu kommen konnte. Es wird hart werden, besonders für sie. Und Du, wirst Du den Helden spielen, den großen Verzichter? Wirst Du auf die perverse Idee kommen, Dich ob Deiner männlichen Tat von Eva bemitleiden zu lassen? Wirst Du es darauf anlegen, ein »armer Mensch« zu sein?
Hier hast Du Dich dann zum ersten Mal gewaltig in Eva getäuscht. Sie denkt nicht daran, Dich in die Trösterarme zu schließen, Dir übers Haar zu streichen, »armer Bub«, und Dir die Mutterbrust zu reichen.
Jedoch, sie wird Dich wieder an ihrer Seite haben wollen, wird Dich in die Arme einer trotzdem liebenden Frau nehmen, wird Dir vieles zu sagen haben, vieles, das Dich und sie bestärkt in der Hoffnung, daß die Welt zwar nicht wieder so rasch in Ordnung sein wird, sich aber für Euch beide wieder dreht.
Eva wird langsam davon ablassen, sich elend vorzukommen. Irgendwann wird sie auch wissen, daß die »Andere« weder schöner noch jünger war (im Geist), noch besser zuhören konnte, noch war sie eine bessere Geliebte. Eva wird sachlich feststellen, daß die »Andere« ebensogut eine andere hätte sein können, wenn diese ebenso günstig bereit gewesen wäre.

Doch bis dies erreicht ist, hat sie einen schweren Weg zu gehen, Eva erwartet von Dir, daß Du sie begleitest – nicht nur das, Du wirst sie führen.

Wie ist es, hast Du nach all den Vorwürfen den Spiegel, der Dir vorgehalten wird, in die Ecke geworfen? Liegen jetzt tausend Scherben vor Dir?
Ausweichen kannst Du deshalb noch lange nicht. Und wenn Du noch tausend Spiegel zerbrichst, weil Du Dein wahres Gesicht nicht sehen willst – einen Spiegel wird es immer geben...
So lange, bis Du Dich nicht immer verweigerst.
Täglich hast Du Gelegenheit, Dich zu informieren, Dich sachkundig zu machen. Es gibt genügend Literatur und – hast Du es noch nicht gehört? Die Spatzen pfeifen es von den Dächern: Das Patriarchat ist »out«! Miteinander ist »in«!
Willst Du denn den ewig Gestrigen spielen? So wenig fortschrittlich sein? Willst Du denn nichts dazulernen?
Eva erwartet nichts Außer- noch Überirdisches. Doch sie leidet unter Deiner Gleichgültigkeit, Deiner Gedankenlosigkeit, dem Nichtkümmern, Deinem Plattmachenwollen, Deinem »Unvermögen« mitzuleben. Wo ist Deine Größe? Du hast Dir doch vorgenommen Klasse zu sein, dann sei es auch.
Eva fühlt sich bisweilen eher als Staffage denn als *Mit*mensch. Eine schmückende Randfigur. Oft ist sie nicht einmal mehr das in Deinen Augen und Äußerungen.
Unterstellen wir einmal, derlei existiere lediglich in ihrer Phantasie – ja wer bringt sie denn so weit, daß sie solche Ideen hat? Es wird allerhöchste Zeit, daß Du Dich endlich anschickst, Dich in Frage zu stellen, Dich und Dein Tun gründlich zu überprüfen.
Eva wartet doch darauf, daß sie sich sicher und geborgen fühlen kann. Ausschlaggebend ist nicht die finanzielle Sicherheit – obwohl Du Dich in dieser Beziehung auch nicht immer galant benimmst. Eva geht es hier um eine seelische Heimat, um das absolute Sichfallenlassen können. Um die angstlose Sicherheit für ihre Gefühle.

Was machst Du? Du reizt sie, bis sie sich aufs Äußerste ihrer persönlichen Freiheit beraubt fühlen muß. Bis sie, ihre Contenance verlierend, unbeherrscht schreit und wütet.
Beschämend solch eine Situation für sie und sie haßt in diesem Augenblick ihren Adam mehr als ihr lieb ist, nur deshalb, weil er sie in diese Lage getrieben hat.
Du weißt es, kennst diese »Entgleisungen«, deren Ursache Du alleine bist.
Sie hat tagelang an sich zu kauen, nimmt sich fest vor: derlei Mißgeschicke dürfen ihr nie wieder unterlaufen.
Ob ihr das allerdings gelingen wird, hängt nicht nur von ihr ab, nicht von ihrer Tagesform und nicht von ihrem Monatszyklus, sondern in hohem Maße von ihrem Gesprächspartner, ihrem »Mitstreiter«, der selten genug ein fairer Streitender ist.

Spürst Du, Adam? Die Schleusen haben sich geöffnet, es sprudelt alles heraus, was sich im Laufe der Jahre bei Eva angestaut hat. Selbstverständlich kann es nicht nur reines Wasser sein, allerlei Unrat wird den Strom hinuntergeschwemmt – Unrat, der irgendwo in einem Gatter festhing und jetzt losgespült wurde.
Bisweilen wird mitgerissen, was blühend am Wegrand stand und nichts mit dem Verrotteten und Verwesen zu tun haben sollte.
Jetzt gilt es für Dich sofort zu handeln, damit nicht noch mehr dem reißenden Fluß zum Opfer fällt.
Die Gefahr ist groß, daß alles, auch das Gute, unter den Wassermassen der Enttäuschung ertrinkt.
Wirst Du aktiv werden? Kannst Du überhaupt? Bist Du einer solchen Flut von Aufgaben überhaupt gewachsen?
Wenn Du Dir niemals Gedanken über eine mögliche »Überschwemmung« gemacht hast, wird es bald heißen: »Land unter.«
Eva möchte nicht, daß es soweit kommt – leider kann sie es nicht immer aufhalten und ihre Ohnmacht ist niederschmetternd, sie weiß nicht aus eigner Kraft zu retten, was noch zu retten ist – gemeinsam wäre Hilfe möglich!

Eva macht ein Friedensangebot.
Da hört sie Dich auch schon fragen: »Was heißt hier Friedensangebot?« Natürlich ein Friedensangebot.
Du siehst es, Eva sieht es: Einer alleine richtet nichts aus, kann nichts bewirken ohne den anderen.

Töricht ist Eva nicht. Sie weiß, daß auch sie ihre Position verlassen muß, um Dir ein Stück entgegenzugehen. Kommst Du ihr aber von der gegenüberliegenden Seite nicht entgegen, dann, also, wenn nicht beide losmarschieren, werden sie sich nie treffen.

Wann wird diese unumstößliche Tatsache in Deinem Schädel endlich Platz nehmen? Dieses Gespür des Füreinander, Miteinander? Beschämend, daß auch nur ein einziges Wort darüber laut werden muß. Eine Schmach für die Liebe schlechthin.
Das Wort Liebe, so zerbrechlich, so sensibel es auch ist, so mächtig ist es auch.
Doch hat Eva Scheu, es zu benutzen – es ist schnell abgenutzt. Zuviel Schindluder wird getrieben, häufig mißbraucht. Jedem steht es an, vorsichtig damit umzugehen, es mehr zu leben als zu sprechen.
Andererseits sollte man ruhig darüber sprechen, wenn die Situation es erfordert, man sollte den Mut haben.
In diesem Augenblick hat Eva den Mut:
Adam, warum bekennst Du Dich nicht offener zu Deiner Liebe?
Liebe, verstehst Du? Nicht Neigung, Hobby, Passion, Sucht... Liebe! Warum wird häufig nur drumherum geredet? Weit von sich gewiesen? Abgetan mit Allgemeinplätzen?
Deinesgleichen große Persönlichkeiten haben nie einen Hehl aus ihrer Liebe gemacht. Sie haben sich nicht einmal einer Liebe geschämt, die hoffnungslos und für den Liebenden schon eher beschämend war, allerdings nur aus der Sicht Außenstehender.
Wer liebt, braucht sich seiner Gefühle niemals zu schämen.

Liebe ist nie beschämend.
Leidvoll kann sie sein. Zehrend. Beunruhigend, doch das nicht.
Adam, wenn Du der Liebe einer Eva sicher bist, dann nähre dieses Gefühl, hege es. Verwöhne die Frau, die es Dir entgegenbringt.
Leider neigst Du zu Abstinenz und möchtest Eva auch dazu zwingen. Die reinsten Hungerkuren werden von Dir verordnet, dann wunderst Du Dich, wenn Deine Eva zusammenbricht. Wenn ihre Gefühle an Auszehrung leiden.

Es ist schade, daß Eva Dich jetzt nicht bei sich hat. Es wäre sicher viel zu besprechen. Du würdest Eva auf viele ihrer Fragen antworten wollen.
Du wirst Eva noch treffen. Wirst Gelegenheit haben, ihr zu sagen, was Du an ihr nicht verstehst, womit Du zu kämpfen hast, wie Du Dir eine Zweisamkeit vorstellst. Du wirst offen all das einmal äußern können, was Dich bewegt, wie Du Eva siehst.
Eva ist begierig darauf, Deine Meinung zu hören, zu erfahren, ein wenig zu erfahren, wie es in Deinen geheimsten Gedanken aussieht. Du wirst ihr verraten, welche Mühe es Dir wert ist, Dich zu engagieren, ihr zu helfen.
Gedanken. Wirst Du Dir Gedanken machen? Willst Du Dir Gedanken machen, um ein wenig von der Welt Evas zu erleben? Wie sie empfindet?
Wirst Du nachvollziehen wollen, was in ihr vorgeht, wenn sie weinend aus dem Zimmer läuft, sie nur noch einen Wunsch hat:
Fort. Fort von hier?
Fällt Dir dazu etwas Besseres ein als zu sagen: »Stell Dich nicht so an? Mach nicht solch ein Theater. Du machst dich doch nur lächerlich.«?
Wäre das der Sinn einer Gemeinschaft?
Bestünde darin ein Gedankenaustausch, Gefühlsaustausch?
Resignation kann hier nur folgen.

Kann es wahr sein, wie Du behauptest, Du genügtest Dir selbst?
Kann es wahr sein, wie Du Dich darstellst? Du verhieltest Dich allemal defensiv, tätest, was Deine Eva wolle. So hättest Du sicher Deine Ruhe?
Du bezeichnest dies als Diplomatie.
Eva hingegen empfindet Kränkung.
Du willst Dir nur nicht die »Mühe« machen, ihr zu erklären, wovon Du in Deinem Glanz- und Glorienschein glaubst, sie verstehe es sowieso nicht.
Sei ganz beruhigt. Du kannst Dich noch verteidigen.
Aber mache Deine Sache gut – Eva wünscht sich das so sehr.
Sie sehnt sich danach, Dich erleben zu dürfen, wie Du wirklich bist und wie sie Dich unendlich liebt. Nicht so, wie Du nur scheinbar bist.
Es muß doch ein Miteinander geben.
Eva ist bereit, alles zu tun, alles zu unternehmen, um das zu fördern, was verbindet.
Nein, eine Opferseele ist sie nicht. Für sie ist das kein Gang nach Canossa, Selbsterniedrigung hat sie nicht im Sinn, es liegt ja auch kein Bann auf ihr.
Für sie bedeutet das Aussicht auf Glücklichsein!
Leidensmienen dienten noch zu keiner Zeit der Entspannung, deshalb wird sie in ihrem Bemühen stets Frohsinn als Hilfe zur Seite haben.
Du glaubst ihr nicht?
Du hast andere Erfahrungen gemacht?
Womöglich wolltest Du sie machen, diese anderen Erfahrungen, um Dir und Deinem Tun ein Mäntelchen umhängen zu können, das Dir bequem sitzt und das zweiseitig getragen werden kann.
Ein Wendemantel, je nach Lust und Laune.
So geht es natürlich nicht. Alles wäre vergebene Liebesmüh.
Jetzt sind wir an einem schlimmen Punkt angekommen:
Es ist müßig, daß Eva sich über Dich Gedanken macht – es kommt nicht das Mindeste dabei heraus.
Der Gast hat die Rechnung ohne den Wirt gemacht.

Dieser hat eine andere Rechenweise als sie. Seine Zahlen sind unleserlich und schief. Was zusammengezählt wird, entspricht nicht jener Mathematik, die Eva gelernt hat und die sie im Schlaf beherrscht.
Es ist das kleine Einmaleins der Zuneigung.
Das kleine Einmaleins der Gefühle.
Das kleine Einmaleins der Liebe. Schlicht.
So einfach ist das. Doch Du benutzt alle möglichen Tricks, um diese Rechnung nicht aufgehen lassen zu müssen.
Du windest Dich und drehst Dich.
Ziehst ab, wo dazugezählt werden müßte.
Teilst, wo Du vervielfachen müßtest.
Machst Brüche, wo Du verbinden solltest.
Wozu all diese Mühe, Energieverschwendung – wofür?
Eva ist ratlos. Wie soll sie Dir erklären? Wie soll sie *sich* erklären, wenn Du eine andere Sprache sprichst und es kein Lexikon gibt, in dem die Übersetzung steht?
Du hättest natürlich die Übersetzung – doch Dir liegt nicht viel daran, daß man Dich versteht – wer Deine Sprache nicht spricht, hat eben Pech gehabt.
Warum verstellst Du Dich? Weshalb sprichst Du nicht in Deiner Muttersprache, so, daß Dir jeder folgen kann?
Eva hingegen bleibt natürlich. Sie verstellt sich nicht.
Deine Einwände hört Eva bereits.
Was Du verstellen nennst, Raffinesse oder auch Durchtriebenheit, ist reine Klugheit.
Dein immer noch wortgewaltiges Aufbegehren ist vertane Zeit – oder wie willst Du gegen Tatsachen vorgehen?
Laß Eva also fortfahren.
Nicht wie Du jetzt befürchtest.
Eva will weiter versuchen, Trennendes auszumachen und es Dir bewußt machen. Es gibt eine Chance, die will sie nutzen.
Eva liebt Dich – das ist unbestritten. Alles wäre so wunderbar, wolltest Du diese Liebe aufnehmen, so wie sie gedacht, gemeint und gelebt wird.

Warum stellst Du in Abrede, was Du täglich erfährst? Du hast Erfahrung. Warum kannst Du nichts mit ihr anfangen?
Bist Du zu bequem?
Also was ist?
Ah, Du empfindest es als Zumutung, Dich auf Eva einstellen zu müssen. »Zumutung.« Es ist nicht ohne Reiz, dieses Wort einmal auseinander zu nehmen. Mut steckt darin.
Eva unterstellt Dir also Mut. Sie erwartet von Dir den Mut, den Du benötigst, um Dich mit ihr einzulassen. Sie traut ihn Dir zu, wenn sie Dir »zumutet«.
Hast Du nun Mut oder hast Du keinen?
Mut ist doch eine Deiner herausragendsten Eigenschaften, mit denen Du Dich gerne »schmückest« und »zierest«. Dann zeige ihn auch.
Ein klein wenig davon nur, Du könntest der Weiseste sein unter den Klugen. Der Beste unter den Guten.
Ist das nichts? Eine Deiner leichtesten Übungen, wirst Du Eva sagen. Dann übe mal wie ein Mann.
Das bedeutet nicht Säbelrasseln, Sprücheklopfen, harte Fäuste und lockere Manieren.
Männlich heißt: Tatkraft, Einsatz, Gefühl ohne Sentimentalität, Dasein, Geborgenheit geben, Mut und Redlichkeit.
Jetzt bist Du nachdenklich geworden. Das ehrt Dich und läßt Eva hoffen. Hoffen auf den Tag, an dem Du Du selber bist.
Es fällt Dir offensichtlich unendlich schwer, dieses Selbstsein. Du bist nicht der, der Du zu sein vorgibst. Das macht die Sache doch überhaupt erst so kompliziert.
Evas einziges Problem besteht darin, Dir das klar zu machen. Sie kämpft darum im Stillen, wenn es sein muß, auch laut.
Wann begreifst Du denn endlich, daß Du *ihr* nichts vorzumachen brauchst? Sie durchschaut Dich doch ohnehin schneller, als Du agieren kannst, schneller als Du in Deine Rolle geschlüpft bist.

Was passiert, wenn ihr Geduldsfaden reißt? Wenn sie erschöpft am Ende ihrer Rettungsversuche angekommen ist?
Denn auch sie ist nur bis zu einer gewissen Grenze belastbar.
Was dann? Stehst Du dann heulend vor ihrer Tür?
Gebrochen, leidend, selbstmitleidend?
Das wäre eine Möglichkeit. Die andere ist, Du verstrickst Dich immer mehr in Deine selbstgewählte Scheinwelt.
Dann ist Eva dort angekommen, wo sie nicht mehr weitergehen wird. Nicht weil sie nicht könnte, nein, sie will nicht mehr. Aus ist es mit der Trotzdemliebe, weil Du sie getötet hast.
Manche Eva wird wissen, wovon hier die Rede ist. Sie hat den Eindruck, alles bereits ausprobiert zu haben und nichts hat gefruchtet. Sie hat genug von all dem Theater, den klugen Sprüchen derer, die glauben, alles besser zu wissen und die meinen, mit ihrer Theorie die Welt verändern, verbessern zu können.
Sie ist es leid zu kämpfen, ist es leid, Energie zu verschwenden an eine Sache, an die sie schon längst nicht mehr glauben kann.
Jetzt beginnt sie all diejenigen zu hassen, die es geschafft haben. Die mit ihrem positiven Weltbild ansteckend gewirkt und somit vieles bewirkt haben.
Sie stellt aufgrund ihrer schlechten Erfahrungen nicht nur alles, was Dich betrifft, in Frage, sie meint sogar zu wissen, daß es keinen unter Euch gibt, für den es sich lohnte, auch nur einen einzigen Finger zu krümmen.
Eva ist traurig ob solcher Tatsachen. Sie weiß es auch anders. Doch wenn sie Kritik übt an Dir, wenn sie einfach erwartet, daß Du den festgefahrenen Schlendrian endlich aufgibst, bist Du beleidigt.
Wer hat Dir denn Leid zugefügt?
Eva doch nicht Dir! Das hast Du schon selbst besorgt.
Komm heraus aus Deiner Verschanzung. Deine Ritterrüstung kannst Du auch ablegen. Wozu diese Maskerade? Damit kannst Du niemand beeindrucken, am allerwenigsten Eva.
Vielleicht fühlst Du Dich sicherer, weniger angreifbar, wenn Du Dich unnahbar, uneinnehmbar gibst?

Doch so wird Eva Dich nicht erkennen. Sie wird nicht wissen, wer hinter der Maske sein wahres Ich verbirgt. Wie sollte sie auch? Immer wieder steht ein völlig anderer vor ihr:
War es gestern noch der alleswissende Klugerich, so ist es heute der Draufgänger, der tolle Erlebnisse aus dem Büro zu erzählen weiß. Morgen begegnet ihr schon wieder ein anderer. Der Tyrann war lange nicht mehr auf dem Spielplan... der Lehrerhafte – eine Deiner Lieblingsrollen. Schluß damit. Hat Eva sich klar genug ausgedrückt?
Sie will Dich ohne Verpackung, nämlich »netto«.
So will sie für Dich dasein. Denn so weiß sie, wen sie vor sich hat, womit sie rechnen kann und womit nicht.
Wen sie vor sich hat.
Zuviel verlangt von Adam? Befürchtest Du, eines Tages mit Deiner Persönlichkeit völlig ausgezogen zu sein?
Hast Du Angst vor dem sichtbaren Ich?
Bei Eva kannst Du ganz ohne Sorge sein. Du wirst Dich nicht ausgeliefert fühlen müssen. Im Gegenteil.
Du bist in alles, was sie betrifft und Dein Interesse hat, einbezogen. Sie vermag auch vieles, so ganz am Rande und unauffällig spinnt sie ihre Fäden, baut an dem Haus für das Wir.
Du weißt das. Verläßt Du Dich zu sehr darauf so nach dem Motto: »Eva macht das schon«? Dann hätten wir den umgekehrten Fall von dem, was vorher war. Das soll es wiederum auch nicht sein.
»Einer trage des anderen Last« (Brief an die Galater. 6,2).
Keineswegs heißt es, daß einer alle Last tragen soll.

Allerdings, beim näheren Hinsehen, befällt Eva oft der Eindruck, daß sie den Löwenanteil aller Unbill und jeglichen Ärgers alleine zu schleppen hat. Sieht Eva einmal von beruflichen Querelen ab, in die Adam öfter involviert ist, das ist ganz normal.
Der alltägliche Ärger, Schule, Krankheiten, Haushaltsgeld?

Andererseits fühlt sich Eva auch alleine, wenn sie große Freude hat. Oft möchte sie sie hinausschreien, damit sie wenigstens irgend jemand hört. »Freu Dich doch mit – es ist so traurig, sich allein zu freu'n.« (Ein bekannter Ausruf Anne Franks.) (Siehe auch »mit-freuen«, in einem anderen Kapitel.)
Wann bist Du, Adam, »in Laune«, heftige Gefühle Evas zu teilen, zu schwärmen, entzückt zu sein?
Statt dessen schaust Du sie ratlos fragend an, gibst ihr nicht selten zu verstehen, daß Du das alles kindisch findest und Eva nicht ganz ernst nehmen kannst.
Kindisch? Das kommt einer Schutzbehauptung gleich, gerade deshalb, weil Du nicht empfinden kannst wie sie.
Du verstehst sie nicht.
Ist Dir klar, daß Eva in diesem ganz speziellen Punkt einen Reichtum besitzt, um den Du sie nur beneiden kannst?
Du tätest gut daran, alles einzusetzen, was Dir zur Verfügung steht, um mit ihr einigermaßen gleichziehen zu können, Dir das anzueignen, was Eva in hohem Maße auszeichnet.
Da kommt etwas Großes auf Dich zu. Eva hat Vertrauen in Dich.
»Bei Männern, welche Liebe fühlen, fehlt auch ein gutes Herze nicht«, das hat schon Mozart in seiner »Zauberflöte« gewußt.
Also ist Eva zuversichtlich.
Sie kann gut denken, gut fühlen. Sie wird nicht aufgeben, solange auch nur ein Fünkchen Hoffnung besteht.
Sie hat Hoffnung, sie ist eine Frau, fühlt wie eine Frau, denkt wie eine Frau – also glaubt sie.
Sei aber auf der Hut und treibe es nicht zu bunt. Überspanne den Bogen nicht, denn dann trifft das ein, was Eva und Adam traurig macht: Eva gibt auf. Verzweifelt. Resignierend stellt sie fest, daß es die Mühe nicht lohnt. In keinem Fall und in keiner Situation.
Dann gibt es kein Halten mehr.
Auch Du wirst sie nicht mehr halten können.
Jammern hilft nicht.
Toben hilft nicht.

Drohen hilft nicht.
Schöntun hilft nicht.
Sie ist weg.
Weg von Dir und Deinem Kartenhaus, weil Du versäumt hast, ein Fundament mit ihr zu bauen.
Oder hast Du es etwa darauf angelegt? Das soll es mitunter geben. Ist das dann die feine Art? Da wird einer oder mehrere Auftritte in Szene gesetzt – Du weißt mit den Jahren genau, wo ihre Achillesferse sitzt. Da wirst Du sie treffen. Sie reagiert genau, wie von Dir geplant und erwartet: Sie gerät in Zorn, fällt aus der Rolle. So kannst Du, ohne peinliche Erklärungen abgeben zu müssen, völlig ungeschoren die gemeinsame Wohnung verlassen.
Mußt nicht Rede und Antwort stehen, keine intimen Fragen beantworten, hast Deine Gefährtin zurückgelassen, womöglich noch mit Schuldgefühlen. Deine Wäsche und andere persönliche Gegenstände wirst Du zu gegebener Zeit abholen lassen.
Um nun die ganze Ungeheuerlichkeit noch auf die Spitze zu treiben, kommen in regelmäßigen Abständen wohlformulierte Briefe Deines Anwalts mit den gröbsten Frechheiten, Beschimpfungen, verdrehten Wahrheiten.

Du meinst, Eva ginge jetzt entschieden zu weit? Keineswegs. Denn auch dieses dunkle Kapitel in der Geschichte Adams ist Eva wohlbekannt. Sie scheut sich nicht, das auszusprechen und anzuprangern, was sie mit Abscheu bedenkt.
Sie erwartet nichts weiter als Anstand – auch in Ausnahmesituationen.

Wahrhaftig, ein düsteres Kapitel in der Adamsgeschichte.
Und Du? Hast Du etwas dazugelernt? Manch ein Adam sicherlich. Jener nämlich, der bereit ist, nicht ständig andere für irgendwelche Pechsträhnen und Mißgeschicke verantwortlich zu machen. Der gelernt hat, bei schiefgegangenen Verbindungen *sich* in die endlose Frage: »Warum?« voll mit einzubeziehen.

Es muß sehr viel passieren, bis Eva aufgibt. Das weiß Adam. Wenn er dies aber schändlich ausnutzt, ihren Langmut fortgesetzt einer unwürdigen Zerreißprobe aussetzt, so ist das niederträchtig.

Friedrich Schillers Glocke? ».. . und drinnen waltet die züchtige Hausfrau. Die Mutter der Kinder...«

Walten ja. Züchtig natürlich. Das große »aber«: nicht nur drinnen, sondern auch draußen! Auch die Mutter der Kinder. Sie ist Mutter – aber auch Frau und Mensch.
Seit der »Glocke« sind fast zweihundert Jahre ins Land gegangen. Damals wie heute hat sich Eva den gewichtigen Satz fest eingeprägt: »Und mit des Geschickes Mächten ist kein ew'ger Bund zu flechten.« Wie wahr. Wie recht er doch hatte, Schiller.
Akzeptieren wird Eva das allerdings nicht. Nicht im Zusammenhang mit dem Schicksal Adams. Sie nicht.
Mit ihm möchte sie diesen »ew'gen Bund« sehr wohl flechten. Mit ihm. Versteht sich. Nicht alleine.
Sie wartet auf Adams Hilfe. Nimmt auch seinen Rat entgegen. Doch er verweigert sich ihr. Hartnäckig. Stellt sie hin, als wäre sie zu dumm für alles und ist sich selbst der Nächste.
Naturgemäß ist sich jeder selbst der Nächste, doch Du Adam bist Dir so sehr der Nächste, daß Du über Dich hinaus nicht mehr schauen kannst. Hast Dich mit Dir völlig verbaut, so daß weder Du aus Dir heraus kannst noch irgend jemand zu Dir hinein.
Nun, um irgend jemanden geht es hier nicht. Es geht um Eva, die Frau, die endlich einmal wissen möchte, wozu Du diese Sperren eigentlich benötigst.
Drängt sich da nicht die Frage auf: Wovor hast Du Angst?
Oder anders herum: Wen mußt Du vor Dir schützen?
Vieles ist unklar in Deinem Verhalten Eva gegenüber.
Noch immer gibt sie sich einer gnädigen Illusion hin, ist davon überzeugt: Du bist anders, als Du Dich gibst.
Diesen anderen möchte sie Dir sichtbar werden lassen. Ihr Ver-

halten muß Dich darauf aufmerksam machen und hinweisen. Immer wieder. Bis Du Dich ihr zeigst. Dann ist es nicht mehr länger eine Illusion, sondern Wirklichkeit, in der zwei Menschen im Aufeinanderzugehen leben.
Eva hat Geduld gelernt und auch Nachsicht. Verzeihen und Vergessen – das kann sie, wenn sie eine Perspektive hat, auch.
Das Vergessenkönnen ist mit eine Grundvoraussetzung im Leben zu zweit.
Es vergiftet jegliches gute Fühlen, hält man im Hinterkopf stets eine Müllhalde von »Fehltritten« des anderen am Leben.
Mir scheint, Du hast Dir einen Schuttabladeplatz geschaffen, wo Du alles hinkippst, um es bei passender oder unpassender Gelegenheit wieder auf irgend einer alten Karre hervorzuzerren.
Schämst Du Dich eigentlich nicht?
Noch einmal Schillers Glocke.
Vielleicht wirst Du Eva sagen wollen, daß vor zweihundert Jahren die Verhältnisse völlig andere waren.
Somit auch die Frauen. Sie dachten auch anders. Selbstverständlich. Die Frau von heute denkt anders. Selbstbewußter.
Doch leider spukt noch immer in den Köpfen vieler diese Ergebenheitshaltung in ein Schicksal – die Frau wird nie frei.
Es ist nicht gesagt, daß Eva ihr Leben nach eigenem Gutdünken gestalten kann.
Sie hat noch immer Schwierigkeiten. Wird sie sie immer haben?
Eva möchte keine Vergleiche anstellen zwischen Adams Handlungen und der Selbstverständlichkeit, mit der er *seine* Interessen verfolgt und dem, was Eva im Verhältnis dazu für sich in Anspruch nehmen kann.
Große Studien muß sie auch nicht anstellen. Sie muß sich nur umschauen, dann packt sie die blanke Wut – beobachten zu müssen, wie miserabel, oft geradezu menschenunwürdig es den Frauen ergeht, die sich nach einer Scheidung alleine durchs Leben schlagen müssen. Es weiß heute jeder, daß trotzdem meist die Frauen eine Scheidung betreiben.
Sollten sie sehr früh geheiratet haben, was oft bedeutet, sie sind

ohne Beruf oder beruflichen Abschluß, dann haben sie die größten Schwierigkeiten, sowohl finanzieller als auch sozialer Art. Ein Mann hingegen – selbstverständlich gibt es Ausnahmen – geht in der Regel aus dieser Sache hervor wie Phönix aus der Asche, hat zumindest gesellschaftlich keinerlei Nachteile – eher Vorteile. »Junggesellen« sind stets willkommen.

Noch immer werden Frauen geschlagen. Auch das weiß jeder. Auch, daß dies ein Armutszeugnis für den Schläger ist. Doch die Tatsache ist deshalb noch lange nicht vom Tisch und läßt sich nicht wegdiskutieren durch an den Haaren herbeigezogene Entschuldigungen.
In einem späteren Kapitel ein wenig mehr darüber.
Es ist und bleibt eine Tragödie, läßt sich durch nichts abschwächen. Eva bleibt es auch gleichgültig, weshalb Adam schlägt. Sie fühlt sich gedemütigt auf die schmachvollste Weise. Ein Schandfleck in der Geschichte Adams.
Eva tut das weh. Wo sie sich auf den Weg gemacht hat, ein Plädoyer für ihn zu schreiben. Es fällt verdammt schwer – aber sie schafft es. Wenn Adam es ihr auch noch so schwer macht.
Auf der Suche nach Adam begegnet ihr viel Beklagenswertes, viele Minuscharaktere, begegnet ihr der Adam, den sie im Grunde schon längst kennt – so aber nicht kennen möchte.
Sie möchte einen anderen treffen. Den, den es auch gibt.

Doch warum dieser Feldzug gegen Adam überhaupt? Warum brodelt und kocht es allenthalben in den Herzen und Köpfen der Evas? Warum wird zum Aufstand geblasen gegen das, was Eva liebt?
»...in der nächsten Reinkarnation wird sie eben wieder ein Mann, um zu lernen, was man alles anrichten kann...« heißt es in dem Roman »Butterbrot« von Gabriel Barylli.
Er spricht aus, was Eva schon lange empfindet und schmerzlich mitansehen muß:
Adam richtet etwas an. Im Zusammenleben mit Eva.

Eine niederschmetternde Tatsache.
Oder erlebt Eva hier die Erkenntnis einer Bankrottsituation? Gibt sich Adam so entsetzlich fremd und angespannt, weil er verzweifelt feststellt, seinen Auftrag nicht erfüllen zu können?
Hast Du das Unvermögen schon lange gespürt?
Ist es das, was Dich hassen läßt?
Schlagen läßt?
Lügen läßt?
Betrügen läßt?
Ist Deine Seele leer?
Eva könnte sie Dir anfüllen durch Zärtlichkeiten, durch Menschlichkeit. Wirst Du sie gewähren lassen?
Lieber Adam, nun ließ sich Eva hinreißen, das Kind einmal beim fast unaussprechlichen Namen zu nennen, Roß und Reiter zu entlarven. Ist es wirklich so schlimm?
Bist du wirklich so schlimm?
Ist Dein Minderwertigkeitsgefühl derart stark, daß es sich mit frag- und unwürdigen Methoden selbst behaupten muß? Sich vor sich selbst aufbauen muß?
Steht Adam allmorgendlich vor dem Spiegelbild und redet sich ein, was für ein prima Kerl er doch ist? Der tollste Hecht im Karpfenteich?
Dabei wäre alles einfach.
Einfach dann, wolltest Du endlich von Deinem Dir selbst aufgestellten Podest heruntersteigen. Abwerfen den Macho, den Don Juan, den Eroberer und Krieger, den »Helden«, der meist doch nur ein Maulheld ist.
Dann sähe Dich Eva endlich so, wie Du wirklich bist: Liebenswert und bewundernswert.
Die Evas aller Zeiten liebten Dich, bewunderten Dich.
Eben weil Du kein Macho, kein Maulheld und kein Don Juan bist.
Was hast Du denn davon, wenn Dir ein solcher oder ähnlicher Ruf vorauseilt? Der Eva von heute macht das wenig Eindruck – im Gegenteil. Sie braucht keinen Möchtegernhelden. Der wahre

Held hat es nicht nötig zu prahlen – er überzeugt durch seine Persönlichkeit.
So wie Adam, der Mann, durch seine Persönlichkeit, seine Wahrhaftigkeit, seinen Mut überzeugt.
Es ist irrig zu glauben, nur der Mann sei ein Mann, der das größte Mundwerk, die dickste Brieftasche und die reichhaltigste Eva-sammlung besitzt.
Solch einer wird bestenfalls von »seinesgleichen« bewundert, darauf kann er wahrlich nicht stolz sein.
Es sind immer nur ein paar, immer nur jene, die zum denkbar schlechten Beispiel gehören. Aber es gibt sie. Leider.
Doch kann und will Eva dies nicht verallgemeinern. Es gibt kein: Die Männer sind so, genausowenig wie es ein: Die Frauen sind so, gibt. Es gibt kein Kollektivbenehmen, nicht im Guten, nicht im Schlechten. Es wird immer das Individuum angesprochen. Der einzelne in der Gemeinschaft.
Wenn Eva sich mit diesem Individuum beschäftigt, dann wird sie feststellen, daß es eine erfreuliche Anzahl jener gibt, die hoffen lassen, die sich Gedanken machen über sich und wider sich.
Die versuchen, sich in Frage zu stellen, auch mal den inneren Schweinehund überwinden, allen Ernstes die Ursache des Scheiterns einer Beziehung – oder auch Mißstimmung bei sich selbst vermuten.
Dann soll er aber auch darüber sprechen. Nicht das große Schweigen über seine Erkenntnisse hüllen, wie man Möbel ein-hüllt, die für mehrere Wochen unbenutzt bleiben sollen.
Adam soll offen sein, nicht vermummt. Sein Innerstes nicht ein-motten, sondern an die frische Luft hängen, daß es wieder leben-dig wird und Eva sich daran erfreuen kann.
Mottengeruch ist kein Aktivator für gute Laune, und zugeknöpft kann nie offenherzig sein.
Eva und Adam brauchen den Seelenanimator: Hoffnung, den zu erhalten sind sie gleichermaßen verpflichtet. Die Hoffnung im anderen darf von keinem zerstört werden – auch nicht durch In-sichgekehrtsein und hartnäckiges Schweigen.

Eva ist kühn genug, jedem das Recht auf Liebe abzusprechen, der nicht Willens ist, diese Hoffnung zu nähren und zu erfüllen zu suchen!
Ob es letztlich gelingen wird, ist absolut zweitrangig.
Hier geht es um das Bemühen um Harmonie, um das Bemühen, Geborgenheit zu geben, um das Bemühen, glücklich zu machen. Der Weg ist das Ziel!
Eines ist wohl klar: Eva erwartet keinen vollkommenen Adam.
Sie weiß vielmehr, daß es ihn nicht geben kann, genausowenig, wie es die vollkommene Eva gibt. Übrigens, was ist schon vollkommen?
Es ist Ansichtssache und hängt vom Geschmack eines jeden einzelnen ab. Der Adam, der der einen Eva gefällt, muß noch lange nicht einer anderen gefallen.
Umgekehrt ist es selbstverständlich das gleiche.
Es gäbe ein heilloses Durcheinander, wäre dem nicht so. Streitereien wären noch mehr an der Tagesordnung als ohnehin.
So ist es für alle Beteiligten ein Glücksfall, daß das Sprichwort durchaus seine Berechtigung hat: »Was dem einen seine Eule – ist dem anderen seine Nachtigall.«

Eines wird immer deutlicher: Die Eva und der Adam, die beschlossen haben, ihr Leben miteinander und füreinander zu leben, haben auch die selbstverständliche Pflicht, sich für und um den anderen zu bemühen.
Und zwar immer. Es gibt kein: manchmal.
Es gibt kein: Nur einer, wie an anderer Stelle zum Ausdruck gebracht wurde.
Wenn entweder Eva oder Adam nichts einbringen will zum Gelingen des Miteinander, dann sollten sie sich dem andern nicht aufdrängen. Mit solch einem Egoismus ist man unfähig, ein »Wir« zu leben.
Es ist auch ausgesprochen unflätig von Dir, wenn Du Dich gehen läßt. Wenn Dein Körper eines Tages dem eines Fasses gleicht, das auf zwei Stelzen steht.

Du weißt, was ich meine.
Du erwartest und verlangst von Eva, daß sie auf ihre Figur achtet, beim Essen und Trinken diszipliniert zurückhaltend ist, um ihre hübschen Formen für Dich erhalten zu können.
Natürlich macht sie das nicht nur für Dich, sondern auch für sich. Aber glaub nur nicht, daß auf Eva ein Fettkloß im Bett stimulierend oder gar erregend wirkt. Im Klartext heißt das, daß Du ebenso wie sie Dein Gewicht beachtest, um von Eva nicht eines Tages hören zu müssen: »Solange du so unförmig bist, kommst Du mir nicht mehr über die Bettkante.« Wenn es das nur alleine wäre! Ein guter Hahn wird nicht fett, heißt es doch. So muß Eva erkennen, daß die Speckpolster Dich träge und liebesfaul machen.
Außerdem sind sie in höchstem Maße ungesund, was noch erschwerend hinzukommt.
Also, auch Du hast Dich um ein ästhetisches Aussehen zu kümmern – friß nicht so viel.

Eva hat längst bemerkt, wie sensibel und zerbrechlich Beziehungen sein können und sind.
Sie weiß aber auch, daß ein klein wenig Anstrengung genügt, um die Waagschale im Gleichgewicht zu halten.

Auch wenn keine Eva in das Raster einer anderen paßt, genausowenig wie ein Adam dem anderen gleicht, gibt es doch eine große Anzahl von Parallelen, Charakterzügen, die man immer wieder feststellen kann. Im ungünstigen Fall feststellen muß.
Eva liegt nicht daran, Dich klein zu sehen, zu demütigen. Ihr liegt am Herzen, ihren geliebten Adam so zu erleben, wie er ist, nicht wie er glaubt, sich geben zu müssen, um sein sogenanntes Image zu wahren, den Nimbus, von dem er glaubt, daß er ihn umgebe, nur ja nicht durchsichtig machen zu müssen.
Eva geht davon aus, sie ist sogar davon überzeugt, daß Adam sie liebt. Manchmal weiß er es nur nicht, will es vielleicht nicht wissen.

Eva möchte Adam einen Rat geben: Er möchte sich doch mal mit den großen Frauengestalten beschäftigen, die die Literatur in so vielfacher Weise bietet. Er würde verwundert dreinblicken ob so viel Mut und Persönlichkeit, die ihm da begegnen.
Eva behauptet nicht ohne Stolz, daß es mindestens so viele Frauen gibt, über die zu schreiben lohnt, wie Männer. Und nicht minder interessant zeigt sich deren Leben. Mutig. Geistreich. Witzig. Liebend. Ohne Jammern.
Klaglos haben sie all die »Entgleisungen« ihrer Männer hingenommen, noch immer die Kraft gehabt, diese Männer zu lieben und zu bewundern.
Selten genug wurde dies einer breiten Öffentlichkeit bekannt, so daß ihnen die verdiente Ehre nie zuteil wurde, meist starben diese Frauen genauso still, wie sie gelebt hatten.
Sie gierten nicht nach Anerkennung, waren nicht laut, polterten nicht durch ihre Tage. Ihr Heldentum spielte sich innerhalb ihrer vier Wände ab, innerhalb ihrer Familien, zum Wohle aller, die ihnen anbefohlen waren.

Eva hat mit wissenschaftlichen Erkenntnissen und statistischen Erhebungen nicht viel im Sinn. Was sie aus Erfahrung weiß, genügt ihr. Sie hat auch vieles im Kopf und im Herzen bewahrt, was sie gehört und erlebt hat.
Weil wir gerade beim Thema Herz sind.
Spürst Du ab und zu Dein Herz? Nicht Herzflattern, Herzziehen, Stolperherz, nein, beherrschst Du die Sprache des Herzens?
Oder bestimmt bei Dir die Ratio jedes Wort?
Es wäre außerordentlich bedauerlich, für Eva unverständlich in ihrem Verständnis von Liebe und Zweisamkeit.
Kannst Du Dir vorstellen umzudenken? Eva weiß, daß Dich dieses Thema schon einige Zeit beschäftigt. Wie sieht ein eventuelles Ergebnis aus? Eine mögliche Umkehr?
Hast Du Herz oder nicht? Versteinert oft zwar und krank vom vielen Umherirren und Seinwollen, was nicht sein kann, was *Du* nicht sein kannst.

Laß es Eva auf einen einfachen Nenner bringen:
Übe Herzlichkeit, wo Du bis jetzt Härte zeigtest.
Sei gefühlvoll anstatt arrogant.
Gib Dich bescheiden und beweihräuchere Dich nicht.
Vor allem sei ehrlich gegen Dich.
Du kannst doch auch nur ein Leben leben. Bisher weiß keiner Genaueres über ein Leben nach dem Tode. Also ist dieses jetzige Leben die einzige Tatsache. Dieses Leben, an dem man normalerweise hängt (oftmals sollte man es nicht glauben, wenn man die Raserei auf den Straßen beobachtet oder die unzähligen Zigarettenkippen bedenkt, die stündlich in die Ascher gedrückt oder einfach weggeworfen werden).

Dieses Leben willst Du so mir nichts dir nichts, in einem Rausch von Selbsttäuschung und Persönlichkeitskult dahingleiten lassen? Bis Du seiner überdrüssig geworden bist? Soll das Dein Ziel sein?
Besinne Dich auf die Werte des Lebens, Werte, die unumstößlich sind.
Die Du zusammen mit Eva erleben kannst. Selbstverständlich nicht ausschließlich und immerdar.
Eva ist viel zu klug, um sich das einzubilden. Denn sie ist ebenfalls ein Individuum, genießt die *Ich*stunden. Ebenso benötigst Du Zeit für Dich, Deine ureigensten Bedürfnisse und Wünsche.
Doch danach die *Wir*stunden, dann ist das Zusammenkommen wieder um so intensiver und entkrampfter. Es kann viel bewußter erlebt werden.
Beide, Eva wie Adam, sollten sich an derlei Spielregeln halten. Es ist für keinen gut, vereinnahmt, verschlungen zu werden wie mit den Fangarmen einer Krake oder eines Tintenfisches. Dies bedeutet das Koma einer Zweierbeziehung. Da Wiederbelebungsversuche machen zu wollen, ist äußerst mühsam und keineswegs erfolgversprechend.
Jeder sollte Luft zum Atmen haben können, jeder sollte sie dem anderen in reichem Maße gönnen. Es ist nur zum eigenen Besten, Partnerschaft statt Unterordnung und Druck.

Freiheit statt Besitz.
Liebe statt Routine. Liebe statt Gleichgültigkeit.
Das gilt für beide – Eva und Adam.
Es gilt auch zu sagen, daß die Liebe immer ihre Gültigkeit haben wird. Trotz Enttäuschungen.
Trotz Verzweiflung. Niedergeschlagenheit. Trotz Wut und Ohnmacht. Denn diese Liebe, die wie ein Orkan die Herzen der Menschen erfaßt und mitreißt, hat auch andere Gesichter: Sehnsucht, Glück, Erfüllung, Geborgenheit, seelisches Wohlbefinden, körperliche Lust, menschliche Wärme, Zuverlässigkeit, Hilfe, Freude, Jubel der Gefühle, Aufmerksamkeit, Verzeihen, Aufrichten, Mittragen... Dies alles sind Menschen in der Lage, sich zu schenken. Das Leben einem anderen reich zu machen.
Eva möchte es Dir einmal sagen: In vielen Frauenleben bist Du die Ursache solchen Glücks. Du kannst bewirken, daß die Herzen schneller schlagen, das Blut rascher durch die Adern fließt. Die Gesichtszüge entspannt sind, um die Mundwinkel stets ein leises Lächeln spielt. Es ist das Gefühl, in dem die Zeiger aller Uhren stillzustehen scheinen, ohne Zeit und Raum in Erwartung des Geliebten.
Es ist aber auch das Gefühl, als rasten die Zeiger in einem Wettlauf mit den Stunden, sie jagend, die Zeit verkürzend, wenn Liebe sich verschwendend in den anderen fallen läßt.
Leidenschaftlich, zärtlich, entrückt.
Es ist das Gefühl, geliebt zu werden.
Nur dann? Eva weiß mehr. Obwohl sie sich diese Zeit lange bewahren kann, kommt die Reife der Gefühle mit den Jahren, mit dem Vertrautsein die innere Ruhe. Es stürmt nicht mehr so viel – eigentlich gar nicht mehr. Die Anstrengung weicht einer heiteren Gelassenheit. Da gibt es Paare, deren Schrift sich immer mehr ähnelt, deren Antlitz, nach Länge und Breite sich völlig unterscheidend, jedoch Gleichklang und Harmonie ausstrahlen und somit dem Betrachter und Zuhörer den Eindruck vermitteln, zwei Menschen vor sich zu haben, die gleich denken und gleich fühlen – die sich ähnlich sehen.

Paare, die genau im selben Augenblick – ohne sich abgesprochen zu haben – den gleichen Gedanken aussprechen.
Eva weiß auch von Paaren zu erzählen, von denen der eine räumlich getrennt von seinem Partner, genau fühlen kann, wie es dem anderen geht. Den eine innere Unrast befällt, sollte der geliebte Mensch in Not oder in Schwierigkeiten geraten sein.
Solche Phänomene weiß man auch in der Beziehung von Mutter und Kind eindrucksvoll zu berichten.
Das sind Verbindungen, unsichtbare Bande, die keiner erklären kann. Und darüber lustig macht sich nur der, der solches noch nicht erlebt hat, oder etwa Neid in seinen Reaktionen zeigt.
Verständnislosigkeit erntet alles, was man nicht begreifen kann.
Nun ist es aber nicht nur das, was »ältere« Paare auszeichnet. Nicht nur Ruhe, Gleichklang, innige Verbundenheit, sondern es knistert noch immer. Nicht nur Neuliebende, auch Längerliebende können Herzjagen bekommen, oder es wird ihnen heiß, sollten sie unverhofft dem geliebten Menschen gegenüberstehen.
Das gibt es in der heutigen Zeit noch: Solche Menschen kann man nur beglückwünschen und ihnen sagen: »Bewahrt Euch dieses Jungsein, diese Lebendigkeit der Gefühlswelt.«
Adam, auch Du bist angesprochen nachzueifern, das Umwerben nicht aufzugeben und zu denken: »Die ist mir eh sicher.« Sei mal nicht so sicher!
Aber wie machen diese Menschen das? Es ist ein starker Wille zum Glücklichsein vorhanden, ein Nichtwollen, daß ein Schatz verlorengeht. Das bewußte Bemühen um ein erfülltes Liebesleben und das Einbeziehen des anderen in die eigene Welt sind Motor dafür, daß es beide, weder Adam noch Eva, zulassen, daß das Feuer im Haus der Liebe erlischt.
Du, Adam, bist gemeint. Du mußt nicht alles Deiner Eva überlassen. Du weißt, sie rechnet auch mit Dir. Sie vertraut darauf, Dich als Verbündeten gegen die Langeweile und die fade Gewohnheit zu haben.
Liebe Gewohnheiten mag man. Es sind vertraute, alt eingespielte

Abläufe innerhalb eines Tages oder auch Jahren, die man nicht missen möchte.

Eva meint hier mit »faden« Gewohnheiten schlechte Angewohnheiten, die nicht weltbewegend sind, die aber auch nicht selbstbewegend sind und deshalb träge machen.

Solche Menschen, wie oben beschrieben, sollte es immer mehr geben. Eva ist auf der Suche nach ihnen, weil sie sich über sie freut und aus ihrer Erfahrung lernen möchte.

Hast Du begriffen, daß man sich um solch einen Reichtum bemühen muß, daß es kein Nachschlagewerk dafür gibt? Keine Gebrauchsanweisung: Man nehme?

Man kann natürlich nehmen, so man hat. Hast Du, Adam? Kann Eva sich etwas nehmen von Dir? Oder bedienst Du Dich nur bei ihr? Es wird sich finden – auch das klopfende Herz kann sich wieder melden, man darf sich nur nicht dagegen wehren und glauben, man sei »über dieses Alter« hinaus. Das ist ein Gedanke, den weder Eva noch Adam jemals denken dürfen, wenn es um die Liebe geht.

Ein Leben in diesem unbeschreiblichen Glück ist nicht allen vom Schicksal geschenkt. Doch es gibt es. Öfter als viele wissen und wissen wollen. An allen Orten, zu allen Zeiten erleben Menschen Liebende, die Zeugnis geben von der Kraft dieses Gefühls. Die Zeugnis geben davon, wie reich sie sind, ganz einerlei wie üppig der Tisch gedeckt, wie kostbar die Kleidung, oder abwechslungsreich ihr Alltag ist.

Das vielbeschriebene und besungene »kleine Glück« ist der Beweis dafür.

Auch gibt es glückliche Liebende, die ein schweres Schicksal miteinander zu tragen haben. Die von Not und Elend heimgesucht werden. Oft bedeuten solche Belastungen sogar eine Vertiefung, Verinnerlichung einer Beziehung.

Dieses »trotzdem liebe ich dich« heißt für Adam – Eva vielfach auch, eine Krankheit »mitlieben«. Den Partner auch zu lieben, wenn er krank ist, der Körper zerfällt, von der Krankheit gezeichnet.

Da entsteht eine Liebe, die etwas Erhabenes, ja Heiliges ausstrahlt. Die eine Kraft entwickelt, derer sonst keiner fähig wäre.

Ein langes, in Liebe getragenes Leben. Jeder weiß, auch Eva, daß dies nicht nur Hochgefühl bedeutet, nicht nur Geborgenheit und Gelassenheit sein kann.
Sie weiß aber, daß dieses Leben möglich ist, lebenswert zu sein verspricht, wenn Adam die Liebe zum Fundament all seiner Bauvorhaben gemacht hat.
Du hast dieses Leben im Laufe der Geschichte nicht nur kaputt gemacht. Die unzähligen Frauen, die an Deiner Seite gerne gelebt haben, leben und noch leben werden, sind Dir unendlich zugeneigt und freuen sich ihres Lebens mit Dir.
So ist es auch nicht verwunderlich, wenn auch tragisch, daß viele Frauen, die Dich verloren haben, auf welche Weise auch immer, sich fühlen, als fehlte ihnen eine Hälfte ihres Körpers, die Hälfte ihrer Seele. Das sind Frauen, die selbstbewußt und selbstsicher ihre Wege zu gehen verstehen. Die wissen, was sie wollen, um keine Entscheidung verlegen sind, die mutig genug sind, sich und Dir einzugestehen, daß Du der Angelpunkt bist, um den sich ihr Leben dreht. Daß sie nur mit Dir sich als Einheit fühlen, meinen, als Ganzheit mit Dir, vollkommen zu sein.
Frauen, deren Ergänzung Du bist, obwohl sie wissen, daß Du ihnen nicht selten Trauer bedeutest, Verzweiflung, Seelenschmerzen. Die auch dann noch lächeln können, wenn ihnen Tränen in den Augen stehen.
Die Seligkeit solch eines Lebens ist wohl der Wunsch fast jeder Eva. Du kannst es ihr geben. Hast es ihr schon so mannigfach gezeigt. Das ist auch der Grund dafür, warum sich immer wieder ein Heer von Frauen und Männern auf den Weg macht, dieses Ziel zu erreichen. Verliebt ist man schnell. Es bedarf keiner großen Anstrengung, die Wogen der Gefühle überschäumen zu lassen. Glück wohin man schaut. Die echte Liebe beweist sich im Alltag, im nervigen Kleinkrieg, im Überdauern lästiger Nadelstiche – im Überleben.

Sie beweist sich, wenn Du nicht aufhörst, um Deine Eva zu werben. Nicht aufgibst, sie in ihrer Weiblichkeit zu bestätigen.
Du bist der Zauberer einer schönen Frau – denn jede Frau, die geliebt wird, ist schön.
Du bist der Macher weiblicher Frauen – denn jede Frau ist weiblich, die von Dir geliebt wird.
Du bist der Modellierer gewinnender Frauen – denn jede Frau, die geliebt wird, hat gewonnen.
Du bist der Gestalter von Anmut und Charme – denn jede Frau strahlt Anmut aus und ist charmant, wenn sie geliebt wird.
Deine Liebe ist Ansporn für Liebreiz und Güte – denn jede Frau wird gütig, ist liebreizend, wird sie innig geliebt.

Du siehst, Du hast es im Herzen und in der Hand, welche Frau Eva ist. So fällt es auf Dich zurück, ist sie nun ein Glücksfall der Schöpfung oder ein Mißgriff?
Spürst Du die Verantwortung, die da auf Dir liegt? Eine befriedigende Verantwortung, wie Eva meint.
Es heißt: »Der Erfolg eines Mannes hinge von seiner Frau ab.«
In der Umkehrung dieses Gedankens hieße das: »Die *weibliche* Entfaltung einer Frau hängt von ihrem Mann ab.«
Da ist viel Wahres dran und hat in der Grundentwicklung fundamentale Gültigkeit.
Wie vielschichtig, irrweg- und umwegreich ein Leben zu zweit auch sein mag, in Bezug auf eine bereichernde Partnerschaft, in der nicht nur einer profitiert, trägt jeder für den anderen Verantwortung.

Frauen sind von Natur aus Bewahrenwollen, Behütenwollen als typische Charaktereigenschaften mitgegeben.
Sie müssen nicht erst darauf aufmerksam gemacht werden, wo die Grundsteine für Liebe in Harmonie liegen.
Du, Adam, mußt immer wieder neu Deine Aufgabe erkennen, als Vermächtnis der Urnatur am Glück und der Zufriedenheit innerhalb Deiner Partnerschaft zu arbeiten.

Zu leicht läßt Du Dich oft ablenken, meinst bequem sein zu müssen, verschließt die Augen vor dem offenen, hoffnungsvollen Blick in eine gemeinsame Zukunft.
Das bist natürlich auch Du und kann von einer gefestigten Zweisamkeit gut verkraftet werden.
Aber warum diese Umstände, wo es anders schöner und auch aufregender sein kann? Vor allen Dingen aber ist es befriedigender.
Diese Männer erkennt man auch sofort.
Sie ruhen in sich ohne langweilig zu sein. Sind von prickelndem männlichen Zündstoff umgeben, haben diese fast unverschämte Sicherheit im Blick in dem Bewußtsein, daß sie lieben, glücklich machen.
Das seid Ihr Männer, die es nicht nötig haben, »männisch« zu sein. Die keinerlei Veranlassung verspüren, sich für sich und ihre Frau stinkende »Duft«marken zu setzen.
Das ist der Adam, der Manns genug ist, Mann zu sein, so wie er gemeint ist. So wie er ein Optimum an Beitrag bedeutet für die Partnerschaft.
Das bist Du in all Deinen Fehlern und Vorzügen. In all Deinen Möglichkeiten Nährboden zu schaffen für Zugewinn an Körper und Seele. Vor allem an der Seele.
Keine Eva soll mehr den Eindruck haben, daß sie zu viel liebt. Daß sie höchstes Gut verschwendet.
Vielmehr soll eine Welt entstehen, in der Eva wie Adam fühlen, noch immer nicht genug zu lieben. Dem anderen noch immer nicht genug geschenkt zu haben.
Nichts ist vergeudet, was zur Bereicherung der Liebe beitragen kann. Aber nur dann, wenn zwei gleichermaßen zu geben bereit sind.
Es gibt den Adam, hat ihn schon immer gegeben, wird ihn auch immer geben, der dies begreift – und zwar mit seinen Sinnen und dem Verstand, der die Größe und Macht dieses kostbaren Fühlens zu lieben zu seiner Stärke zu machen vermag.

Um seinetwillen kann Eva zu jeder Zeit trotzdem lieben, nie zu sehr. Nie zu viel, nie zu tief, nie zu ausdauernd.
Deine Liebe, Adam, ist ihr Leben.
Du bist ihr Leben.

                                                                         Eva

Rückblicke

Wie liebten Adam und Eva sich?

Welches war die erste kulturelle Errungenschaft der Ahnen des Menschen, die sie über primitive tierische Vorbilder hinaushob? Die die Verheißung künftiger zivilisatorischer Leistungen in sich trug? Nein! Es war eben nicht die Sprache, auch nicht der Gebrauch von Werkzeugen.
Was war es dann?
Es war Liebemachen von Angesicht zu Angesicht. Allgemein bekannt als Missionarsstellung.
Es gibt ja nichts, was nicht irgendwann die Neugier irgendeines Wissenschaftlers irgendwo auf der Welt weckt, und deshalb müssen wir auch über die Ursprünge jener typisch menschlichen Koitusposition, die mit der oben benannten Bezeichnung »Missionarsstellung« lustfeindlich verächtlich gemacht wurde, nicht mehr nur spekulieren.
»Nach Erkenntnissen von Glenn Gentry von der Universität von Mississippi und seinen Kollegen hat sich die in der Gattung Mensch verbreitete Art der geschlechtlichen Vereinigung bereits vor *acht* bis *zehn Millionen Jahren* eingebürgert.« (Spektrum der Wissenschaft 1988)
Doch wie läßt sich die Veränderung einer Verhaltensweise, die so unendlich lange zurückliegt und keine direkten Spuren hinterlassen haben kann, heute noch datieren?
Nun, hier zeigt sich die – je nach Sichtweise – Raffinesse oder Spitzfindigkeit oder beides, eines Wissenschaftlers, den die Schwierigkeiten eines Problems keineswegs abschreckten, sondern in hohem Maße anspornten.
Indirekte Spuren, so meint Gentry, habe der Übergang zu einer Begattungsposition, bei der sich die Partner die Gesichter zuwenden, sehr wohl gehabt:
Indem nämlich zunächst eine zuvor beim Geschlechtsakt unmögliche Art des Liebkosens – das Küssen – aufkam.

Dann aber – was weitaus weniger reizvoll ist – machte sich ein Krankheitserreger breit, der sich diesen neuen Übertragungsweg eiligst zunutze machte.
Gemeint ist das Virus »Herpes simplex« Typ 1, der Erreger jener schmerzhaften und hartnäckigen Lippenbläschen.
Die werden von »Kundigen als Zeichen vorausgegangenen exzessiven Küssens« gedeutet.
Anhand dieser Erkenntnisse und weiterer Forschungen über Herpes simplex Typ 1 und Herpes simplex Typ 2, die hier nicht weiter ausgeführt werden, konnten nun Gentry und seine Kollegen abschätzen, daß eben diese epochemachende Neuerung im Liebesleben acht bis zehn Millionen Jahre zurückliegen dürfte.
Diese Argumentationsweise zu akzeptieren bleibt jedem einzelnen überlassen.
Wenn man nun die neue Koitusposition als Errungenschaft des aufrechten Ganges ansehen will, dann liegt jener naturgemäß auch in dieser Zeit und war so früh verbreitet.
Andererseits könnte man der Auffassung sein, daß die frühen Hominiden den Wunsch hatten, ihren Partner oral zu erkunden – ebenso könnte man sagen, daß die Nachfahren der gleiche Wissensdurst treibt, den Zeitpunkt ergründen zu wollen, an dem sich dieser Wunsch zum ersten Mal regte.
Wie dem auch sei oder nicht sei, wer den Spielfilm »Am Anfang war das Feuer« gesehen hat, wird sich beim Lesen dieser Zeilen an die Liebesszene erinnern.

Bis heute hat sich nichts geändert

> »Des Satans sicherste Methode
> bleibt zu verführen durch die Mode,
> weil Mann und Weib des Teufels wird:
> sie frech und eitel, er ruiniert.
> Als Eva so der Nacktheit satt,
> bekam sie erst ein Feigenblatt...«
>
> *Eugen Roth*

Ganz abgesehen davon, daß man normalerweise gedankenverloren Chagalls »Vertreibung aus dem Paradies« betrachtet, Farben und Stimmung auf sich wirken läßt, kann man ebensogut die Figuren lebendig werden lassen, ihnen in der Phantasie Rollen zuteilen, eine Bühne erbauen, auf der sie in die Gestalten schlüpfen, die man ihnen zugedacht hat. Wie jetzt:
Da ist Eva. Sie hockt an diesem heißen Nachmittag vor einer Auswahl Feigenblätter, kann sich – wie so oft – nicht für ein bestimmtes entscheiden. Sie dreht und wendet sie, hält sie gegen das Licht. Schon damals war es eine Qual mit der Wahl, in diesem Fall, mit der Kleiderwahl.
Eva wird sich irgendwann doch entscheiden.
Sie hat sich vorgenommen, mit ihrem Enkel, Kains Sohn Henoch, Nüsse zu sammeln.
Der kleine Henoch spielt einen Steinwurf entfernt im Schatten eines Ölbaumes mit Würmern.
Endlich ist Eva »bekleidet«. Ihr, die wie Adam den Auftrag »wachset und mehret euch« mit viel Eifer und Hingabe betrieb, sind die Folgen solcher Aktivitäten nicht anzusehen. Ihre Gestalt ist anmutig, ihr Gang von federnder Leichtigkeit.
Nun betritt Adam die Szene.
Muskulös, ein wenig gedrungen.
Schweiß bedeckt seine Haut, läßt sie glänzen.
Er kommt von der Feldarbeit zurück. Das Werkzeug, das er mitgebracht hat, läßt er einfach fallen, da wo er ist, es hat nur knapp

Evas nackte Füße verfehlt. Ihr ist nicht entgangen, daß Adam sie bei der »Kleiderwahl« beobachtet hat und jetzt offensichtlich böse auf sie ist. Doch sie kennt ihren Adam und beachtet die wenig galante Geste mit dem Werkzeug nicht weiter. Statt dessen fängt sie ein Gespräch mit ihm an:
»Warum läßt du mich nicht in Ruhe? Als ob es meine Schuld wäre, daß die Bäume und Sträucher nicht mehr recht gedeihen wollen. Genausowenig kannst du mir anlasten, daß wir nun Pein und Mühe haben, schuften müssen, um uns und die Kinder zu ernähren.
Außerdem liegt es nicht ausschließlich in meiner Verantwortung, daß nichts mehr so ist wie früher.
Du spielst hier den großen Meister, tust, als wäre alles nichts, außer dir natürlich, dabei vergißt du, daß ich ebensogut wie du unterscheiden kann zwischen Gut und Böse...
Komm sag mir lieber, wie dir mein Feigenblatt gefällt, von meiner neuen Fellschürze hast du auch noch keine Notiz genommen.
Was ist eigentlich los mit dir? Trauerst du noch immer dem verlorenen Paradies nach? Wem oder was soll das nützen?
Den Garten Eden gibt es nicht mehr, wenigstens nicht so, wie er einstmals war. Diese Tatsache mußt du endlich zur Kenntnis nehmen. Allerdings, auf eine andere Weise könnte es den Garten Eden wieder geben. Es gibt Möglichkeiten, ihn zurückzuerobern.
Wenn du nur endlich wolltest und aufhörtest derartig mürrisch und unlustig zu sein. So bleibt es hoffnungslos.
Darf ich dich daran erinnern, mit welch einem Vergnügen du in jenen Apfel gebissen hast? Er wird einmal Berühmtheit erlangen und alle Welt wird von ihm sprechen und essen wollen.
Da war keine Rede von: Wir dürfen das nicht, oder: Laß die Schlange, hört nicht auf sie, sie belügt uns, oder: Sollten wir nicht sittsam sein, besonders du, teure Eva, oder: Gott wird uns zürnen, und nicht nur er, alle Geschlechter, die nach uns kommen, werden unser Tun verfluchen.

Du warst nur zu gerne bereit, das Unbekannte, Verbotene zu kosten und hast es ausgekostet.
Genauso war es doch. Aber du willst dich nicht erinnern.
Im Gegensatz zu dir, kann ich nicht vergessen. Nie werde ich diese ersten Wonnen aus meinem Körper und Sinn lassen.
Selbstverständlich ist dir das Angenehme auch bewußt, nur daß du zu der genüßlichen Tat keineswegs gezwungen werden mußtest, ist dir völlig entfallen.

Doch kann ich auch nimmer vergessen, wie unser Sohn Kain mit Neid und Mißgunst seinem Bruder Abel begegnet ist, bis er – Gott sei es geklagt – ihn, und mit ihm unsere Hoffnung, erschlug.
Dort auf diesem Acker ist es geschehen...
Auch wenn Kain sich jetzt bemüht, mit Eifer eine Stadt erbauen läßt, die den Namen unseres Kindeskindes tragen soll: ›Henoch‹, habe ich Angst um ihn, bin in steter Unruhe.
Doch eines tröstet mich, daß der junge Henoch dem Bruder seines Vaters, Abel, sehr ähnlich ist. Rechtschaffen wie jener wird er sein.
Hörst du mir überhaupt zu? Warum sagst du nichts? Stehst da und schweigst mich an. Bin ich denn nur zum Arbeiten und Kinderkriegen da? Soll ich nur Mühsal und Schmerzen haben, während du dich auf der Jagd vergnügst und wer weiß wo sonst noch?
Du willst mein Herr sein, über mich und mein Tun bestimmen. Das Gesetz will es so? Das ist doch eine Erfindung von dir – wundern würde es mich nicht.
Aber was soll die Zankerei? Vorwürfe hörst du ohnedies nicht, so wie du nie etwas hörst, was dir nicht in deinen Kram paßt.
Mir scheint, ich vergeude nur meine Zeit, meine Kräfte.
Komm, wir wollen uns unter dem Olivenbaum vergnügen und uns die Zeit ein wenig vertreiben. Ich kenne da so manches, was dir Spaß macht.«

Endlich ergreift Adam das Wort:
»Deine Verführungskünste sind noch immer paradiesisch – daran hat sich nichts geändert. Dankbar bin ich meinem Schöpfer, daß er mir ein Weib zur Seite gegeben hat.
Nur hätte ich es mir sanfter und williger gewünscht.
So, genauso wie mein Sohn Abel war. Ich muß dir recht geben: Kain war mißraten und schlechten Sinns. So lange diese Erde besteht, wird man von seiner Bluttat berichten, er wird zur Symbolfigur für Neid und Haß werden.
Warum hast du nicht besser auf ihn geachtet? Das wäre deine Aufgabe gewesen. Viel zuviel Freiheit hast du ihm gelassen. Anstatt ihn anzuhalten, das Feld zu bestellen, saß er herum und schnitzte unnützes Zeug – ein Faulpelz.
Ich meine, er ist ganz nach dir geraten. Ganz dein Sohn.
Abel hingegen war so wie ich, fleißig, ruhig, rechtschaffen.
Wenn er noch lebte – alles wäre anders gekommen.
Die Mühsal, der Fluch, der auf uns lastet, hast du verschuldet.
Deshalb ist es selbstverständlich, daß du zum Arbeiten und Gebären da bist. Mir hast du zu gehorchen.
Wenn dir das nicht gefällt – oh, es gefällt dir.
Ein Weib ist angenehm und praktisch, solange es das tut, was man will und obendrein den Mund hält.
Doch bist du schön, das läßt manches ertragen und du bist reizend in deiner Widerspenstigkeit.
Ich weiß genau, wie ich dir für einige Zeit den Mund schließen kann.«
Eva lächelt mit diesem Mund, nimmt Adam bei der Hand und zieht ihn zum Olivenbaum.
»Und wenn das das einzige ist, was wir aus dem Paradies herüberretten konnten in dieses Tal des Jammers und der Tränen – bei Gott – ich bereue es nicht und nichts...« Murmelt Adam noch.
Wachset und mehret euch...
Später wurden dann Nüsse und Beeren gesammelt, wie es dem kleinen Henoch versprochen war.

Wo war Josef?

Wieder die Atmosphäre in der Bildergalerie.
Husten und Räuspern wie es einem im Theater oder Konzert peinvoll geschehen kann.
Wir stehen in der Gruppe betrachtender Menschen, die sich in die Themen der Gemälde vertiefen.
»Unsere« Eva und »unser« Adam sind zurückgetreten in ihren Rahmen, haben ihre vom Maler zugedachten Plätze wieder eingenommen und werden hoffentlich für die nächsten Jahrhunderte kunstinteressierten Menschen farbig, nur scheinbar leblos, ihre Geschichte erzählen. Die Besucher schieben weiter oder werden geschoben.
Doch wir bleiben beharrlich auf unserem Platz, möchten mehr erfahren von unserer Urahne, der Urfrau Eva...
Ihr Gesicht erscheint jetzt fast durchscheinend, sehr nachdenklich, die Gesichtszüge teils heiter, teils angespannt, traurig.
Wollte der Künstler uns etwas damit sagen? Etwas ganz bestimmtes? Läßt er Eva die unzähligen Frauengenerationen sehen, die nach ihr kommen werden?
Sieht sie deren Schicksale, ihren Weg durch die Jahrtausende?
Ist sie deshalb so merkwürdig »heitertraurig«? Hat sie eine Vision? Man kann sich vorstellen, daß sie jetzt ein Bild vor Augen hat, das bis zum heutigen Tage viele beschäftigt und zu intensivem Nachdenken brachte, das immer die alte neue Frage aufwirft, das Bild einer Pieta. Die schmerzvolle Maria mit ihrem toten Jesus auf dem Schoß:
»Wo war Josef während all der Jahre der Hoffnungslosigkeit, des scheinbar sinnlosen Leidens, der Trauer, unendlicher Schmerzen?« Eva scheint lautes Gegröle zu hören. Schreie des Entsetzens, dazwischen hastige Gebete, ruhige, tröstende Worte und wieder Schreie. Ein Geschundener schleppt sich mit schweren Schritten unter einem riesigen Holzkreuz auf den Schultern die

staubige Straße entlang, begleitet von einem gaffenden, schrille Töne ausstoßenden Pöbel. Wir kennen alle dieses Bild, haben es uns schon mehrere Male vorgestellt und immer wieder lenkt eine kleine, weinende Frauengestalt, die dem Leidenszug folgt, unsere besondere Aufmerksamkeit auf sich. Sie wird mit dem Namen Maria, als Mutter dieses Unglücksmannes in die Geschichte der gesamten christlichen Welt eingehen.

Diese ungewöhnliche Maria mit diesem ungewöhnlichen Kind.

Steht sie nicht stellvertretend für alle Frauen, die ihre halbwüchsigen Kinder alleine, ohne den Beistand eines Mannes, erziehen müssen?
Denn hier drängt sich wieder die Frage auf:
Wo war Josef während all der Zeit?
Nichts wird weiter von ihm berichtet, er bleibt verschwunden.
Nach der Geburt Jesu gewährt man ihm nur zweimal einen Auftritt: und zwar als stummer Statist bei der Beschneidung und dann bei der Bar-Mizwa, was der Konfirmation in unserer Religion entspricht. Von da an ward nichts mehr von ihm geschrieben.
Es ist nicht einfach, dieser unklaren Situation auch nur annähernd auf den Grund zu kommen.
Im »Apostolischen Schreiben von Papst Johannes Paul II über Gestalt und Sendung des heiligen Josef« vom 15. 08. 89 liest man außer der Hervorhebung ungewöhnlicher, tugendhafter Eigenschaften über sein Schicksal lediglich andeutungsweise, eine große Unwissenheit oder Schweigen.
Zitat: »Auch über die Arbeit des Zimmermanns im Haus Nazareth breitet sich dieselbe Atmosphäre des Schweigens aus, die alles, was sich auf die Gestalt des Josef bezieht, begleitet.«
Damit kann man sich nicht zufrieden geben.
Ist uns doch die Gestalt dieses einfachen, bescheidenen Mannes zu sympathisch, als daß wir sie sang und klanglos in der Versenkung verschwinden und sie somit die Form einer abstrakten Figur

annehmen lassen. Oder was noch schlimmer wäre, wenn er von uns eines schönen Tages als der Mann gesehen wird, der sich schlicht aus dem Staube macht, wenn es innerhalb der Familie Schwierigkeiten gibt, wenn Not und Schmach sich einstellen sollten.
Das wollen wir nicht zulassen – also wird weiter geforscht.

Bei dem jüdischen Publizisten und Neutestamentler Pinchas *Lapide* und dem evangelischen Theologen Helmut *Gollwitzer* wird man fündig und hat vielleicht die Lösung des Rätsels.
In ihrem gemeinsamen Buch: »Ein Flüchtlingskind« heißt es unter anderem:
»Er lebt nicht mehr, aber er stirbt auch nicht, noch hören wir von seinem Begräbnis – und nicht einmal der Hahn des Petrus kräht ihm nach.
Was mag da wohl geschehen sein?
Das Wahrscheinlichste, im Rahmen der damaligen Umstände, ist wohl, daß ihm etwas so Ungeheuerliches widerfahren war, daß man es im griechischen Evangelium weder verharmlosen noch entpolitisieren konnte.
In diesem Sinne war aber das denkbar Ärgste, daß der arme Zimmermann als militanter Patriot, als Aufrührer, oder zumindestens als Steuerverweigerer den Rebellentod am Römerkreuz sterben mußte. Ein Unheil, das im Evangelium um jeden Preis totgeschwiegen werden mußte.«
Nicht auszuschließen sei die Annahme, daß Josef zu jenen frommen Freischärlern gehörte, die von dem Römer Varus auseinandergetrieben worden seien, deren Häuser er zerstören und anzünden ließ und der zweitausend von ihnen hatte kreuzigen lassen zu der Zeit, als Jesus noch ein Knabe war.
Würde das manches für uns erklären?
Bleibt trotzdem die Tatsache, daß Maria eine alleinerziehende Mutter war.
Niemand möchte das erleben, was sie an Leid und Kummer erfahren mußte.

Ein Frauenschicksal, das immer wieder fasziniert und für uns Trost bringen kann.

Die mögliche Erklärung Lapides über das Nichtvorhandensein Josefs in schweren Tagen leuchtet ein und hat trotz des möglichen schrecklichen Endes etwas Versöhnliches. Dennoch bleibt die Spekulation.
Und unsere Eva in der Bildergalerie kehrt zurück zu ihrem stummen Dasein in einem sprechenden Bild.

Hexenprozeß

Wir befinden uns in den Jahren zwischen 1589 und 1598. Sogleich ergeben sich schauerliche Assoziationen:
Hexenprozesse.
Viele wissen, daß die ehemalige Reichsstadt Nördlingen in jener Zeit zu einem wenig ruhmreichen Ansehen gelangte. Es ist aufschlußreich, sich näher mit den damaligen Vorkommnissen zu beschäftigen und wenn möglich, in die Gerichtsakten einzusehen. Ich erinnerte mich dunkel, einmal etwas über eine Nördlinger Wirtin gelesen zu haben, die in beispielhafter Haltung der Folter widerstand. (Gloria Eschenbaumer, Bescheidenliche Tortur, Nördlingen 1983) Außerdem erinnerte ich mich, daß ihr Mann in den Leidenstagen seiner Frau keine gute Figur darstellte.
Also machte ich mich auf die Suche.
Während der neun Jahre, von 1589 bis 1598, wurden dort nicht weniger als 34 Frauen als Hexen verbrannt, nachdem sie zuvor »gefänglich eingezogen«, gefoltert worden waren und ihnen der Prozeß gemacht worden war.
Es läuft einem ein Schauer des kalten Entsetzens über die Haut beim Lesen und man muß sich zusammennehmen, damit man die Phantasie in Schranken halten kann.
Doch bei all dem Entsetzen, bei all der Qual, die diese unschuldigen Menschen über sich ergehen lassen mußten, um letzten Endes doch auf dem Scheiterhaufen zu landen, gibt es einen Lichtblick, einen Hoffnungsschimmer ganz besonderer Art:
Maria *Holl*. Eine Schwäbin, in Ulm geboren (1549), aus besonderem Holz geschnitzt.
1586 heiratete sie und wurde Wirtin der Wirtschaft »Zur goldenen Krone« in Nördlingen.
Die Steuerlisten im Nördlinger Stadtarchiv beweisen, daß die »Krone« eine gutgehende Wirtschaft war.

Schon 1590 wurde die Kronenwirtin Maria Holl von Neidern der Hexerei verdächtigt.
Im März desselben Jahres wurde sie von zwei Frauen und im Juli von drei Frauen und einem Mann »angegeben« (angezeigt).
Aufgrund dieser Anschuldigungen wurde Maria Holl am 1. November 1593 inhaftiert, zusammen mit einer weiteren Frau, die der Hexerei angeklagt wurde.
Allerdings wurden die Frauen in Einzelhaft gehalten, damit sie sich nicht gegenseitig absprechen konnten.
Hier beginnt der Leidensweg der Maria Holl, die dann am 5. November 1593 zum ersten Mal vernommen wurde.
Unter den schrecklichen Qualen der Folter, die sie von jetzt an immer wieder erdulden mußte, legte sie, körperlich und seelisch fast gebrochen, auch Geständnisse ab, die sie jedoch auf der Stelle widerrief.
Maria Holl schneidet dabei auf, »da sie glaubte, dadurch der Marter zu entkommen...«
Obwohl man die Folterung an jenem Tag noch zweimal wiederholte, war sie zu keinem Geständnis mehr zu bewegen.
Maria Holl erkannte nun, daß nur Standhaftigkeit sie retten konnte. Als sie dann am nächsten Tag wieder dem »Gericht« vorgeführt wurde, widerrief sie noch einmal alles, was sie am Tag zuvor gesagt hatte, es sei nicht wahr, Gott im Himmel solle ihr verzeihen. Sie hätte alles nur eingestanden, um der Marter zu entgehen.
Am Nachmittag desselben Tages wurde Maria abermals gefoltert, man hoffte, sie dadurch mürbe machen zu können.
Doch diese Frau, ausgestattet mit einer bewunderungswürdigen seelischen und körperlichen Kraft, widerstand auch hier.
Insgesamt wurde Maria Holl in 13 von 18 Verhören unmenschlich gefoltert, insgesamt 62 mal mußte sie die Folter ertragen.
Daß sie das alles lebend überstand und überhaupt noch imstande war, ihre Glieder und Muskeln zu bewegen, ist sicherlich nicht allein ihrer körperlichen Kraft zuzuschreiben, viel höher ist wohl ihre seelische Kraft zu werten:

Sie war felsenfest von ihrer Unschuld überzeugt und glaubte wahrscheinlich überhaupt nicht an Hexen und Hexerei.
Nun, da die Folter nichts brachte, man aber unbedingt ein Geständnis erzwingen mußte, um sie auf den Scheiterhaufen zu schicken, kamen die subtilen Methoden:
Man wollte ihr weismachen, daß ihre Verwandtschaft sehr wohl von ihrer Schuld überzeugt sei.
Doch Maria wollte das nicht glauben. So viel Bosheit und Niedertracht traute sie ihren Freunden nicht zu.
Und als man ihr zu verstehen gab, daß selbst ihr Ehemann sie verdächtige, erwiderte sie nur: »Wenn ihr nächster *Freund!* dies von ihr behauptet, und ihr nächster Freund sein wolle, so lüge er salvo honore, wie ein Schelm.«

Fürsprecher meldeten sich mittlerweile zu Wort – allerdings kann und muß man ihren Mann aus diesem Kreis ausschließen, denn eine Fürbitte von ihm liegt nicht vor!
Wir wissen alle, was wir von dieser geistigen Verirrung der damaligen Zeit zu halten haben.
Die letzten Hexenprozesse wurden 1749 in Würzburg und 1775 in Kempten geführt.
1981! endet ein Fall von Teufelsaustreibung tödlich.
Im September 1990 stirbt ein 11jähriges Mädchen an den Folgen einer Teufelsaustreibung (dpa).
Zurück in das Jahr 1594.
Am 11. Oktober dieses Jahres wurde Maria Holl nun endlich frei, nachdem sie geloben mußte, die erlittene Tortur am Nördlinger Rat nicht zu rächen und ihr Haus vorerst nicht zu verlassen.

Was neben ihrer Standhaftigkeit an dieser Frau fasziniert und größte Bewunderung erweckt, ist die Tatsache, daß sie zu ihrem Mann zurückkehrt.
Sie geht, damals fünfundvierzigjährig, zu einem Mann zurück, der nicht nur nicht *alles* tat, um seine Frau freizubekommen, er tat nicht einmal *wenig*.

Ihre Peiniger waren samt und sonders Männer.
Mußte sie nicht naturgemäß einen glühenden Haß in sich tragen auf alles, was auch nur entfernt an einen Mann erinnert?
Ob aus der damaligen Zeit das Wort »Henkersknecht« herrührt? Von einer »Henkersmagd« ist nie gehört worden.
Maria Holl geht zurück zu einem Mann – ihrem Mann.
Einem Mann, der sie vermutlich mit seinem ganzen armseligen Verhalten nicht einmal enttäuschen konnte? Denn klug wie sie war, ließ sie sich von ihm nicht täuschen – also mußte sie auch nie *ent*täuscht werden.
Ist dies nicht das große Geheimnis glücklich zu werden mit einem Menschen, daß man sich nicht täuschen läßt und sich auch selbst nicht täuscht?
Die Realität erfassen und danach handeln.

Im Jahre 1608 stirbt ihr Mann, Michael Holl.
Maria heiratet noch zweimal, zuletzt im Alter von achtundsiebzig im Jahr 1627. Am 2. Oktober 1634 stirbt sie zur Zeit des Dreißigjährigen Krieges. Vermutlich wurde sie ein Opfer der Pestepidemie.
Ihre Folterknechte allerdings, die hat sie alle überlebt.

Gerne würde man Maria Holl fragen, woher sie die Kraft nahm, nach all dem Erlebten in die eheliche Gemeinschaft zurückzukehren. Ihre Gläubigkeit, die christliche Einstellung und ihre gesunde Einstellung zur Realität können es alleine nicht gewesen sein. Sicher war es dieses »trotzdem«, das eine liebende Frau über sich selbst hinauswachsen läßt.
Ein Ja zu der Liebe, die vieles verzeihen kann, nichts nachträgt, die mächtiger ist als Dummheit, Feigheit, Brutalität, Haß und Neid.

Fürstbischof Clemens August und die Frauen

Hat es jemals eine Zeit gegeben, in der die Frauen eine so bedeutende Rolle gespielt haben wie im politischen achtzehnten Jahrhundert? Das Erbfolgerecht wollte es so, daß damals mit der Krone die Macht in weibliche Hände gelegt wurde.
Es sei an das Rußland der Zarinnen erinnert, und im Reich der Habsburger an Maria Theresia.
In der Zeit der Pompadour wurde der Einfluß des schönen Geschlechts immer größer. Es war die Zeit hoher diplomatischer Kunst. Jede Art brutaler Drohungen und rauher Worte wurde verabscheut. Man hatte Zeit für Entfaltung von Schönheit, ob in der Architektur, in der Kunst oder im normalen Leben überhaupt. Beispielgebend für diese erfreuliche Entwicklung war Frankreich und man folgte ihm.
Auch ein geistlicher Würdenträger konnte sich diesem Einfluß nicht entziehen – dem Einfluß der Frauen.
Allerdings haben diese nicht nur größtes Interesse gezeigt, einen Fürstbischof zu erheitern und aufzumuntern, sie haben sich mit List und Machtstreben auch um dessen Politik »gekümmert«.

Während der Regentschaft des Fürstbischofs Clemens August in jener Zeit, er ist am 17. August 1700 geboren, hat der kurkölnische Hof einen ausgesprochen »weltlichen Anstrich« bekommen.
Wer sich in den Lusthäusern, großartigen Palästen und Jagdschlössern vergnügen konnte, Gast war auf Maskenbällen, glanzvollen Hoffesten oder gar zur Jagd eingeladen wurde, dem konnte nur schwer in den Sinn kommen, daß der hochgestellte Gastgeber ein geistlicher Würdenträger und somit ein Kirchenmann war.
Der Unterschied zwischen dem wie er lebte und dem wie er leben sollte, mußte einem frommen Christenmenschen wie ein

Schlag ins Gesicht erscheinen, ganz besonders dann, wenn er beobachten mußte, daß die holde Weiblichkeit in immer größerem Maße die Aufmerksamkeit des Fürstbischofs erfuhr.

So machte er kein Geheimnis daraus, daß er seine Favoritinnen zu Soupers in lauschige Jagdschlößchen einlud, man wollte sogar von Mätressen wissen, mit denen man sich gut stellen müßte, um beim Fürstbischof zu gegebener Zeit Gehör zu bekommen.

Er ist wie keiner seiner Vorgänger oder Nachfolger als Kunstmäzen bewundert worden, gleichzeitig erlebte er aber auch den zweifelhaften Ruhm eines Don Juan.

So wie er sich zeigte und gab, war er weder spröde noch irgendwelchen weltlichen Vergnügungen abhold, dessen kann man gewiß sein. Will man ihm aber gerecht werden, darf man nicht vergessen, daß er gezwungenermaßen und nicht aus innerem Drang heraus den Beruf eines Geistlichen gewählt hat.

Sein Vater war es und die Familienpolitik, die ihn in dieses ungeliebte Amt gedrängt haben.

Ein frommer Mann sei er durchaus gewesen, dieser Clemens August, doch zum Priestertum fühlte er sich nie berufen.

Er hatte zwischendurch größte Bedenken, diesen Weg überhaupt zu gehen, der ihm schon von Kind an unbarmherzig gewiesen wurde. So hat er immer wieder Gründe gesucht, um seinem »Schicksal« entgehen zu können.

Die Gewissensangst, die er hatte, ließ den gestrengen, harten Vater jedoch unbeeindruckt.

Er wurde, innerlich völlig ablehnend, vom Papst zum Bischof geweiht. Allerdings, da er nun Bischof war, sah er sich nicht imstande, auch nach den Gelübden, die dieses hohe Amt vorschrieb, zu leben.

Die Versuchungen, die ihn in vielerlei Gestalt umgaben, waren allemal stärker als er – mitsamt seinen guten Vorsätzen.

Allerdings haben nicht alle Frauen, die versuchten bei ihm und bei Hofe eine Rolle zu spielen, sein Herz erobern können. So hatte sich die erste Frau, die man in der Nähe des Fürstbischofs sah, keineswegs intimer Beziehungen brüsten können.

Es handelt sich um die schlaue, geltungssüchtige, um keine Intrige verlegene Freifrau von Notthafft. Sie war von starkem politischen Ehrgeiz beseelt, verbunden mit dem Wunsch, bei Hofe ihre finanziellen Verhältnisse verbessern zu können.
Doch ihre Ränkespiele fanden offenbar nicht den Beifall des Bischofs. Nach vielem personellen, politischen und finanziellen Hin und Her fiel sie schließlich in Ungnade.
Clemens August ging der Notthafft »förmlich aus dem Wege«.
(Max Braubach, Kurkölnische Miniaturen, Münster 1954/1958)

Intrigante, geltungssüchtige Frauen haben sich am kurfürstlichen Hof sozusagen die Klinke in die Hand gegeben.
So folgte auf die Freifrau von Notthafft die 1722 geborene Tochter eines kaiserlichen Botschafters, Fürstin Sophie von Nassau-Siegen. Sie wurde mit 18 Jahren an den 74jährigen Fürsten Wilhelm Hyazinth von Nassau-Siegen vermählt. Diese lebenslustige junge Frau konnte selbstverständlich in dieser Verbindung nicht glücklich werden. Bei einem Dinner in Köln traf sie, im Frühjahr 1741, mit Clemens August zusammen, der sofort Gefallen an ihr fand. Sie war weder »schön noch häßlich dabei gut gebaut und sehr kokett«, urteilte der Franzose Aunillon, der sie wenige Jahre später kennenlernte. Mit beiden Händen griff die junge Frau zu, als der Kurfürst sie an seinen glanzvollen Hof einlud. Ihr Gemahl hat sich damit abgefunden, überließ alsdann auch die finanzielle Betreuung seiner Frau einem anderen.
Die junge Fürstin kam zunächst nur zu Besuch an den kölnischen Hof. Dort erregte sie sofort die allgemeine Aufmerksamkeit. Sie erfreute sich der besonderen Gunst von Clemens August, der sich in der Öffentlichkeit häufig mit ihr zeigte, sehr oft mit ihr soupierte und sogar nachts mit ihr durch die Straßen Bonns zog.
Doch war es offensichtlich nur die Freude an ihrer unbeschwerten Unterhaltung, vielleicht daneben noch eitler Stolz, die Gemahlin eines Reichsfürsten in seinem Gefolge zu haben, was sie ihm wert machte – mehr jedenfalls sei nicht gewesen, heißt es.

Sophie selbst äußerte sich spöttisch nach einer jener nächtlichen Exkursionen zu einem Grafen, sie verstehe die Behauptung nicht, daß der Kurfürst den Frauen gefährlich wäre.
Resultierte ihre abfällige Bemerkung aus dem wachsenden Desinteresse Clemens Augusts? Es ist zu vermuten, denn schon nach kurzer Zeit erlosch das Strohfeuer seinerseits wieder.
Erwähnenswert wäre noch, daß einer der Söhne der Fürstin Sophie von Nassau-Siegen, der einer später eingegangenen Ehe mit Landgraf Constantin von Hessen-Rothenburg entstammte, während der französischen Revolution als General Marat eine merkwürdige Rolle spielte.
Es verwundert nicht, daß alsbald die nächste Dame am kurfürstlichen Hof sich in erreichbarer Nähe befindet.
Es werde, so hieß es, aus Berlin eine Dame eintreffen.
Früher habe sie der Fürstbischof schon einmal in Aachen getroffen. Außerdem glaubte man zu wissen, seither hätte ein reger Briefwechsel bestanden, außerdem rühme sich jene Person, einen erheblichen Einfluß auf ihn zu besitzen.
Besser als die Notthafft und die Fürstin von Siegen soll sie allerdings nicht gewesen sein, die Dame, die einmal im Leben des großen Friedrich eine beachtliche Rolle gespielt haben soll.

Wir haben es mit Luise von Brandt zu tun, die 1710 als Tochter des preußischen Staatsministers von Kameke geboren und mit einem preußischen Kämmerer vermählt war.
Sie begegnete Clemens August 1740 in Aachen, der ebenso wie sie dort die Bäder besuchte – schlicht gesagt: er weilte dort zur Kur. Er wurde von ihrer »bestrickenden Anmut«, »lebhaftem Geist«, »keckem Witz« stark gefesselt. Dabei war sie offenbar »gefallsüchtig«, »kokett«, »leichtfertig« und nur zu gerne bereit, sich von einem reichen Fürsten umschmeicheln zu lassen. Außerdem hatte sie ehrgeizige, politische Interessen.
Diese Frau muß auf den Kurfürsten nicht nur in ihrer Einbildung einen enormen Einfluß gehabt haben, denn es konnte in seiner Umgebung nicht verborgen bleiben, daß seine sonstige Verärge-

rung über politische Ereignisse und Winkelzüge in der »Luise-von-Brandt-Ära« völlig verschwunden war.

Ob nun der Kurfürst sich gekränkt fühlte oder ob er gar eifersüchtig war – die Brandt »bediente« sich mehrerer Günstlinge – oder ob sonst irgendein unerfreulicher Anlaß den Ausschlag gab, in den Jahren 1745 und 1746 kam es zum Bruch, und Luise Brandt spielte keine auch noch so unbedeutende Rolle mehr, weder in der politischen Szene noch bei der Privatperson Clemens August.

Allerdings macht schon im Jahre 1743 ein neues Gesicht um Clemens August von sich reden: Die Witwe Gräfin Maria Anna von Seinsheim, geb. Gräfin Preysing.

Sie war nun ein nicht ganz neuer Stern, der am Bonner Hofhimmel aufging, offenbar hatte ihr Clemens August in früheren Jahren schon einmal sehr nahe gestanden. Sie sei die erste Frau überhaupt gewesen, für die sich Clemens August ernsthaft interessierte. Nun kam sie, die sich über längere Zeit in Bayern aufhielt, zurück. Sie wurde, hinter vorgehaltener Hand, als die frühere Mätresse von Clemens August eingeführt. Man meint, sie sei gerufen worden. Sie wurde in einem Haus gegenüber dem Schloß untergebracht. Clemens August empfing sie persönlich bei ihrer Ankunft, führte sie zum Souper, und von da an verbrachte er häufig die Abende mit ihr, an denen im kleinsten Kreis gespielt und musiziert wurde.

Über eines war man sich allerdings einig, daß Clemens August ihr gewissermaßen nur noch ehrenhalber huldigte. Nicht gerade vorteilhaft ist das Bild, das von ihr in der nächsten Umgebung des Fürsten gezeichnet wird: »Sie ist eine schöne Frau, hat aber nicht die geringste Spur von Geist oder Talent... Der derzeitige Verkehr zwischen ihr und dem Kurfürsten ist gleichmäßig kalt und für beide langweilig.« Doch stand sie noch immer in besonderer Gnade. Allerdings schien auch sie einem Schicksal, das sie bald mit ihren Vorgängerinnen teilen wird, nicht entgehen zu können.

Schon 1746, im Juli, hat sie von dem Fürsten die Aufforderung bekommen, sich nach Bayern zurückzuziehen.

Es gibt noch verschiedene hochgestellte Damen, die im Zusammenhang mit dem Fürstbischof genannt werden könnten. Er war nicht spröde und nicht prüde, wie hinreichend bekannt ist, wirklich nahegestanden hat ihm in jungen Jahren unter all den Damen des Adels die Gräfin Seinsheim. Er litt ja zeitlebens unter dem Joch des Bischofsamtes, das er – wie anfangs erzählt – nur äußerst widerwillig auf sich nahm. Sein unstetes, schnell entflammbares Gemüt war auch durchaus den Damen niederer Herkunft zugetan. So hat er einmal der Prinzessin von Siegen ein einfaches Mädchen vorgezogen. Mehrere junge Mädchen ähnlichen Ursprungs entflammten das Herz Clemens Augusts.
Einmal erwies er gleich zwei »Demoiselles« einer französischen Komödientruppe seine Freundlichkeit.
In Wirklichkeit sei wohl von derartigen Frauen »niedriger Herkunft« nur eine im Leben des Fürsten von Bedeutung gewesen. Leider weiß man nicht sehr viel über sie, weil sie sich nicht im mindesten in die Politik einmischte. Sie liebte Clemens August auf ihre einfache Art. Zunächst weiß man nur, daß sie unter dem Namen ihres Mannes, Trogler, bekannt war. Ihren Mädchennamen erfährt man aus den Bonner Kirchenbüchern: Mechthild Brion. Sie soll, bevor sie am Hofe lebte, als Gitarren- oder Harfenspielerin durch die Lande gezogen sein. Ihre einfache Natürlichkeit, ohne einen Hauch von Intrigenlust oder politischen Ambitionen, hat Clemens August eine Zeit der echten menschlichen Zuwendung geschenkt. Ihr »natürlicher Geist« ist eine Wohltat für den Fürsten gewesen, nachdem er eine ganze Reihe anstrengender, ehrgeiziger Frauen mehr oder weniger lange um sich und in seiner Nähe hatte. So verwundert es nicht, oder vielleicht doch, daß sie ihm eine Tochter schenkt.
Zu dieser Frau fühlte sich Clemens August nicht nur körperlich hingezogen, echte Gefühle müssen ihn mit ihr verbunden haben – immer diese Tragik im Herzen, ein Kirchenmann zu sein.

Wenn man seine amourösen Geschichten betrachtet, mag man nicht glauben, daß dieser Fürstbischof zu mehr fähig war, als Frauen nur als Zeitvertreib anzusehen und zum Amusement zu benutzen.
Die Verbindung mit Mechthild Brion-Trogler läßt mehr hinter Clemens August vermuten. Im Grunde ist er eine tragische Figur, das Opfer eines machtbesessenen Vaters und politischer Intrigen an seinem Hof, die er nicht verhindern konnte. Bei Mechthild konnte er sicher sein, daß sie keine ehrgeizigen Hintergedanken hegte, während sie in seinen Armen lag. Sie liebte ihn als Mensch. Nicht als Fürst und nicht als Bischof. Diese hohen Titel waren ihr offensichtlich gleichgültig, womöglich war sie sich nicht einmal deren Tragweite bewußt.
Eine »Trotzdemliebe« ganz besonderer Art und Delikatesse.
Nachdem die Intimbeziehungen zu Mechthild abgebrochen waren, löst Clemens August nicht die Verbindung zu dem Mensch Mechthild. Er trifft häufig mit ihr zusammen, soupiert mit ihr und tritt oft als Mitpate in Erscheinung.
Verschiedentlich haben Politiker und Diplomaten versucht, diese naturkluge Frau für ihre Dienste zu gewinnen. Eine Frau, die offensichtlich die Hochachtung und Wertschätzung des Fürsten genießt und ihn somit in ihrem Sinne beeinflussen könnte, ist für diese Herren interessant. Jeder Versuch in diese Richtung ist ein für allemal fehlgeschlagen – sie mischte sich auch später niemals in die politischen Geschäfte ein.
Fast ein Jahrzehnt wurde es dann still um diese Verbindung und man vermutete schon, Clemens August hätte nun auch noch an ihr das Interesse verloren.
Dann aber war plötzlich wieder die Rede von ihr, als sie zusammen mit Clemens August erneut in den Kirchenbüchern als Pate erschien. Er blieb seiner ehemaligen Geliebten bis zu seinem Tode treu im Sinne von geistiger Treue. Vielleicht noch darüber hinaus – man weiß es nicht. Was aus ihr wurde, wie ihr Schicksal nach dem Tode des Fürstbischofs aussah, weiß niemand zu berichten. Sie verschwindet in demselben Dunkel, aus dem sie ge-

kommen war. Zunächst aber leben beide noch. Die Spur ihres Kindes mit Clemens August vermag man leichter zu verfolgen. So ist es, mehreren Aussagen zufolge, wahrscheinlich, daß diese Tochter in einem Hause aufwuchs, daß in der Nähe der im 19. Jahrhundert errichteten Beethovenhalle in Bonn stand. Den Namen erfährt man aus dem Kaufakt für das Haus in der Neugasse, das Trogler für seine Tochter Anna Maria erwarb. Sie genoß eine erstrangige Erziehung im elsässischen Metz.
Schließlich heiratet sie den Grafen Franz Ludwig von Holnstein, den unehelich geborenen Sohn des Bruders von Clemens August. Dieser war zur damaligen Zeit bayerischer Kurprinz und wurde später Kaiser Karl VIII.
Zur gleichen Zeit wurde wieder von Zusammentreffen der Mechthild Trogler und Clemens August berichtet.
Clemens August von Bayern, Kurfürst und Erzbischof von Köln, Fürstbischof von Hildesheim, Münster, Osnabrück und Paderborn, Hochmeister des Deutschen Ordens, er wurde zu Lebzeiten der »Monsieur de Cinque Eglises« – der Herr Fünfkirchen – genannt, starb am 6. Februar 1761 in Ehrenbreitstein völlig überraschend.
Über den Tod von Mechthild Trogler ist nichts bekannt geworden.

Das neunzehnte Jahrhundert – Pro und Contra

Ist es das Jahrhundert einer Effi Briest?
Hat uns Fontane eine Gesellschaft geschildert, wie sie charakteristisch war für die damalige Zeit?
Die patriarchalische Amtsausübung der Männer?
Das Jahrhundert des Patriarchats?
Geradezu demagogische Äußerungen zum Thema Frau hat der Philosoph Schopenhauer, der von 1788 bis 1860 lebte, unters Volk gestreut. Später mehr darüber.
Auch ist es das Jahrhundert, in dem Karl Marx seiner Philosophie Gehör verschaffen konnte: »Der Staat ist nur ein Mittel der jeweils herrschenden Klasse zur Unterdrückung der beherrschten und zur Aufrechterhaltung ihrer politisch-ökonomischen Macht. Der Übergang zur klassenlosen Gesellschaft ist nur in einer Revolution vollziehbar.«

Andererseits erlebte dieses Jahrhundert einen Henry Dunant, der 1864 das Rote Kreuz gründete und somit zum Vater einer Organisation wurde, die an tatkräftiger Nächstenliebe über alle Grenzen und Sprachbarrieren hinweg ihresgleichen sucht, und das bis zum heutigen Tage.

Fast zur selben Zeit wie Schopenhauer, zwischen 1783 und 1842, allerdings mit völlig anderen Gedanken im Kopf, lebte der französische Schriftsteller *Stendhal,* der mit seinen Romanen »Rot und Schwarz« und »Die Kartause von Parma« Weltruhm erfuhr. In seinem Werk »Über die Liebe«, das für meine Begriffe allemal lesenswert ist, schreibt er unter anderem: »...Ich habe Frauen gesehen, die, wenn's drauf ankam, den tapfersten Männern überlegen waren. Nur müssen sie einen Mann haben, den sie lieben...«
Oder an anderer Stelle: »...Geben Sie einmal Ihrer Frau die

Möglichkeit, mit den Pächtern von zweien Ihrer Landgüter die Geschäfte zu regeln, ich wette, daß sie die Bücher zuverlässiger führen wird als Sie, und dann, Sie jämmerlicher Despot, können Sie sich wenigstens mit *Recht* beklagen, verfügen Sie doch nicht über die Gabe, Liebe zu erwecken...«

Wie erfreulich im Jahrhundert des Patriarchats.

Jedem ist klar, daß hier kein Beweis geführt werden muß über die Existenz beachtenswerter Männer.

Auch wäre es müßig, sich in Aufzählungen zu verlieren über das, was Tatsache ist.

Wichtig erscheint, daß die Tatsache bemerkt wird und aufmerken läßt.

Ungeachtet aller positiven Aspekte gibt es die ungeheuerliche Dreistigkeit, mit der ein Schopenhauer – wie bereits vermerkt – sich über die Frauen äußert und sie damit einer beispiellosen Diskriminierung aussetzt.

Schopenhauer zum Thema Frau

»Schon der Anblick der weiblichen Gestalt lehrt, daß das Weib weder zu großen geistigen noch körperlichen Arbeiten bestimmt ist. Es trägt die Schuld des Lebens nicht durch Tun, sondern durch Leiden ab, durch die Wehen der Geburt, die Sorgfalt für das Kind, die Unterwürfigkeit unter den Mann, dem es eine geduldige und aufheiternde Gefährtin sein soll.
Die heftigsten Leiden, Freuden und Kraftäußerungen sind ihr nicht beschieden, sondern ihr Leben soll stiller, unbedeutsamer und gelinder dahinfließen als das des Mannes, ohne wesentlich glücklicher oder unglücklicher zu sein.
Zu Pflegerinnen und Erzieherinnen unserer ersten Kindheit eignen die Weiber sich gerade dadurch, daß sie selbst kindisch, läppisch und kurzsichtig, mit einem Worte: zeitlebens große Kinder sind – eine Art Mittelstufe zwischen dem Kinde und dem Manne, als welcher der eigentliche Mensch ist. Man betrachte nur ein Mädchen, wie es tagelang mit einem Kinde tändelt, herumtanzt und singt, und denke sich, was ein Mann beim besten Willen an ihrer Stelle leisten könnte.
... kleben an der Gegenwart, nehmen den Schein der Dinge für die Sache und ziehn Kleinigkeiten den wichtigsten Angelegenheiten vor.
... woraus dann seine Vorsicht, und häufige Beklommenheit entspringt. Der Vorteile wie Nachteile, die dies bringt ist das Weib infolge seiner schwächeren Vernunft weniger teilhaft...
... Die Weiber denken in ihrem Herzen, die Bestimmung der Männer sei, Geld zu verdienen, die ihrige hingegen, es durchzubringen; wo möglich schon bei Lebzeiten des Mannes, wenigstens aber nach seinem Tode.
... So viele Nachteile dies alles zwar mit sich führt, hat es doch das Gute, daß das Weib mehr in der Gegenwart aufgeht als wir und daher diese, wenn sie nur erträglich ist, besser genießt, wor-

aus die dem Weibe eigene Heiterkeit hervorgeht, welche sie zur Erholung, erforderlichenfalls zu Troste des sorgenbelasteten Mannes *eignet*.
In unserem monogamischen Weltteile heißt heiraten seine Rechte halbieren und seine Pflichten verdoppeln. Jedoch, als die Gesetze den Weibern gleiche Rechte mit den Männern einräumten, hätten sie ihnen auch eine männliche Vernunft einräumen sollen.
. . . Da folglich jeder Mann viele Weiber braucht ist nichts gerechter, als daß ihm freistehe, ja obliege, für viele Weiber zu sorgen. Dadurch wird auch das Weib auf ihren richtigen und natürlichen Standpunkt, als subordiniertes Wesen, zurückgeführt und die *Dame,* dies Monstrum europäischer Zivilisation und christlichgermanischer Dummheit, mit ihren lächerlichen Ansprüchen auf Respekt und Verehrung kommt aus der Welt, und es gibt nur noch Weiber, aber auch keine *unglücklichen* Weiber mehr, von welchen jetzt Europa voll ist...«

Was muß er, Schopenhauer, für Frauen gekannt haben, daß er es wagt, derlei Äußerungen zu tun?
Vermutlich kannte er überhaupt keine.
Hätte es Frauen in seiner Gesellschaft gegeben, wie nachfolgend stellvertretend nur wenige beschrieben, wäre seine Meinung anders ausgefallen. Wer weiß.
Es soll ja Männer geben, die wider besseres Wissen die Frauen beschimpfen, verdummen, nicht ernst nehmen wollen.

Fontane, der nachweislich Schopenhauer hoch schätzte, ließ doch einige Kritik an dessen Äußerungen laut werden: »Was er über Monogamie und Polygamie sagt, wäre als Tischunterhaltung bei einem kleinen Diner mit Cyperwein entzückend, es ist geistreich, unterhaltend, anregend, wie alles, was er schreibt, aber so wie es mehr sein will als ein geistreiches Aperçu (und es will mehr sein) so berührt es mich wie Unsinn. Man kann daraus zitieren, um mal an einer bestimmten Stelle der Debatte einen

guten Trumpf auszuspielen, aber von Wahrheit, Erkenntnis, Recht und Billigkeit ist es so weit ab wie Kiliban von Antnoos.«
(Kiliban ist eine Figur aus Shakespeares »Der Sturm« und gilt als Inbegriff der Häßlichkeit. Antinoos (110–130 n. Chr.) ist ein schöner Jüngling, der Liebling Kaiser Hadrians (geb. 76, röm. Kaiser von 117–138, Erbauer des Limes und der Engelsburg zu Rom.)
Weiter sagt Fontane:
»Den Harem und seine Wirtschaft über unser okzidentales Frauenleben stellen wollen heißt, sich überhaupt gegen Freiheit, Menschenrecht und Menschenwürde flau und selbst gegensätzlich stellen...«
Und genau hier muß einem der gesellschaftskritische Roman »Effi Briest« in den Sinn kommen, mit dem Fontane die dem neunzehnten Jahrhundert eigene frauenfeindliche Geisteshaltung anprangert.
Man möchte meinen, er hätte Schopenhauers »Irrlehre« vor Augen, wenn er schreibt: »... Demgemäß fordert die Ehre des Mannes, daß er den Ehebruch seiner Frau ahnde und wenigstens durch Trennung von ihr strafe.
Duldet er ihn wissentlich, so wird er von der Männergemeinschaft mit Schande belegt, jedoch ist dies noch lange nicht so durchgreifend, wie die durch den Verlust der Geschlechtsehre das Weib treffende, vielmehr nur eine levioris notae macula (ein Flecken von geringerer Bedeutung); weil beim Manne die Geschlechtsbeziehung eine untergeordnete ist, indem er in noch vielen anderen und wichtigeren steht.«
Sein »Held« in Effi Briest, Instetten, verkörpert auf eine tragische, klassische Weise dieses »Ekel« und wird von den Zeitgenossen auch so bezeichnet.
Mit Effi hingegen sympathisieren die Leser.
Instetten konnte nicht anders, handelte seiner Natur gemäß, wie auch Effi handelte, so wie sie handeln mußte.
Schuld oder Unschuld?
Wer vermag diese Frage zu beantworten?

Übrigens hatte Fontane für seine Romanfiguren sehr lebendige Vorbilder, die in Effi und Instetten Gestalt annahmen. Die wirkliche Effi lebte zur Zeit der Veröffentlichung seines Romans als ausgezeichnete Pflegerin in einer großen Heilanstalt, und Instetten in natura wurde zu jener Zeit General.
»Effi Briest« beruht stofflich auf einer aufsehenerregenden Ehebruchaffäre der achtziger Jahre des vorigen Jahrhunderts.
Die Beteiligten waren der Rittmeister Armand von Ardenne, seine Ehefrau Elisabeth und der Düsseldorfer Amtsrichter Emil Hartwich, der im Duell mit Ardenne fiel. (»Erläuterungen und Dokumente«, Theodor Fontane, Effi Briest, Stuttgart 1972/1986)

Haben sie oder haben sie nicht (miteinander geschlafen)?
Fontane läßt diese Frage in seinem Roman offen und deckt den Schleier der Diskretion darüber. Er kann auf derartige Details verzichten. Es ist auch völlig unerheblich. Der Leser weiß ohnehin Bescheid. Erheblich allerdings ist, wie Armand von Ardenne alias Instetten, seine Frau behandelt, demütigt und auf Lebenszeit verbannt. Obwohl er die Kinder der Mutter nicht entfremden wollte, wollte er doch alle Regelungen von künftigen Verhältnissen abhängig machen. Die Ehe zwischen Armand und Elisabeth wurde geschieden.
Zum Schluß seines Romans verläßt Fontane den Boden der Realitäten, er wollte nicht, daß seine »Vorlagen« allzu deutlich erkennbar sind.
Überzeugend gelang ihm das allerdings nicht, denn wie alle Welt weiß, sind die wahren Helden und deren Schicksal bekannt. Man schreckte noch nicht einmal davor zurück, sie im Zusammenhang mit »Effi Briest« in aller Öffentlichkeit zu nennen und in der Gerüchteküche brisante Süppchen zu kochen.

Frauen des neunzehnten Jahrhunderts

Zu Beginn dieses bemerkenswerten Jahrhunderts lebt eine beeindruckende Frau.
Damals ist sie Anfang bis Mitte Vierzig:

Caroline Schlegel-Schelling
Ihr Leitspruch, der sie ihr ganzes, kurzes, aber intensives Leben begleitet, ist typisch:
»Göttern und Menschen zum Trotz will ich glücklich sein.«
Vierzigjährig heiratet sie noch einmal, nach Scheidung von Schlegel und Tod der fünfzehnjährigen Tochter, den Philosophen Schelling. Er ist zwölf Jahre jünger als sie, die wieder liebt und glücklich ist!
Eine Frau, die bei Goethe dinierte und bei Familie Herder zum Tee geladen war.
Und was sich bis zum heutigen Tage bei uns noch nicht überall herumgesprochen hat, hat sie schon damals vor fast zweihundert Jahren voll begriffen:
Sie wußte nämlich, offensichtlich aus bitterer Erfahrung, daß die absolute Hingabe für eine Liebende nur dann nicht mit einer schmerzlichen Enttäuschung enden wird, wenn sie in gleichem Maße dazu fähig ist, sich ganz auf sich zu verlassen und außerdem genügend Realitätssinn besitzt, eine Situation zwar voll zu genießen, doch jederzeit damit rechnet, daß der Traum aus ist.

Man muß auch über Männer schreiben, wenn man über Caroline schreibt. Sie war eine »Männerfrau«, liebte die Männer, ergriff immer deren Partei. Sie setzte auf die Männer, wenn sie Hilfe brauchte. In dieser Hinsicht ist sie nicht schlecht gefahren. Allerdings hat ihr das bei »Freundinnen« und weiblichen Bekannten Beschimpfungen und Schmähungen eingebracht.

Wohlgemerkt, sie war eine Realistin, sie liebte die Männer trotzdem. Ihr lag nicht daran, die Welt zu verändern, sie wollte leben.
Am 7. September 1809 stirbt Caroline mit erst 46 Jahren.
Man sagt, sie sei ihrem Mann, Schelling, gegenüber zu unkritisch gewesen.
Nun, sie vergötterte ihn, ordnete sich ihm unter. Alles was er tat und dachte, befand sie als herrlich. Es war ihr recht. Sie hat seine Vorzüge gesehen – seine Fehler und Schwächen meist übersehen. War sie glücklich dabei?
Den Tod ihrer Tochter hat sie verständlicherweise nie überwinden können. So ist es nur begreiflich, daß sie in dieser Ehe Schutz und Geborgenheit suchte.

In dem Jahr, in dem Caroline stirbt, läßt Napoleon I. sich von Josephine Beauharnais scheiden.
Wird Abraham Lincoln, der spätere Präsident der USA, geboren, Beethoven komponiert sein berühmt gewordenes Klavierkonzert Nr. 5.

Annette von Droste-Hülshoff

Im Todesjahr von Caroline Schlegel-Schelling lebt im Westfälischen ein zwölfjähriges Mädchen:
Annette von Droste-Hülshoff, der einzige bedeutende westfälische Name in der deutschen Literaturgeschichte.
»Ihr Ruhm ist in aller Munde, aber nur wenigen ist ihr Werk ein wirklicher Besitz.«
So beschrieb Gertrud von Le Fort das Leben der Annette.
Und in einem Werbetext der Deutschen Bundesbank kann man lesen: »Oberflächlich betrachtet war sie eine Vertreterin der Romantik. Doch die romantische Verklärung der Wirklichkeit war ihr fremd. Vielmehr hat sie die wirtschaftlichen Umwälzungen ihrer Zeit literarisch verarbeitet, was nur wenige ihrer Zeitgenossen verstanden und schätzten. Erst später erkannte man sie als

die wohl eigenständigste Poetin ihres Jahrhunderts. Grund genug, Annette von Droste-Hülshoff mit einer Abbildung auf dem neuen Zwanzigmarkschein zu würdigen.«

Wenn man von ihrem Vater einmal absieht, sind es wohl drei Männer gewesen, die im Leben von Annette eine wichtige Rolle gespielt haben. Allerdings hat sie nie geheiratet. Sie blieb immer das Fräulein.
Bis zu ihrem Tode 1846 lebte sie, von 1841 an, in Meersburg am Bodensee. Wer kennt nicht die malerische Burg, die für fünf Jahre ihre Heimat wurde.
Als Annette dreiundzwanzig Jahre alt war, wurde sie von zwei Männern gleichzeitig heftig umschwärmt, was nicht verwundert.
Ein Zufall, daß beide Juristen sind. Die Herren Straube und Arnswaldt. Sie fühlt sich zu beiden auf ganz verschiedene Art hingezogen. Sie schildert diese Beziehungen:
»Straubes Liebe verstand ich lange nicht und dann rührte sie mich unbeschreiblich, und ich hatte ihn wieder so lieb, daß ich ihn hätte aufessen mögen. Aber wenn Arnswaldt mich nur berührte, so fuhr ich zusammen.« (»Frauen«, Kreuzverlag, Zürich 1981)
Wir wissen natürlich, daß es nicht gerade ein Kompliment ist für einen Geliebten »aufgegessen zu werden«, rührend zu sein. Das sind eher Dinge, die einem im Zusammenhang mit einem Kind, mit etwas Schutzbedürftigem einfallen mögen.
Dieser Straube, der exzentrisch, klein und darüber hinaus noch häßlich gewesen sein soll, er paßte hervorragend in die Gefühlswelt der Annette von Droste-Hülshoff. Ein »Kumpel« sozusagen. Der Freund fürs Leben, mit dem man Pferde stehlen kann, der keinerlei körperliche Ansprüche stellt, weil er längst begriffen hat, mehr ist nicht drin.
Doch ganz anders werden die Gefühle angesprochen bei jenem, dessen Berührung einen zusammenfahren läßt. Da stimmt dann vieles, besonders die Chemie.

August von Arnswaldt übte eine physische Anziehungskraft auf die junge Annette aus. Und eine gleichaltrige Frau unserer Zeit hätte schon aus purer Neugier ausprobieren wollen, wie lange so etwas halten kann.

Merkwürdigerweise konnte sich Annette von Droste-Hülshoff für keinen von beiden entscheiden, wollte vermutlich keinem weh tun, tat jedem den Gefallen, ihm zugeneigt zu sein – so entschied sie sich für beide.

Erst als dann die Sache ganz anders lief, als vermutet werden konnte und beide diesem unbefriedigenden Trio den Abschied gaben, indem Straube und Arnswaldt gemeinsam einen Brief schrieben, der ihr Bedauern zum Ausdruck brachte, gab Annette auf.

Sehr schnell hat sie wohl erkannt, bitter erkennen müssen, daß ihre Unentschlossenheit sich jetzt grausam gegen sie wendet. Sie zog sich zurück. »Sie sann und saß und saß und sann...« Außer zwei Briefen konnte sie fünf Jahre lang nichts mehr schreiben. Sie hat sich über diese Leidenszeit nicht geäußert, niemandem hat sie sich anvertraut. Man weiß jedenfalls nicht, was sie über sich hätte sagen können.

Zeitgenossen haben sich zu Wort gemeldet:

Gertrud von Le Fort, die bekannte religiöse Schriftstellerin jener Zeit, schrieb von einer »furchtbaren Verwundung«.

Ricarda Huch, die eine der ersten Frauen war, die in Deutschland studierten und von der der Satz stammt: »Ich glaube doch, es ist mein größtes Unglück, daß ich kein Mann bin« – sie sagte über das Schicksal Annettes, daß sie sich damals verraten, vergewaltigt, erniedrigt fühlen mußte.

Einer ihrer Biographen behauptet, diese Episode habe die Droste wie ein glühendes Messer ein für allemal von der Möglichkeit abgetrennt, »wie die anderen zu sein« und das normale Leben der normalen Frau mit Ehemann und Kindern zu führen...

Wer von uns kann sich nicht vorstellen, wie es in dieser hochsensiblen Frau ausgesehen haben mag?

Sie muß sich doch bittere Vorwürfe gemacht haben, keine Ent-

scheidung herbeigeführt und somit Klarheit geschaffen zu haben. Sie wollte keinen verschmähen – also ließ sie alles laufen wie es lief, vielleicht in der Hoffnung, daß einer der Männer sich richtig, nämlich für sie, entscheidet und gleichzeitig den Nebenbuhler ausschaltet.
Statt dessen kam es völlig anders: Letzten Endes hatte *sie* den »schwarzen Peter«, weil man ihr vorwarf, sie hätte ihr Spielchen mit beiden Männern getrieben.

Viele Jahre später – nur wenige Jahre vor ihrem Tod – begegnet die Droste dem jungen Levin Schücking. Diese Zeit mit ihm bringt Annette wieder Lebensfreude. Ihre Sorglosigkeit und Ausgelassenheit scheinen zurückgekehrt zu sein. Sie wollte auch wieder schreiben – täglich ein Gedicht.
Sie nannte Schücking den »Befreier ihrer Lieder«.
Doch eines Tages war auch diese heitere Zeit zu Ende.
Schücking reiste irgendwann weiter, weg vom Bodensee, von ihr.
Er heiratete – eine andere...
Annette blieb nicht mehr viel Zeit. Nach einundfünfzig Jahren war dieses hauchzarte Leben ausgelöscht.
Man wird traurig und nachdenklich, wenn man sich mit dieser Frau beschäftigt, die so gerne geliebt hätte, aber zu schwach dazu war.
Wenn man die Männergestalten in ihrem Leben betrachtet, kann man sich des Eindrucks nicht erwehren, daß sie ganz einfach den Wert dieser filigranen Persönlichkeit nicht erfaßten.
Ein Schicksal, das auch am Ende des zwanzigsten Jahrhunderts an Aktualität nichts eingebüßt hat.
Aber was hat das alles mit unserem Thema zu tun? Beim flüchtigen Hinsehen überhaupt nichts. Man könnte zur Tagesordnung übergehen, vielleicht diese Frau bedauern, die sich selbst bedauert hat. Das allerdings wäre zu einfach. Ich versuche mich in diese Frau hineinzuversetzen, in die Zeit, in der sie heftig umworben wurde, von diesen beiden Juristen. Warum hat sie sich

nicht entschieden? Vermutlich genoß sie diese delikate Situation, obwohl sie im Innersten spüren mußte, daß keiner von beiden den richtigen Zuschnitt für sie hatte.
Erst als dann beider Gunst sie verließ, dünkte ihr der eine wie der andere wert und teuer. Deshalb auch diese langjährige Leidenszeit, die so ganz ohne schöpferisches Arbeiten blieb.
War sie am Ende zu wählerisch – was durchaus kein Fehler ist – und hat keinen von beiden trotzdem wirklich geliebt?
Das wäre dann das Besondere: Die fast ein Leben andauernde Trauer über einen verlorenen Schatz, von dem man eigentlich ganz genau weiß, daß er keiner war.
Wird das Verlieren bedauert – nicht das Verlorene?
Aus diesem Gedanken heraus könnte man schließen, daß auch Selbstmitleid daher rührt.

Und wieder der kleine Almanach:
Im Todesjahr von Annette schreibt Dumas seine »Kameliendame«, William Thackeray veröffentlicht den Roman »Jahrmarkt der Eitelkeiten«. Wird Helene Lange geboren, eine leitende Persönlichkeit der deutschen Frauenbewegung.
Paul Gauguin wird geboren; die erste Blinddarmoperation erfolgreich durchgeführt, und Sebastian Kneipp führt sein Wasserheilverfahren in Wörishofen ein.
In Deutschland wird der 12stündige Arbeitstag gefordert, (14–16 Stunden sind üblich).

Bettina von Arnim
Ein typisches Beispiel für die »züchtige Hausfrau«, die drinnen waltet, die Mutter der Kinder ist, erleben wir in der Gestalt Bettina von Arnim (1785–1859).
Sie lebt in einer Ehe, in der die »innigen Töne immer seltener, die gereizten Töne immer häufiger werden«.
Doch sie ist Frau genug, 46jährig wird sie Witwe, ihrem verstorbenen Ehemann, diesem Verlust mit echter Trauer und Schmerz

zu begegnen. Niemals hat sie sich später klagend, bedauernd, bereuend über ihre Ehe geäußert.
Wie sie allerdings die Liebe sieht, kommt in ihrem letzten Briefroman deutlich, ja schmerzlich zum Ausdruck:
»Hier auf diesem Erdenrund, wo die Menschen auseinandergleiten, als ob es mit Glatteis überzogen wär, wo sie nicht Macht haben, einen Atemzug einander zu halten, und doch immer von der Macht der Leidenschaft schwindeln. Wär Liebe wahrhaftig, so zeigte sie sich nicht als Gespenst in Form von Leidenschaften, sondern sie wär unser Element, und da wär dann freilich nicht die Rede von Ansichhalten. Sieh doch! Hab ich nicht recht, daß ich nicht nach Geliebtsein frage? – da einer sich selbst nichts zulieb tun kann, geschweige einem anderen; ich liebe nicht, ich tue aber alles andern zulieb.«
Christa Wolf, die einen Essay über Bettina von Arnim verfaßte und aus dem ich o. g. entnommen habe, kommentiert wie folgt:
»Ich kenne keine treffendere Erklärung der sogenannten ›romantischen Ironie‹, die, psychologisch gesprochen, tapferes Verbergen einer Wunde ist.«
Bettina von Arnim konnte trotzdem nie aufhören, Vorschläge zu machen für eine nicht tötende Art, auf der Welt zu sein.
Diese Frauengestalt gefällt, die so sehr weiblich ist.
Denn sie hat sich selbst versprochen, daß sie sich niemals für unglücklich halten wird und wenn die ideale Lebensform nicht zu erreichen oder zu haben ist, das Leben so wie es sich ihr bot, annehmen und so weit wie möglich »anverwandeln« würde.
Wie klug und für die heutige Frau genauso gültig wie vor zweihundert Jahren.
»Anverwandeln« kann man sehen wie man will... Jede Frau wird diesen Begriff für sich und ihre Situation zu brauchen wissen. (Christa Wolf, Lesen und Schreiben. Neue Ausgabe 1979)

Luise Aston

Noch immer befinden wir uns im vorigen Jahrhundert.
Fast hört sich das ein wenig antiquiert an.
Wenn wir aber die herausragenden Frauengestalten dieser Zeit betrachten, so sind sie beispielgebend, zeugen von großem Mut, Sinn für soziale Gerechtigkeit und einem ausgeprägten Selbstbewußtsein.
Hier möchte ich kurz an Luise Aston erinnern, die ein wenig Effi Briest ähnelt.
Gegen ihren Willen wurde sie mit einem wesentlich älteren Großindustriellen verheiratet.
Glücklich ist sie nie geworden.
Sie brach aus dieser Zwangsehe aus. Nahm ihr einziges Kind – eine Tochter – mit und flüchtete nach Berlin.
Nur diese Stadt, so glaubte sie, bot ihr ein erträgliches Leben als alleinerziehende Mutter.
Sie hoffte aber auch, dort als Schriftstellerin Fuß fassen zu können.
Ihr Engagement für »sozialutopische« und »frühsozialistische« Ideen haben sie jedoch sehr bald in Mißkredit gebracht.
So wurde sie als »staatsgefährliche Person« aus Berlin ausgewiesen. Lassen wir einmal die politische Einstellung Luise Astons beiseite und widmen wir uns ein wenig der Privatperson.
Sie war eine Frau, die »die Liebe als Grundlage jeder menschlichen Beziehung – sei es in der Ehe oder in einer freien Verbindung« – in die Praxis umgesetzt sehen wollte.
Sie rebellierte gegen eine Verbindung ohne Liebe – das verbindet uns mit dieser Frau.

Fanny Lewald

Fast zur selben Zeit wie Luise Aston lebte eine ebenso bemerkenswerte Frau:
Fanny Lewald.

Sie unterscheidet sich jedoch in einem sehr wesentlichen Punkt von ihrer Zeitgenossin:
Sie widersetzt sich erfolgreich einer Heirat, in die sie ihr gestrenger, autoritärer Vater zwingen will.
Dazu kommt die tragische Liebe zu ihrem Vetter Heinrich, der sich ihr aber nur freundschaftlich verbunden fühlt.
Von da an war sie im Elternhaus nur noch geduldet.
Die Verheiratung der Töchter war für eine mittelständische Familie schon aus finanziellen Gesichtspunkten wichtig. Fünf jüngere Schwestern lebten noch im Hause.
Wie ein Hausherr zur damaligen Zeit seine Machtbefugnisse untermauern mußte, zeigt die Tatsache, daß der Vater auf der anderen Seite seiner »störrischen« Tochter nicht erlaubte, sich selbst ihren Lebensunterhalt zu verdienen.
Frausein hieß damals fortdauernde Kindheit, lebenslange materielle Abhängigkeit und Stellung unter männlicher Vormundschaft.

Eigentlich können wir uns die Situation der Frauen in der damaligen Zeit nicht so recht vorstellen.
Können wir wirklich nicht?
Es hat sich zwar einiges geändert – auch zum Guten. Manches ist schlecht und bedrückend geblieben, trotz des Einsatzes vieler Frauen – bis zum heutigen Tage.
Wenn ich mir vorstelle, im letzten Jahrzehnt des zwanzigsten Jahrhunderts – daß es Männer gibt, die ihre Frauen körperlich züchtigen – aus welchem Grund auch immer – von dem psychischen Druck, der oftmals ausgeübt wird, ganz zu schweigen – dann frage ich mich, wie lange der Kampf noch weitergehen muß.

Fanny Lewald hat aber doch noch ihr Glück gefunden.
Mit 38 Jahren lernt sie in Rom den Schriftsteller Adolf Stahr kennen. Sie verliebt sich in ihn. Allerdings war das Glück nur von kurzer Dauer: Stahr war verheiratet, Vater von fünf Kindern.

Das machte die Liebe schwierig. Stahr kehrte zu seiner Familie zurück. Erst nach zehn Jahren, als seine Frau in die Scheidung einwilligt, können die beiden heiraten.
Es wird von einer harmonischen Verbindung erzählt.
Auch für einen Außenstehenden verständlich, denn zehn Jahre sind eine lange Zeit der Bewährung.
So ist einer der Grundgedanken in Fanny Lewalds Leben auch nicht verwunderlich und für uns alle durchaus gültig.
Ihr Bestreben war, die Situation der Bürgersfrauen zu verbessern. Dafür setzte sie sich ein. Sie ermunterte die Frauen zu arbeiten, selbst für ihren Lebensunterhalt zu sorgen, um dadurch aus der demütigenden Lage herauszukommen, die da warten und hoffen hieß, gnädig geheiratet zu werden. Dadurch sollten die Frauen davor bewahrt bleiben, nur um der Versorgung willen zu heiraten.
Sie betont auch, daß diese Zwangslage, in denen sich die meisten Frauen befanden, ihre Persönlichkeit entstellt, ja sogar ihr Wesen verdorben hätte.
Sie wären so »zwangsläufig« zu »Schmeichlerinnen« und »Sklavinnen« des Mannes geworden.
Die finanzielle Selbständigkeit und Unabhängigkeit müsse angestrebt werden, um so den Frauen eine ersehnte Liebesheirat möglich zu machen.
Wie stark die Frauen unter dem Patriarchat zu leiden hatten, kann nicht deutlich genug gemacht werden.
Einige unangenehme Folgen dieses Autoritätsgebahrens haben wir heute noch zu bedauern.
Fanny Lewald bemühte sich allerdings eifrig, mit den damals herrschenden Emanzipationsvorstellungen als da waren: kurzgeschorenes Haar, Zigarrenrauchen und auch die sexuelle Emanzipation, nicht in einen Topf geworfen zu werden.
Sie war gerne Hausfrau und konnte es genießen, wenn sie dafür Komplimente bekam.
Eine sehr frauliche Frau, die für die Emanzipation der Frauen kämpfte und ihre Lebensaufgabe darin sah.

Andererseits war sie mit Bedacht dabei, dies nicht mit Macht zu verfechten, sondern sie war stets darum bemüht, das Weibliche in den Frauen zu erhalten.
Sie wollte die Frauen nicht vermännlicht sehen.
Für sie fand die Emanzipation trotzdem statt.

Als Fanny Lewald im Jahr 1889 stirbt, wird Charlie Chaplin geboren, wird durch Brown-Séquard die Hormonforschung eingeleitet, und der Eiffel-Turm erbaut.

Luise Otto-Peters
Die Frauen des neunzehnten Jahrhunderts sind in solch einem Maße fesselnd, daß ich mich nur schwer aus dieser Zeit lösen kann. Noch einmal möchte ich Ihnen von einer Frau erzählen, die ebenso wie Fanny Lewald dadurch von sich reden machte, daß sie einerseits heftig für die Frauen und deren Rechte kämpfte, andererseits aber nichts von Frauen hielt, die »Männerart« nachahmen wollten. Sie fühlte sich von solchen Frauen zutiefst abgestoßen.
Ihrer Meinung nach ist das die falsche Emanzipation.
Das ist das Thema, zu dem sie sich in weiteren Jahren ihres Lebens leidenschaftlich äußern wird.
Es ist die Rede von Luise Otto-Peters.
Sie ist die erste Frau, die zu der Arbeiterinnenfrage Stellung bezieht.
Als die damals neunundzwanzigjährige von einer »Arbeiterkommission« erfährt, die sich in Dresden zusammengefunden hat, schreibt sie, die Bürgertochter, einen »offenen Brief« mit dem Wortlaut: »Meine Herren – wenn Sie sich mit der großen Aufgabe unserer Zeit: der Organisation der Arbeit beschäftigen, so wollen Sie nicht vergessen, daß es nicht genug ist, wenn Sie die Arbeit für die Männer organisieren; sondern daß Sie dieselbe auch für die Frauen organisieren müssen.« (Frauen, Kreuzverlag, Zürich 1981)

Mit diesem außergewöhnlich mutigen Brief wird Luise Otto-Peters mit einem Schlage eine Frau, die man sich merken muß.
Dieser Brief wird als eine politische Tat betrachtet.
Ab sofort ist sie eine »öffentliche« Person. Sie ist berühmt.

Und wo oder wie gibt es Männer oder einen Mann im Leben dieser Frau? Noch immer lebt sie alleine.
Dreißig Jahre ist sie jetzt alt – in der Blüte ihrer Jahre.
Steht sie der Ehe feindselig gegenüber?
Hat sie ihrer Ansicht nach Wichtigeres zu tun?
Nein, nach wie vor ist sie der Meinung – und sie macht kein Geheimnis daraus – daß die Ehe »der eigentliche Beruf einer jeden Frau ist«.
Und jetzt sind wir wieder bei unserem Thema:
Der Mann, den sie liebt, sitzt im Zuchthaus.
August Peters wurde als Führer erzgebirgischer Freischärler bei Kämpfen gefangengenommen.
Die Briefe, die sie ihm schreiben darf, werden zensiert.
Wenn sie Erlaubnis haben sich zu sehen – höchstens viermal im Jahr – dann ist es wirklich nur ein Sehen und höchstenfalls ein Berühren der Hände durch ein Gitter.
Sieben Jahre dauert diese »Fernliebe«, die auf fast geheimnisvolle Weise Eigendynamik entwickelt.
Und als Luise endlich 1858 August Peters heiraten kann, weiß sie nicht – Nichtwissen kann auch Glück bedeuten – daß sie sechs Jahre später schon Witwe sein wird.
Sie kämpft weiter für die Frauen bis zu ihrem Tode – sie wird sechsundsiebzig Jahre alt – hält auch bis zu ihrem letzten Tag an ihrer Überzeugung fest: »Bei allem was wir erreichen wollen –, niemals darf die Weiblichkeit verleugnet werden.«

Im Todesjahr Luise Otto-Peters, 1895, schreibt Fontane seine »Effi Briest«, Käthe Kollwitz beschenkt uns mit sechs Radierungen: »Weberaufstand«. Malt Henri Toulouse-Lautrec berühmte Bilder aus dem Milieu des »Moulin Rouge«.

Im »Wintergarten« zu Berlin findet die erste Filmaufführung statt, Röntgen entdeckt die nach ihm benannten Strahlen.
Die Damen tragen glatte weite Röcke und Puffärmel.

Ricarda Huch

Mit einer interessanten Persönlichkeit soll die Jahrhundertwende zum zwanzigsten Jahrhundert eingeläutet werden. Mit Ricarda Huch, die es als ein wesentliches Unheil ansah, kein Mann zu sein.
Zunächst befremdet eine solche Haltung.
Doch durchleuchtet man ihre Zeit, muß man feststellen, daß sie aus einem gewissen Gefühl des Bedauerns diese Meinung äußerte. Einem Manne standen Tür und Tor offen, alle Möglichkeiten der Karriere standen für ihn praktisch vor dem Haustor – er brauchte sie nur hereinzuwinken. Das Vorwärtskommen war nur eine Frage des sich Bedienens all der Dinge, die sich anboten wie Speisen auf einer Speisekarte.
Studieren war zu ihrer Zeit für eine Frau in Deutschland nicht möglich – also ging sie in die Schweiz.
Nach Zürich.
Sie studierte Geschichte und promovierte mit einer Arbeit über die »Neutralität der Eidgenossen bes. der Orte Zürich und Bern während der spanischen Erbfolgekriege«.
Damit gehörte sie zu der ersten Generation studierender Frauen.
Für die eher konservative Schriftstellerin – sie hatte Erfolge in der traditionellen Domäne der Männer, im historischen Roman – war das Wort Freiheit ein Zauberwort, das ihr Herz schrankenlos öffnete.
So ist nicht verwunderlich, daß sie sich mit aller Macht gegen den Nationalsozialismus stellte.
Und als sie aufgefordert wurde, ihre Loyalität dieser fragwürdigen Regierungsform zu erklären, schrieb sie:
»Was die jetzige Regierung als nationale Gesinnung vorschreibt, ist nicht mein Deutschtum.

Die Zentralisierung, den Zwang, die brutalen Methoden, die Diffamierung Andersdenkender, das prahlerische Selbstlob halte ich für undeutsch und unheilvoll.
Bei einer so sehr von der staatlich vorgeschriebenen Meinung abweichenden Auffassung, halte ich es für unmöglich, in einer staatlichen Akademie zu bleiben.«
Sie schloß mit unmißverständlichen Worten: »Hiermit erkläre ich meinen Austritt aus der Akademie.«
(Im Rahmen der Gleichschaltung wurde der Vorsitzende Heinrich Mann aus der Akademie ausgeschlossen, die übrigen Mitglieder wurden aufgefordert, ihre Loyalität zum Nationalsozialismus zu erklären, was dann R. H. zu o. g. Brief veranlaßte.)
So viel Zivilcourage – von uns bewundert, den Nationalsozialisten ein tödlicher Dorn im Auge – konnte nicht gutgehen.
1937 wurde gegen die damals dreiundsiebzigjährige Frau ein Ermittlungsverfahren eingeleitet.
Wie heute jeder weiß, schwebte sie unter solchen Umständen in höchster Gefahr.
Doch Ricarda nahm das Ganze mehr »komisch« denn gefährlich und mußte sich zwingen, bei der Vernehmung nicht laut »zu lachen«.
Der Prozeß wurde aufgrund eines Amnestiegesetzes, das Hitler nach der Einnahme Österreichs erlassen hatte, eingestellt.
Ricarda Huch paßte das überhaupt nicht.
Trotz heftiger Proteste gelang es ihr jedoch nicht, ein Verfahren gegen sich selbst zu erzwingen.
Offenbar war das Regime nicht daran interessiert, der damals schon im In- und Ausland bekannten Schriftstellerin den Prozeß zu machen.
Um der vielschichtigen Persönlichkeit von Ricarda Huch jedoch gerecht zu werden, bedarf es mehr und mehr Wissen, als hier vorgestellt werden konnte. Es gibt von ihr für interessierte Leser »Erinnerungen an das eigene Leben«, die als Taschenbuch beim Ullstein Verlag erschienen sind.

Gab es auch Männer für Ricarda Huch?
Im Leben dieser interessanten Frau muß es doch auch einen interessanten Mann gegeben haben.
Es gab mehrere. Und das war nicht ohne Probleme.
Ricarda pflegt eine höchst schwierige Liebesbeziehung zu ihrem Vetter Richard, der ihre ältere Schwester Lilly geheiratet hat, als Ricarda gerade fünfzehn war.
Doch eine Verbindung zu dem Schwager ist unmöglich, Ricarda beginnt ihr Studium.
Während der Studienjahre hält sie im geheimen an dieser aussichtslosen und zudem verbotenen Verbindung fest.
Äußerlich ist zwischen ihnen jeglicher Kontakt abgebrochen, doch in der Phantasie »stilisiert und steigert sie die Beziehung zu Richard zu etwas Außergewöhnlichem, zu einer Zeit und Raum sprengenden Liebe, genauso wie menschliche Vorstellungskraft und Normen«.
Es wird auch ein Versuch unternommen, diese Träume zu verwirklichen. Nach ihrem Studium in Zürich treffen sich Ricarda und Richard in Köln. Sie wollen nach Paris gehen, um dort ein neues Leben zu beginnen. Die Katastrophe läßt jedoch nicht lange auf sich warten:
Der Vielgeliebte und Ersehnte flieht vor der eigenen Courage und vor den überspitzten Ansprüchen Ricardas zurück in die Arme seiner Ehefrau, der Schwester Ricardas.
Ricarda bleibt verstört und gebrochenen Herzens zurück.
Wendet sie sich alsbald aus Trotz oder gekränkter Eitelkeit oder aus einer Mischung aus beidem dem Italiener Ermanno Ceconi zu?
Seine Sinnlichkeit fasziniert sie. Er ist für sie »Engel und Teufel« in einer Person.
Entgegen dem Rat all ihrer Freunde heiratet sie Ceconi, der sieben Jahre jünger ist als sie. Geistige Berührungspunkte gibt es kaum. Sprachliche Barrieren müssen überbrückt werden.
Mit großer Liebe hängt Ricarda an der Tochter, die sie bekommt – doch die Ehe muß als katastrophal bezeichnet werden.

Ceconi betrügt Ricarda – eine Ironie des Schicksals? – mit der Tochter der verhaßten Schwester Lilly, an die sie den Geliebten Richard verlor.
Ricarda läßt sich von Ceconi scheiden.
Hier begegnen sich noch einmal Ricarda und Richard.
Sie heiraten schnell, nachdem die Schwester völlig überraschend in eine Scheidung eingewilligt hat.
Doch auch diese Ehe, die so sehr gewünscht wurde, scheitert.
Sie wird geschieden.
Zusammenfassend schreibt Ricarda an eine Freundin:
»Die hingebende Liebe der Frauen zu den Männern ist offenbar *das* Verbrechen der Frau, das an ihr heimgesucht wird.
Sie soll lernen, auf sich selbst zu stehen.
Man muß eben Hammer oder Amboß sein, und man ist eigentlich hassenswert, daß man nicht zufrieden ist, zerschlagen zu werden, wenn man nicht das Herz hat, Hammer zu sein, da das doch konsequent ist.«

1947 stirbt Ricarda Huch.

Wenn Frauen und ihre Männer denselben Beruf ausüben

Einen besonders schwierigen Stand und hart geprüft in ihrer ›Trotzdemliebe‹ ist eine Frau, die den gleichen Beruf ausübt wie ihr Mann. Auf der einen Seite hat sie den Ehrgeiz, so gut zu sein wie er – auf der anderen Seite muß sie damit rechnen, daß ihr Mann oder Geliebter es geschickt versteht, daß sie nur unter »ferner liefen« eingeordnet wird.
Gravierende Situationen, die Spannung und Belastung mit sich bringen, findet man ausgeprägt bei Künstlerpaaren.
Ihr Zusammenleben ist von vornherein mit einer Hypothek erschwert und gibt zu vielen Reibereien Anlaß.
Zunächst freut sich jedoch der eine über den Erfolg des anderen – solange der eigene Erfolg nicht ausbleibt.
Wendet sich aber das Blatt, dann ist diese schmerzliche Erfahrung kaum zu ertragen. Einer klettert auf der Erfolgsleiter immer höher – der andere bleibt unten sitzen. Um so tragischer, wenn das Talent des Kletternden nicht eben maßgeblich größer ist, als jenes des Zurückgebliebenen, zumindest nicht in dessen Augen.
Solche Verbindungen sind einer andauernden Zerreißprobe ausgesetzt, die Beteiligten haben es schwer, ihre Liebe trotzdem zu erhalten. Man weiß nicht viel zu berichten über Männer, die im Schatten des Ruhmesglanzes ihrer Frauen lebten und noch leben.
Vielmehr erzählt die Geschichte von Frauen, echten, großen Talenten, einmaligen Begabungen, die zu ihren Lebzeiten nie Anerkennung gefunden haben. Doch waren sie Persönlichkeiten genug, ihren Weg bis zu einem gewissen Grade natürlich, unerschrocken zu gehen, sich ihres Könnens immer bewußt, die sich und ihrer Kunst stets treu geblieben sind.
Diese Frauen haben Großes geleistet, obwohl sie wußten, daß sie aus ihrem Schattendasein niemals heraustreten werden.

Ihre berühmten Männer haben sie daran gehindert, vielleicht wurden sie deshalb durch sie inspiriert ihr Bestes zu leisten. Es bleibt darüber nachzudenken, ob diese Frauen auf andere Weise zu solchen Höchstleistungen gekommen wären.

Von den vielen sollen hier nur wenige Beispiele sein:

Wer kennt nicht Rodin, seine weichen Plastiken, die Gefühle auszudrücken vermögen? Ja, wer kennt ihn nicht? Den »Kuß« von Rodin? Wer ist Camille Claudel? Gewiß, sie ist die Schwester des Schriftstellers Paul Claudel. Wer ist sie sonst noch?

Sie ist eine begnadete Bildhauerin, mit Werken, die an Anmut, Schönheit und Ausdruck denen von Rodin in nichts nachstehen. Daß sie Rodins Schülerin, Mitarbeiterin, Modell und nicht zuletzt dessen Geliebte war, soll nicht nur am Rande erwähnt sein, wenn sie auch zu Lebzeiten Rodins nur eine künstlerische Randfigur blieb. Sie litt darunter, daß sie von der Kunstwelt als dessen Imitator tituliert wurde.

Diese Beschneidung eines Eigenlebens als Künstlerin hat diese Frau nie verwunden. Auch die Liebe zu Rodin konnte sie nicht vor einer Katastrophe schützen: Sie muß den Rest ihres Lebens, es waren über dreißig Jahre, in geistiger Umnachtung, in einer Anstalt verbringen.

Wann immer man Gelegenheit hat, eine Ausstellung der Werke Camille Claudels zu besuchen, sollte man es tun.

Besondere Beachtung gebührt ihrem »Tanzpaar«.

Paula Modersohn-Becker, deren Geschichte in den Beschreibungen unterschiedlich aufgezeigt wird, ist eine Künstlerin, die bis zu ihrem Tode, einunddreißigjährig, vierhundert Bilder gemalt, noch mehr Zeichnungen geschaffen hat.

Ein einziges Bild hat sie verkauft.

Ihre ausdrucksstarken Bilder schockieren nicht nur ihre Familie, sie bekommt auch niederschlagende Kritiken aus Fachkreisen. Das wird sie jedoch keineswegs davon abhalten, ihren Weg weiterzugehen. Ihr Mann, Otto Modersohn, bringt ihr zwar Verständnis entgegen, Anerkennung findet sie auch bei ihm nicht.

Er ist damals schon ein bekannter Maler, der die Schaffenskraft seiner Frau nur unzureichend unterstützt.
Seine Bilder folgen ganz »seiner Empfindung, dem eigenen Gemüt«. Für Paula ist Malen ein »intellektueller« Vorgang. Ihre »kühlere Sehweise« macht jedes einzelne ihrer Bilder um ein Bedeutendes exemplarischer als die ihres Mannes.
Sie schreibt in ihr Tagebuch:
»Ich weiß, ich werde nicht sehr lange leben. Aber ist das denn traurig? Ist ein Fest schöner, weil es länger ist? Und mein Leben ist ein Fest. Meine Sinneswahrnehmungen werden feiner, als ob ich in den wenigen Jahren, die mir geboten sein werden, alles, alles noch aufnehmen sollte...
...ja, ich sitze im Glück, tief und sanft und das Leben umweht mich süß. Es ist mir alles wie ein Traum. Eigentlich war mein ganzes Leben wie ein Traum, doch jetzt ist es eben noch mehr. Solche Abende wie ich sie verbringe, blühen, glaube ich, den wenigsten in der Welt. Wie heute, als wir uns beim Dunkelwerden an unserem Lieblingsplatz trafen. Da standen wir zusammen, zwischen zitternden Föhren, in denen der Wind knackte.«
Die Verbindung zwischen Otto und Paula Modersohn scheint zunächst eine künstlerische und menschliche Ergänzung zu sein.
Sie schreibt an ihre Eltern: »...ich fühle still unter all diesen redenden Menschen, was für ein ruhiger, klarer Talisman in Ottos Herzen ruht... Hier ist gut sein.«
Ein Jahr später schon liest man von Otto Modersohn ganz andere Worte in seinem Tagebuch: »Egoismus, Rücksichtslosigkeit ist die neue Krankheit. Nietzsche der Vater. Gegenteil von christlicher Nächstenliebe. Finde es schrecklich, barbarisch, brutal, nur an sich zu denken, für sich zu sorgen, andere Menschen mit Füßen zu treten. Leider ist Paula sehr von diesen neuen Ideen angekränkelt. Sie leistet auch etwas in Egoismus... Ob wohl alle begabten Frauenzimmer so sind? Diese modernen Frauenzimmer können nicht wirklich lieben oder sie fassen die Liebe nur von der animalischen Seite, die Psyche nimmt nicht daran teil...

Für das beste halten sie Selbständigkeit – das kann keine glückliche Ehe werden. Der Mann ist natürlich in mittelalterlichen, tyrannischen Gelüsten befangen, wenn er erwartet, daß seine Frau ihm zuliebe etwas tut, mit ihm lebt, auf seine Interessen eingeht. Eine Frau würde ja ihre Rechte, ihre Persönlichkeit opfern. So argumentieren sie und machen ihre Männer unglücklich.«
Unbegreiflich, wie wenig dieser Mann – selbst Künstler – von der »Besessenheit« eines Künstlers zu verstehen scheint, denn wissen mußte er es.
Diese Einstellung zu ihr und ihrer Person als Künstlerin veranlaßt Paula Modersohn, ihren Mann zu verlassen.
Obwohl sie wußte, wie belastend es für sie sein würde, den geliebten Mann vergessen zu wollen, wagte sie den Schritt.
Das läßt sie aber auch nicht zufriedener werden.
Tagebücher und Briefe zeigen die »tiefe Traurigkeit« einer Frau, die nicht »alles sein kann«, sondern das »eine sein muß«.
Doch ein Jahr später schon ist sie wieder bei ihrem Mann, den sie so sehr liebt. Sie bekommt eine Tochter. Drei Wochen nach der Geburt stirbt Paula Modersohn-Becker.
Ein Sieg der Liebe!

Ähnlich dem Schicksal von Paula Modersohn liest sich das wenig spektakuläre Leben der gefühlvollen, stark femininen Malerin Mária Modok.
Auch sie lebte im Schatten eines schon berühmten Malers: Béla Czóbél. Doch während Paula Modersohn wenigstens ihre Bilder ausstellen konnte, so wurde Mária Modok nicht gestattet, ihre Bilder der Öffentlichkeit vorzustellen. Aber sie malte. Sie malte Bilder, mit denen sie jeden empfindsamen Betrachter erreichen wird.
Anzufügen bleibt noch, daß Modersohn und Czóbél Zeitgenossen waren, sich gut kannten.
Ob sie sich gegenseitig bestärkten in der künstlerischen Unterdrückung ihrer Frauen?
So geschehen im zwanzigsten Jahrhundert.

Weniger aufsehenerregend, jedoch nicht minder belastend empfinden Frauen, die mit ihren Männern in einer eher landläufigen Berufsgemeinschaft leben.
Die Norm bilden solche Konstellationen zwar nicht, aber es gibt doch eine ganze Reihe Frauen, die zum Beispiel im Geschäft mitarbeiten. Also sind sie Geschäftsfrauen.
An solchen Frauen hängt fast alles, nicht zuletzt müssen sie auch noch Blitzableiter sein, wenn es Ärger im Laden gibt oder mit den Angestellten Schwierigkeiten auftreten.
In Handwerksbetrieben sind sie auch diejenigen, die die Kunden zu vertrösten haben, wenn Termine nicht pünktlich eingehalten werden können. Nicht selten bekommen dann sie unschön zu hören, was die Kundschaft dazu zu sagen hat.
Es wäre nicht schlecht, wenn der dazugehörige Geschäftsmann sich darüber einmal Gedanken machen wollte und ab und zu ein »Dankeschön« in die feierabendliche Unterhaltung einstreuen würde.
Bei Lehrerpaaren tauchen derlei Reibereien weniger auf. Wobei es sich hier um die wohl häufigste Art der Gleichberuflichen handeln dürfte.
Oder, wie schaut es in der Landwirtschaft aus?
Trotz modernster Maschinen sind die Landfrauen nicht nur geistig, sondern auch körperlich sehr beansprucht, wenn nicht sogar überbeansprucht. Das Anwesen, das bewirtschaftet werden muß, das Vieh, das versorgt werden soll, ein Garten, der bestellt werden muß, Kinder warten auf die Mutter, wann, wie und wo auch immer – der Bauer ist selbstverständlich auch noch da. Er ist da, wo immer angepackt werden muß – das ist seine Hauptaufgabe.
Doch der Tag einer Bäuerin hat 24 Stunden. Wen wundert es, wenn die große Landflucht schon seit Jahren die kleineren Höfe bedroht, die jungen Bauern Schwierigkeiten haben, eine Frau zu finden, die sie trotzdem liebt? Eine Frau, deren Leben aus Schuften besteht und das nicht nur im Sommer oder Frühjahr, wobei gerade in dieser Zeit besonders viel Arbeit anfällt. Diese Frauen

vermissen ebenso wie alle anderen die Anerkennung ihrer vielen Arbeit durch den Mann, durch die Familie.
Neuerdings begegnet einem immer mehr das Pfarrerehepaar. Nicht mehr die Frau des Pfarrers macht sich nützlich in der Gemeinde, heute ist es die Frau Pfarrerin, die den Gottesdienst hält und alle sonstigen Aufgaben in einem solchen Amt versieht, gemeinsam mit ihrem Mann, dem Herrn Pfarrer.
Doch hier bedarf es keiner Worte der Erinnerung an Mitmenschlichkeit – sie haben die Pflicht Beispiel zu geben, auch nach außen. Viel könnte noch angeführt werden. Es würde jedesmal auf das gleiche hinauslaufen: Die Frauen mit denselben Berufen wie ihre Männer bekommen zu wenig Anerkennung, erfahren zu wenig Beachtung für ihre Arbeit durch ihre Männer und die Familie. Mit der Hausarbeit sieht es nicht anders aus – meistens jedenfalls.

Die Schicksale der Frauen, die hier stellvertretend für alle stehen sollen, deren Leben in ähnlichen Bahnen verlief, das Leben zwischen Liebenden im Rückblick, kann es uns froh stimmen? Hat man denn allen Grund trotzdem zu lieben?
Kann man eine Behauptung für sich und die anderen aufrechterhalten, ohne ein flaues Gefühl zu bekommen?
Ohne daß man sich verraten fühlt? Macht man sich gar lächerlich? Lieben ist nicht steuerbar und nicht dosierbar. Man selektiert nicht: Weil Du das gesagt hast oder nicht gesagt hast, weil Du das getan- oder nicht getan hast, weil Du so bist und nicht anders, liebe ich Dich heute nicht, aber morgen oder vielleicht erst übermorgen. Womöglich auch erst nächste Woche wieder.
Das ist keine Basis, auf der Vertrauen stehen kann.
Die Frauen, die uns vorangegangen sind, haben sehr wohl gewußt, wo sie standen, und sie lebten danach, nur – es gab leider nur vereinzelt Männer, die das aufnehmen konnten. Wenige haben sich dieser Frauen würdig erwiesen.
Doch könnte es diese Frauen mit einem gewissen Stolz erfüllen, daß sie nicht herumgerechnet, nicht aufgerechnet, nicht nachge-

tragen haben. Die Liebe war es ihnen wert, um der Liebe willen zu lieben, trotzdem.

Auch die modernen Frauen lieben um der Liebe willen, trotzdem. Doch sie haben heute die Chance, all das auszusprechen, was so oft und immer wieder geschluckt werden muß. »Alltag auf dem Prüfstand« ist ein Versuch, aufzuzeigen, was hinter der Stirn und im Herzen so mancher Männer verborgen ist.

Der Alltag auf dem Prüfstand

Sie haben sich in der Zerreißprobe bewährt: Zweihundertvierzehn von zweihundertneunzehn Befragten. (Davon einhundertsechsundneunzig Männer und achtzehn Frauen.)
Wobei die Fragen diesmal hauptsächlich an Männer gerichtet waren mit dem Wunsch, daß die dazugehörigen Frauen sich bei der Beantwortung durchaus beteiligen würden.
Das Echo war also erfreulich, denn schon alleine dies beweist, daß Interesse vorhanden ist und die meisten Männer Bereitschaft zum Dialog signalisieren.
Egal wie die Antworten lauten würden – man muß optimistisch sein. Nun wird hier keine Statistik erhoben, es wurden auch keine professionellen Analysen erstellt. Es ist einzig von Bedeutung, wie weit die Befragten aus ihrer Reserve zu locken waren. Vielleicht ist es gelungen, ein Stimmungsbarometer einzufangen.
Nach welchen Kriterien wurden die »Kandidaten« ausgesucht?
Nach keinerlei. Es ging quer durch alle Altersgruppen und Berufsklassen, dementsprechend schaut auch das Ergebnis aus: Interessant, vielschichtig, bunt.
Bevor wir nun in das »Frage- und Antwortspiel« einsteigen, eine Randbemerkung, die wichtig ist:
Vielleicht betrachtete der eine oder der andere die Fragen als zu simpel, zu wenig hintergründig, zu wenig wissenschaftlich, womöglich klischeehaft. Warum auch nicht?
Man sollte eines nur immer bedenken, daß das Leben aus Alltag und wieder Alltag besteht, aus einfachen, matt leuchtenden Mosaiksteinen zusammengesetzt wird, daß man für sein tägliches Einerlei einfache Regeln haben muß, Krücken, die man im Bedarfsfall zu Hilfe nehmen kann, um genau dieses Leben meistern zu können. Highlights bleiben die Ausnahme und sind auch als solche zu betrachten und zu handhaben.

Allerdings wollen wir unseren Alltag so wertvoll und gehaltvoll wie nur irgend möglich gestalten können.
In seiner Einfachheit außergewöhnlich.
Zudem liegt es an jedem einzelnen, sich nicht *über* einfache Dinge zu erheben, nicht überheblich zu werden, sondern einfache Dinge kraft seiner Persönlichkeit *erhaben* zu machen.
Welche Art Fragen mochte wohl mancher erwartet haben?
Fragen wie: Atmen Sie ein oder aus, wenn Sie einen Scheck unterschreiben? Oder: Gehören Sie zu der Sorte Männer, die beim Liebesakt stöhnend sagen: »Nur fernsehen ist schöner?« Oder sagen Sie eher: »Nur am Computer spielen macht mehr Spaß?«
Haben Sie einen achteckigen Kopf, oder gehört er zu den birnenförmigen? Ziehen Sie das Nachthemd dem Pyjama vor oder schlafen Sie nackt? Was halten Sie von einer einjährigen Nulldiät?
Nein, nein. Wir wollen hübsch normal bleiben, bei dem, was uns täglich umgibt: dem Alltag.
Die Fragen sollten auch nicht überfrachtet sein mit ernsten Problemen, die wir mit einfachen Mitteln nicht lösen können.
So wurde nicht gefragt: Was halten Sie von der Genforschung? Oder: Wie wollen Sie die Lawine »Bevölkerungsexplosion« aufhalten? Wie stehen Sie zu Tierversuchen?
Selbstverständlich sind auch das Gedanken, die uns jeden Tag beschäftigen und mit denen wir uns als verantwortungsvolle Bürger einer intakten (?) menschlichen Gesellschaft auseinandersetzen müssen, mit unserem Partner, unserer Familie, mit Freunden und Bekannten. Diskussionen über derlei Problematisches führen, bedeutet mündig sein, Interesse haben, Wissen um den Puls der Zeit, ihn spüren... und Konsequenzen daraus ziehen.
Bei den folgenden Fragen haben wir es mit Angelegenheiten zu tun, die wir greifen können, die ganz speziell auf das Leben zu zweit eingehen und auch abgestimmt sind. Mit denen wir augenblicklich etwas beginnen oder beenden können. Die keines langen Verwaltungsweges bedürfen oder gar einer Gesetzesänderung. Wir können direkt eingreifen – wir müssen nur wollen.

Gibt der Mann der Frau Schutz und Hilfe…?
»Männer haben Muskeln. Männer sind furchtbar stark«, so begann mit Herbert Grönemeyers Männerlied ein Antwortschreiben.
Gibt der Mann der Frau Schutz und Hilfe, ist es eine seiner wichtigsten Aufgaben?
Die Mehrzahl zielte auf eine positive Einstellung hin.
Mann ist willens, soweit wie nötig und möglich diese Aufgabe zu erfüllen. Pflichtbewußt.
Für manche ist es sogar die wichtigste.
Eine fünfundfünfzigjährige Dame schreibt, es wäre einmal so gewesen – dann hätte *er* ihr den Schutz entzogen – ein böses Erwachen.

Die Meinung einiger Männer glich sich insofern, als sie sehr wohl gerne Schutz und Hilfe geben wollten, großteils würde dies aber von den Frauen als Einmischung und Bevormundung betrachtet.

Ein junger Mann (dreißig) hat auf die einfachen Fragen eine »Doktorarbeit« geschickt, die mich nachdenklich machte und Einblick in sein Innenleben gab.
Es hat mir geholfen, die derzeitigen Schwierigkeiten in dieser Generation der Zweierbeziehungen zu verstehen:
Nichts wird ausgelassen, um jede Situation noch zu komplizieren. Ein Labyrinth aus jedem Weg zu konstruieren, auch wenn er geradeaus direkt zum Ziel führte.
So wurde die Frage mit vielen eigenen Fragen beantwortet.
Man muß Sorge haben, ob bei so viel Unsicherheit überhaupt noch direkt gedacht und gehandelt werden kann.
Oft ist ein Irrgarten, wo einfach angelegte Beete und Wege Erholung und Entspannung böten.

Einige Antworten gab es auch mit einem klaren *Nein*.
Eine Partnerschaft mit einem solchen Fundament ausgestattet,

dürfte schwierig werden. Die Partnerin bedarf eines starken Selbstbewußtseins, was wiederum nicht ausschließt, daß die heutige Frauengeneration sich durchaus in der Lage sieht, eine Zweierbeziehung in dieser Richtung zu meistern und auch zu wünschen.

»...Dort wo ich Schutz und Hilfe gewähren kann, gebe ich Schutz und Hilfe. Ich sehe dies aber nicht als eine meiner wichtigsten Aufgaben an. Würde ich das tun, würde ich echte Partnerschaft in Zweifel stellen und meine Frau als Partner herabsetzen.«
Die Meinung eines etwa vierzigjährigen Mannes, Vater von zwei Kindern.

Gibt der Mann ein Gefühl der Geborgenheit?
Die meisten der Befragten sind der Meinung, dieses Gefühl in hohem Maße zu vermitteln.
Auch viele Frauen sind der gleichen Meinung, jene allerdings, die diese Aussage nicht vertreten können, haben handfeste Gründe: Ein Teil dieser Frauen fühlt sich alleine gelassen mit ihren Problemen.
Eine andere Gruppe hat das Gefühl, daß ihr Mann kein *Wirdenken* hat, sondern ein ausgeprägtes *Ichdenken* an den Ehealltag lege.
Einige haben das untrügliche Gefühl, daß ihre Männer sich nur einbilden, das Geborgenheitsgefühl zu vermitteln und darauf sehr stolz seien und jederzeit auch wissen ließen, wie unvergleichlich sie doch seien.
Doch die Frauen, die sich geborgen fühlen können, sehen sich im Schutz ihrer Zweiergemeinschaft und empfinden dies auch so.

Da gibt es eine Gruppe von Männern – dazu zählt die eher jüngere Generation – die sich nicht so sicher sein kann, dieses wichtige Gefühl auch zu vermitteln, es überhaupt jemals zu können.

Sie meinen, es hinge auch von der »Dame ihres Herzens« ab, ob ihnen das gelänge.
So weit so gut? Frau müßte darüber nachdenken.
Aber *er will es,* so lautet jedenfalls die Aussage einer nicht geringen Gruppe Männer, und die vergleichsweise gegenübergestellten Antworten der Frauen bestätigen dies.

Die abschließende Antwort eines Ehepaares:
»In einer echten Partnerschaft muß das Gefühl der Geborgenheit gegenseitig gegeben werden.
Dort wo ich Geborgenheit bekomme, kann ich Geborgenheit geben. Sich geborgen fühlen ist für uns eine wichtige Sache in einer Beziehung.«

Gibt Ihnen Ihr Partner das Gefühl, daß Sie für ihn begehrenswert sind?
Eine heikle Frage, wie sich herausstellen sollte.
Allerdings waren sich fast alle Männer einig und gaben ein klares Ja zur Antwort.
Die Antworten der Frauen waren sich sehr ähnlich:
»Dann, wenn er gerade in Stimmung ist.«
Resigniert die Antworten der länger verheirateten Frauen. Sie sind absolut nicht der Meinung, das Gefühl jetzt noch zu bekommen, für ihre Männer begehrenswert zu sein. Es sei eher so, daß ihnen in den meisten Fällen das Gegenteil vermittelt würde.

Eine kleinere Gruppe – Männer wie Frauen – deutete »begehren«, Interesse zeigen am anderen. Das müsse wohl so sein.
Außerdem spiele die Wesensart und die Mentalität des einzelnen doch eine nicht unwichtige Rolle.
Der Temperamentvolle, nach außen lebende Mensch zeige seine Gefühle auch offen und sichtbar, bemerkbar.
Der Ruhige, mehr introvertierte, hätte Schwierigkeiten und ließe sein Begehren im Verborgenen. Er zeige verdeckt seine Karten – wenn überhaupt.

So sei hier die Antenne, das Feingefühl des Partners angesprochen, das Spüren und Erahnen von Dingen die eventuell in der Luft lägen.

Die Diskrepanz zwischen den Partnern zeigt eine Antwort wie:
Er: »Ja, selbstverständlich.«
Sie: »Sollte er tun, tut es aber nicht.«
Antworten wie: »Er sollte es zumindest – und auch nicht nur dann, wenn er mit *ihr ins Bett will*.« (Applaus)
»Wie macht man das denn, ohne plump oder vordergründig zu erscheinen?«
Hier könnten schlechte Erfahrungen zu dieser Antwortfrage geführt haben, oder die Frauen haben ihn falsch verstanden.
Schade für beide.

Viele Gedanken machte sich dieser Antwortgeber:
»Auch begehrenswert sein beruht auf Gegenseitigkeit.
Darf sich keinesfalls nur auf Äußerlichkeiten reduzieren.
Ich zeige meiner Frau sehr wohl die Sphären auf, in denen sie für mich begehrenswert ist.
Ich übe aber auch offene Kritik dort, wo der Partner *nicht* begehrenswert ist.
Dasselbe erwarte ich für mich.«

Hat der Mann außer für seine Interessen auch noch viel Zeit für die Sorgen und Wünsche der Partnerin?
Der Großteil der Befragten bedauerte den Mangel an Zeit, um sich genügend – und auch darüber hinaus – den Interessen des anderen widmen zu können.
Einige wenige meinten, die Frau hätte *viele* Wünsche und *viele* Sorgen – man tue, was man könne.
Es sei klar, daß nie genug Zeit für den Partner bliebe – wichtig sei das Bemühen darum. Der Partner solle dies spüren können. Wenn allerdings die allseits beliebte Flimmerkiste das Hauptinteresse in einer Zweierbeziehung oder in der Familie darstelle, so

die Meinung der meisten Frauen, oder die Fußballergebnisse wichtiger seien als die Zwei in der Mathearbeit des Sprößlings, auf die so hingearbeitet wurde, dann allerdings, sei es um das Bemühen schlecht bestellt.
Hier kommt das zum Tragen, was eine Antwort aussagt:
»Wenn der Sport wichtiger ist als die Familie, dann sollte man keine haben. Wichtig dürfe er sein – aber mehr nicht.«

Ein interessanter Aspekt zu dieser Frage zeigt folgendes:
Die existentielle Sorge beinhaltet Interesse für Wünsche der Partnerin, er sehe das so.
Nur, die Frage zielte mehr auf die geistig-seelischen Belange der Partnerin, trotzdem ist dieser Gedanke erwähnenswert, da eine Gruppe der Frauen gerade diesen Punkt anspricht und bedauernd feststellt, der Partner habe nur *seine* Hobbys und den Beruf im Kopf...

Wenig ähnlich lautende Antworten ergaben: Diese Frage könne nur vom Partner beantwortet werden.
Hier geht es aber darum, wie der einzelne sich sieht, ob er eventuell bereit ist, sein Verhalten zu überdenken und wenn nötig, zu korrigieren.
Die Frauen waren bei der Beantwortung dieser Frage viel engagierter. Sie vermißten vor allem das Bemühen. Gleichgültigkeit wurde auch hier beklagt und immer wieder der Mangel an Selbstkritik.
Der Wunsch nach der Suche *gemeinsamer* Interessen wurde laut. Es habe heftige Auseinandersetzungen bei der Beantwortung gegeben.

Noch eine Antwort, die für viele steht:
»Für echte Sorgen meiner Frau nehme ich mir viel Zeit.
Gleiches erwarte ich auch im umgekehrten Fall.
Wünsche sind etwas anderes. Die gehen bei Partnern oft verschiedene Wege.

Jeder sollte sich für die eigenen Wünsche die nötige Zeit nehmen können, wobei die Betonung auf ›eigenen‹ und ›jeder‹ liegt. Nur gemeinsame Wünsche erfordern auch gemeinsame Zeit.«

Teilt der Mann die Begeisterung seiner Frau?
Zieht er sie nicht ins Lächerliche?
Die meisten waren der Meinung, daß sie die Begeisterung teilen könnten – sie niemals ins Lächerliche zögen.
Doch so manch einer räumte ein, sich doch ab und zu lustig zu machen über das, worüber seine Frau in helle Begeisterung geraten könne – lächerlich hingegen macht sich keiner – darin sind sie sich alle einig, zumindest in ihrer Aussage.
Antworten: »Das kommt darauf an«, oder: »Manchmal muß ich mich sehr zusammennehmen.«
»Die Begeisterung teilen kann man nicht, man kann höchstens Interesse zeigen.«

Einige argumentieren mit dem Wort Freiraum.
Der dürfe unter gar keinen Umständen angetastet werden.
»Die Frage ist viel zu weit: Natürlich teilt *niemand* die Begeisterung für alles, das wäre pharisäerhaft.«
»Die Hobbys oder ›Heldentaten‹ der Männer sollen bei uns Frauen stets Begeisterung finden, die Passionen der Frauen bleiben meist unbeachtet.«

Hier unterscheiden sich die Antworten der Frauen ganz gehörig von denen der Männer. Sie decken sich nicht.
Offensichtlich sehen sich die Männer anders, als sie sich in der Wirklichkeit zeigen.
Voll Bitterkeit:
»Mein Mann interessiert sich überhaupt nicht für das, was mich erfreut oder womit ich mich beschäftige oder meine Zeit verbringen will.«
»Wenn man die Begeisterung nicht teilen kann, sollte man sie wenigstens tolerieren.«

**Gibt es Männer, die ihrer Frau Fragen stellen,
von denen sie von vornherein schon wissen, daß sie sie nicht
beantworten können?**

»Selbstverständlich gibt es solche. Ich finde diese Kraftmeierei ausgesprochen mies, sie zeugt von einem schlechten Charakter und einem ärmlichen Selbstbewußtsein.«

»Wenn ein Mann weiß, hier kommt meine Frau ins ›Schwimmen‹ während einer Diskussion, sollte er ihr Hilfestellung geben.«

»Fragen zu Gebieten, auf denen Frau nicht firm ist, zwingen zur Auseinandersetzung mit der speziellen Thematik und erweitern somit den Horizont.« (Diese Antwort kam mehrmals. Ist es eine Alibiaussage?)

»Seine Partnerin mit peinlichen Fragen ins Abseits stellen, heißt auch für sich selbst das ›Licht ausmachen‹.«

»So klug und intelligent kann keiner sein, daß er an Reaktionen alles vorausahnen kann.« (Stimmt – nur danach wurde nicht gefragt.)

»In der Regel tut man so etwas nicht – es könnte allerdings sein, daß die Partnerin dazu eine andere Meinung hat.«

»Ich muß damit rechnen, daß sie den Spieß umdreht, deshalb laß ich es lieber, obwohl ich dazu oft Lust hätte.«

»Wer Fragen stellt, die nicht beantwortet werden können, wer dies bewußt tut, hat von Partnerschaft nichts verstanden, denn er quält absichtlich den anderen.«

»Mit solchen Fragen will er beweisen, daß er der Stärkere, der Klügere ist. Oft wird ein solcher Beweis nötig sein. Andererseits, wenn er auf jede intellektuelle Animation verzichtet, dann ist sie ja wohl nur Bettgenossin.«

Die Mehrzahl der Frauen konnte mit Sicherheit ausschließen, solches oder ähnliches jemals mit ihrem Partner erlebt zu haben. Diese Aussage beunruhigt. Entspricht sie der Tatsache? Denn in der persönlichen Unterhaltung, wenn Beispiele gegeben werden, sind viele Frauen *betroffen*.

Sie verurteilen empört solches Tun, sind oft fassungslos.

Ist es eher so, daß die Frauen lieber schweigen? Sich Ungehörigkeiten bieten lassen, weshalb auch immer?

Folgende Szene:
Sie sind eingeladen oder haben selbst Gäste. Die Unterhaltung plätschert dahin. Plötzlich wirft jemand ein Thema in die Runde, zu dem es völlig verschiedene Ansichten gibt. Jeder tut dies lauthals kund. Auch Eheleute und »eheähnliche« Leute. Dann wird es unangenehm. Man beschimpft sich.
Schuldzuweisungen werden großzügig verteilt und wie giftige Pfeile auf den Partner abgeschossen.
Sie als Gastgeber oder auch als Gast lassen die Augen hilfesuchend nach etwas Ausschau halten, das Sie unsichtbar macht oder worin Sie sich verstecken könnten. Doch nichts von alledem. Sie müssen ausharren und peinlich berührt zusehen, wie erwachsene Menschen sich zerhacken.
Dazu die Frage:

Gibt es vor Fremden peinliche Auseinandersetzungen?
Nun waren viele bereit, Frauen wie Männer, zu ihren außerhäuslichen Streitereien zu stehen, zuzugeben, daß sie keinerlei Rücksicht nehmen auf Ort und Zeit.
»94% der Fragebogen werden bei dieser Frage mit einem *Nein* zurückkommen und somit ist bewiesen, daß 94% Lügner sind.«
Erfreulicherweise ist es anders, denn 2/3 bedauerten solche Vorkommnisse, sind aber der Ansicht, daß Meinungsverschiedenheiten an Ort und Stelle ausgetragen werden müßten.
Dagegen kann man nichts einwenden. Auf den Ton kommt es an.
Peinlichkeiten sollten auf alle Fälle vermieden werden.
Man ist sich großteils einig:
»Eine fair ausgetragene Auseinandersetzung ist nie peinlich und kann deshalb auch im Freundeskreis ausgetragen werden, fällt dort sogar manchmal leichter.«

Nimmt der Mann die Frauen, seine Frau immer ernst?
Man kann den Eindruck gewinnen, daß gerade manche Männer zwischen zwanzig und dreißig Jahren recht unsicher in die Männerwelt blicken. Sie fühlten sich durch die Fragen angegriffen, warfen mir zum Teil klischeehaftes Verhalten vor, unterstellten manchmal, die Fragen längst für mich schon beantwortet zu haben.
Solche Kritik ist aufschlußreich, deshalb soll sie nicht verschwiegen werden.

Direkte Antworten:
»Niemand kann man immer ernst nehmen. Dann würde es zu ernst. Wenn es die Situation erfordert, nehme ich meine Frau sehr wohl ernst. Wenn allerdings geflachst wird, sollte man mitflachsen.«
Die Frauen können diese Aussage leider nicht bestätigen:
»Sich nehmen die Männer sehr wohl ernst und dazu noch überaus wichtig. In den Köpfen der Männer steht doch geschrieben, daß man die Frauen nie ernst nehmen darf.«
Es sei schwierig, so die Frauen, dieses Verhalten ohne Frust zu ertragen. Es ginge auch nicht immer und deshalb fühlten sie sich unterschwellig und auch ganz offensichtlich gedemütigt.

Bei einigen Fragen war dem Wort Mann noch das Attribut »richtiger« hinzugefügt.
Viele wollten nun wissen, was ein »richtiger« Mann sei.
Gibt es denn einen einzigen Mann, der nicht davon überzeugt ist, ein »richtiger« zu sein? Die Fragen sollten auch bezwecken, herauszubekommen, wie die Männer *sich* sehen.
Wenn es den richtigen Mann gäbe, so gäbe es auch den falschen Mann. Wie aber wäre dieser?
Diese Frage könnten ungezählte Frauen beantworten, wobei zu überlegen ist, ob nicht gerade der »falsche« der »richtige« ist.
Ein weites, unübersehbares Feld...
Gleichwohl. Die Frage lautete:

Ist ein richtiger Mann treu?

»Was ist treu?« Eine Gegenfrage als Antwort.
Es gab nach einem Geschäftsessen noch einen Barbesuch.
Irgendwo in einer deutschen Großstadt.
Gedämpfte Musik. Die Beleuchtung entsprechend. Es wurde in Maßen Champagner getrunken.
Alsbald fühlten sich die Herren von attraktiven Mädchen umringt. Die Nacht war schon weit vom Abend entfernt, man tanzte engumschlungen, langsam, auf der Stelle tretend.
Einer der Kandidaten wurde sehr »strapaziert«. Die Fleischeslust machte ihm zu schaffen, denn er bekam eindeutige Angebote.
Ein Abenteuer in greifbarer Nähe – die Ehefrau weit weg.
»Was würde es denn ausmachen? Nie würde sie davon erfahren. Schließlich bin ich ein Mann! Und was für einer!
Was die mir da alles ins Ohr flüstert – na bitte!«
Solche Gedankenfetzen huschen durch sein Gehirn, das schon nicht mehr voll funktionstüchtig ist.
Die Tanzschritte noch immer auf der Stelle – nur einige Zentimeter hin und her.
Jetzt die direkte Frage: »Gehen wir?«
Alarmstufe eins. Das Warnlicht auf Rot. Der Angriff auf Breitseite.
Da hört sich doch der Held der Geschichte sagen:
»Sie sind ein hinreißendes Weib – aber ich liebe meine Frau.«
Er ging. Alleine.
Soweit diese Antwort.

»Es geht nicht, immer treu zu sein – überhaupt, was heißt treu?«
»Frauen sollen treu sein, Männer müssen nicht treu sein, sie räumen sich Sonderrechte ein.«
»Wenn denn dann schon einmal alle Sicherungen durchgebrannt, der Geist genauso schwach war wie das Fleisch, alle Übungen der Entsagung nicht fruchteten, kurz – Mann war so frei, dann gibt es nur eine Parole:
Mundhalten auf Gedeih und Verderb. Für alle Zeiten.

Die Frauen wollen nämlich nicht der Packesel sein und Dinge mit sich herumschleppen müssen, die die Männer sich zwar aufgeladen, aber nach getaner Arbeit nicht mehr in der Lage sind – weil zu schwächlich – den Plunder alleine zu tragen.«
»Ich bemühe mich – bis jetzt ist es gelungen –, habe fest vor, meine Frau nie zu betrügen.«
Erfreulich diese Bilanz immerhin, der gute Wille ist da.

»In Frankreich lacht man über die Geschichte, die unterdessen auch hier die Runde macht: Wie ein Fräulein Sowieso von ihrem Geliebten in flagranti ertappt, dreist ihre Tat abstreitet und als der andere sich mit Recht entrüstet und sie der Untreue schilt, ihm mit enttäuschter Stimme zu verstehen gibt: ›Ach, ich sehe schon, du liebst mich nicht mehr. Du glaubst deinen Augen mehr als meinen Worten.‹ Wer da noch ernst bleiben kann, dem ist nicht mehr zu helfen.«

In flagranti – zum Thema Treue

In regelmäßigen Abständen besucht eine elegante Dame die hübsch eingerichtete Parfümerie. Genauer gesagt: freitags. Sie betritt den Laden. Mit sicherem Blick und Geschmack wählt sie aus, legt all die teuren, unnötigen Dinge zusammen und mit einem: »Morgen hole ich die Sachen ab« verschwindet sie wieder.
So geht das über ein paar Jährchen. Alle vier bis sechs Wochen. »Morgen«, das ist dann Samstag. Freundlich kommt sie wieder durch die Ladentür. Beschwingt begrüßt sie die Ladeninhaberin, läßt sich ihre tags zuvor ausgesuchten Waren zusammenpacken, bezahlt, verabschiedet sich, um das gleiche Spiel in wenigen Wochen zu wiederholen. Nicht so an jenem Wochenende, wo alles ganz anders lief.
Freitags ging es noch seinen gewohnten Gang: Das Erscheinen der Dame, das Aussuchen der Gegenstände. »Auf Wiedersehen bis morgen.« Natürlich machte sich die Ladenbesitzerin seit geraumer Zeit ihre Gedanken. Denn dieses Kaufverhalten ent-

sprach so überhaupt nicht der Norm. Ob die eifrige Käuferin aus einem ganz bestimmten Anlaß in der Stadt war? Eine Einheimische war sie nicht. Dessen war sich die Besitzerin des schmukken Lädchens ganz sicher. Solche und ähnliche Gedanken gingen ihr auch diesmal wieder durch den Kopf.

Samstag. Pünktlich wie immer das bekannte Gesicht. Diesmal aber war es nicht mit gepflegtem Make-up verschönt, nein, die Augen waren gerötet und angeschwollen, restliche Wimperntusche klebte auf den bleichen Wangen. Fast sah sie aus wie ein Clown. Das Haar nicht gerade wohlfrisiert.

Diese etwas erbärmliche Gestalt ließ sich auf der Stelle auf den nächst bereitstehenden Stuhl sinken und begann bitterlich zu weinen, sie heulte ihren ganzen Schmerz hinaus, von dem die Ladeninhaberin noch keine Ahnung hatte.

Wie nun die erste Entspannung kam, sich etwas löste, das diesen Zustand verursachte, fing sie an zu berichten. Zwar etwas zusammenhanglos, doch immerhin so, daß Frau D., so nennen wir sie einfach mal, sich ein Bild machen konnte:

Die Kundin war schon über Jahre die Geliebte eines Einheimischen. Dieser wiederum war verheiratet. So nutzten die beiden Liebenden eine Gelegenheit, die sich ihnen immer dann bot, wenn die Hausfrau ihre Koffer packte, um der kranken Mutter in einer etwas entfernt gelegenen Stadt zur Hand zu gehen. Man weiß ja, was da so anfällt.

Eben diese Hausfrau, nicht gerade auf den Kopf gefallen und schon seit geraumer Zeit mit Mißtrauen belastet, sie roch ganz einfach Lunte, kam just an besagtem Wochenende zwei Tage früher als geplant. Sie erwischte ihren Göttergatten sozusagen in flagranti – nämlich bei eindeutigem Schäferstündchen in den ehelichen Betten. Nebenbei bemerkt, wie immer die Sachlage auch sein mag, Ehebetten für Seitensprünge finde ich reichlich geschmack- und phantasielos.

Für die beiden Enttarnten eine höchst unbehagliche Situation. Kopflos stieben sie aus den Daunen, nackt wie Gott sie schuf. Völlig entnervt.

Nicht so die Ehefrau. Sie bewahrte kühlen Kopf und Contenance. Konnte sie sich doch auf eine solche eventuelle Lage gefühls- und verstandesmäßig einstellen. So unangenehm es ihr auch war.
Sie stand ungerührt da, die wirre Szene beobachtend. Und mit der Hand auf das zerwühlte Bettzeug deutend sagte sie: »Sie ziehen sofort die Betten ab, auf der Stelle.« Schweigend beobachtet sie die brav gehorchende Nebenbuhlerin.

Die nun auf dem Stuhl im Kosmetikladen sitzt, noch immer heulend. »Und ich blöde Kuh habe das auch noch gemacht«, stieß sie jetzt fast hysterisch heraus.
Hier endet die Geschichte mit dem Nachtrag, daß es keinen Freitag mehr gab mit Aussuchen, keinen Samstag mehr mit Bezahlen und Abholen.
Die so unglaublich reagierende Ehefrau konnte nach ihrem großen »Auftritt« anschließend tagelang kein einziges Wort mehr von sich geben. Die Verletzung, die Enttäuschung und nicht zuletzt die Gewißheit haben ihr die Sprache verschlagen. Aber sie fand sie bald wieder. Sie liebte ihren Mann, hat sogar die Größe aufgebracht, in lockerer Weise diesen schmerzlichen Vorfall in eine Schublade zu stecken, die sie nie wieder aufgemacht hat.
Und der Ehemann? Was er fühlte, was er dachte, ist nicht überliefert. Ich habe ihn auch nicht gesprochen. Ich weiß nur, daß die Betten wieder frisch bezogen wurden, und die rechtmäßige Benutzerin dieser Schlafstatt nach längeren Aussprachen und langsam verschwindenden Zweifeln (ob sie ganz ausgeräumt werden konnten, sei dahingestellt) auch dort ihre wohlverdienten Freuden und Entspannung erfährt.

Hat ein Mann Fehler? Gibt er sie sogar zu?
»Fehler haben sie alle, reichlich. Das wissen wir. Doch sie wissen das offensichtlich nicht.«
»Die Männer sind ohne ›Fehl und Tadel‹.«
»Meine Fehler sind gering. Ich brauche mich auch nicht zu än-

dern. Alle Welt liebt mich, nur meine Frau hat ständig etwas an mir auszusetzen, ruft mich, als wäre ich ein dummer Junge.«
»Meine Frau weiß besser über meine Fehler Bescheid als ich. Ich brauche nur noch zu nicken – tue ich auch, ohne hinzuhören.«
»Was heißt hier ›sogar‹. Das ist doch selbstverständlich, daß man seine Fehler zugibt und einsichtig ist.«
»Selbstanklage ist dumm.«
»In diesem Punkt sind uns die Männer ähnlich: fehlerhaft, unzulänglich, vergeßlich, unzuverlässig, unwissend – *menschlich*.«

Ist der Mann bei Auseinandersetzungen fair?

»Hoffentlich ist jeder bei Auseinandersetzungen fair.«
»Ich bemühe mich immer, fair zu bleiben. Rational geht das auch sehr gut. Wenn eine Auseinandersetzung emotional ausgetragen wird, kann einem schon einmal der ›Gaul durchgehen‹.«
»Es macht mir Spaß, auch mal gemein zu werden.«
»Vielen Frauen ist Fairneß weit weniger wichtig als ›sichtbarer‹ Erfolg um jeden Preis. (Der ›Hirsch‹, der siegt – mit welchen Mitteln auch immer – ist's.«)
»Unsachlichkeit kann auch ein Zeichen von Persönlichkeit sein. Nicht Plattheit ist gefragt.«
»Die Eitelkeit läßt es oft nicht zu.«

Ist ein ungeratenes Kind das Kind der Mutter, während der Erfolgssprößling das Kind des Vaters ist?

»Quatsch.« Eine Antwort.
Doch bittere Klagen von seiten der Mütter:
»Ständig klingt es in meinen Ohren: Natürlich *deine* Tochter, *dein* Sohn hat schlechte Zensuren. Sie können eben nicht lernen. Wenn dann gute Leistungen in Sport oder auch Beruf erfolgen:
Meine Tochter, *mein* Sohn, die sind eben in Ordnung. Ich wäre manchmal geneigt, meinen Mann aufzufordern, sein Zeugnis doch mal zur Erheiterung aller herzuzeigen.«

Doch sehr versöhnlich der Großteil der Meinungen:
»Kinder gehören einem gemeinsam. Die Gutgeratenen und die Sorgenkinder. Ganz besonders die Sorgenkinder erfordern den Zusammenhalt, den unbedingten Zusammenhalt der Eltern.«

Ist der Mann stolz auf seine Familie?
»Auf was kann man stolz sein im Leben? Auf das, was man geschaffen hat? Meiner Meinung nach nicht einmal auf das, denn es gehören auch viele glückliche Umstände dazu, etwas zu schaffen.
Eine Familie kann man nicht schaffen. Ich sehe sie als Geschenk an, das ich dankbar annehmen durfte.
So muß der Ausdruck stolz dem der Dankbarkeit weichen.
Nein, stolz bin ich nicht auf meine Familie, nur dankbar bin ich, daß ich sie habe.« Die Antwort eines zufriedenen Mannes.
Fast alle Befragten sind stolz auf ihre Familie – Frauen wie Männer.
»Sie fragen alle Klischees ab, die es so gibt in bezug auf Paarbeziehungen.«
Wo bitte ist hier ein Klischee? Ich sehe keines. Heutzutage wird viel mit dem Begriff »Klischee« abgetan. Ist das nicht das Klischee überhaupt? Ist das eine abgedroschene Phrase; die Familie? Das Nachdenken über die Familie?
»Ich bin nicht stolz auf meine Familie. Auch mein geschiedener Mann wird schwerlich stolz sein können auf eine Familie, die auseinandergebrochen ist und bei der weder unter den Geschwistern noch zwischen Eltern und allen Kindern ein vertrautes Verhältnis besteht.«
Erschütternd solch eine Antwort. In der Ehrlichkeit und Situation.
»Wenn man sich redlich gemüht und geplagt hat, darf man stolz sein, ich bin stolz auf meine Familie.«
Man darf auch stolz und zugleich dankbar sein auf eine gelungene Zweierbeziehung. Wenn man täglich bewußt etwas dazu beiträgt. Nichts ist selbstverständlich, aber leider sind oft die Be-

mühungen wie in die Luft geblasen, werden nicht angenommen. Deshalb kann es Menschen mit Stolz erfüllen, wenn sie in ihrer Beziehung Erfüllung finden.

Amüsiert sich der Mann verächtlich über Fehler, die seine Frau macht?
»... Über Fehler offen in der Partnerschaft sprechen ist eine, das Verächtlichmachen und dabei sich amüsieren die andere Seite! Ich kenne Männer, die so handeln, aber ich verurteile es.« (Ein Mann)
»Das wäre Unsinn.« oder:
»In gespannter Situation nicht auszuschließen.«
»Das sollte er unter keinen Umständen tun.«
»Das tut doch kein Mann, oder?«
»Das tut er nie!«
»Verächtlich: nein. Amüsieren: Ja, ebenso wie über die eigenen Fehler.«
»Die Männer tun das nur zu gerne, allerdings weisen sie es weit von sich.«

Wie steht der befragte Mann zu Porno?
Daß Porno unter Umständen anregend sein kann, wird von vielen betont. Wenn es *beide* mögen, sei es auch o. k.
»Wer seine Freude daran hat, warum nicht?«
»*Eigene* Kreativität bringt Spaß und Abwechslung.«
»Wenn der gute Geschmack nicht darunter leidet, kann Porno anregend sein.«
»Ich brauche keinen Porno – noch nicht.«

Sind Männer Egoisten?
»Jeder Mensch muß sich selber lieben, auch Frauen, denn Eigenliebe ist Voraussetzung für die Nächstenliebe.
Wer es nicht gelernt hat, sich selbst zu lieben und anzunehmen, ist nicht fähig, Liebe weiterzugeben.
Ohne Eigenliebe wäre unsere Welt arm.

Eigenliebe ist immer positiv, solange sie dem anderen dient. Nur egozentrische Menschen, Menschen mit einer extrem krankhaften Form der Eigenliebe wirken negativ auf den Partner.
Ich freue mich also, daß ich mich selbst mag und glaube dadurch fähig zu sein, meinen Partner anzunehmen und lieben zu können.«
Gedanken zur Besinnung.
»Kennen Sie Menschen, die niemanden mögen, nicht einmal sich selbst? Es ist schwer mit ihnen zu leben. Meist sind sie krank.«
»Ein gesundes Maß an Eigenliebe und Nächstenliebe muß angestrebt werden. Doch bei den Männern herrscht Eigenliebe vor.«
»Wer ist nicht egoistisch?«
»Ich ja. Manchmal – doch ich arbeite an diesem Problem.«
»Diese Frage ist nicht geschlechtsspezifisch, sondern charakterspezifisch.«
Die meisten Frauen sehen ihre Männer als Egoisten und leben damit.
»Sie, die Männer werden dazu in Verleumdung gestempelt.«
»Wer ist heutzutage nicht Egoist. Altruisten wie Mutter Teresa bekommen den Friedensnobelpreis.«

Gehen Männer den Weg des geringsten Widerstandes? Sind sie feige?

»Oft gehen sie den Weg des geringsten Widerstandes nur zu gerne, feige sind sie nicht.«
»Viele sind ausgesprochene Feiglinge und lassen ihre Frauen die unangenehmen Dinge des Alltags erledigen.«
»Es wird in der Auseinandersetzung als Diplomatie bezeichnet – es kommt darauf an, ob einer negativ oder positiv betroffen ist. Doch generell sind die Männer nicht feige, sie übernehmen Verantwortung.«
»Männer sind häufiger feige als Frauen, versuchsweise gehen sie auch den Weg des geringsten Widerstandes.« Eine Männerantwort.
»Das kommt darauf an. Bei Dingen, die mir relativ gleichgültig

sind, gehe ich gerne den Weg des geringsten Widerstandes. Das ist wohl auch sinnvoll so.
Bei Dingen, die mir wichtig sind, bin ich gerne Sand im Getriebe und leiste mit all meiner psychischen Kraft Widerstand. Körperliche Kräfte für den Widerstand einzusetzen lehne ich ab.
Feigheit ist immer eine Reaktion auf Angst, genauso wie sich stellen. Die zweite Reaktion ist angebracht, wenn erstere nicht möglich ist. Es kommt auch immer auf das angstauslösende Moment an. Fühle ich mich ihm gewachsen, kann ich mich ihm stellen, ist das nicht der Fall, renne ich lieber davon im eigentlichen, wie im übertragenen Sinn.
Feigheit kann oft sinnvoll sein und ist deshalb nicht ausschließlich negativ einzustufen.« Ein junger Mann.
»Das sollte unter den Gesichtspunkten der Klugheit entschieden werden.« Oder:
»Nein, ich gehe ihn nicht, diesen Weg, meine Frau tut das auch nicht, sie ist auch nicht feige.«

Sind Männer eitel und arrogant?
»Wer mich kennt weiß, daß ich in keinster Weise eitel oder arrogant bin.«
»Das habe ich nicht nötig.«
»Selbst der Arroganteste wird überrascht sein, wenn man ihm das sagt, selbst kann man das wohl schlecht beurteilen.«
Allerdings, über die Hälfte sind sich einig: Eitel ja, arrogant nein. Die antwortenden Frauen sehen das anders. Sie bescheinigen ihren Männern sowohl Eitelkeit wie auch Arroganz, finden aber, daß das nicht so tragisch sei, man könne damit leben.

Sind Männer brutal und aggressiv?
»Wenn man den Straßenverkehr beobachtet, muß man diese Frage mit einem klaren Ja beantworten.«
»Manche sicher, aber die Tendenz ist abnehmend.«
»Nein. Wenn doch, dann sind sie in einer ausweglosen Situation.«

»Manche werden es durch Erziehung.«
»Es gibt solche Männer – für mich sind das Hampelmänner.«
»Brutalität ist immer negativ zu bewerten, Aggressivität ist nicht gerade positiv, kommt aber manchmal von innen und ist nicht immer ganz vermeidbar.«
»Es gibt brutale und aggressive Männer, wie es brutale und aggressive Frauen gibt. Ich rechne mich eher zu den Softies. Brutalität und Aggressivität haben immer ihre Ursachen. Vielleicht müßte man fragen, warum es aggressive und brutale Männer oder Frauen gibt.«

Warum sind die Frauenhäuser überfüllt?
»Weil es so viel brutale Männer gibt.«
»Es gibt sicher mehrere Ursachen. Eine wichtige erscheint mir der Mangel an Kommunikationsbereitschaft, eine gewisse Unfähigkeit, Konflikte auszusprechen, Feigheit sich von einem dritten oder einer Institution helfen zu lassen, Unvermögen, Konflikte zu bewältigen, harte Lebenssituationen.«
»An der falschen Erziehung eventuell, die die Frau zum abhängigen ›Weibchen‹ gemacht hat,
an der Angst vor Verfolgung und Gewalt durch den Mann.«
Gewalt und Alkoholismus waren die meisten angeführten Gründe von den befragten Frauen.
»Es müßte viel mehr Frauenhäuser geben, und die Männer dann alleine dastehen.«
»Weil manche Männer aggressiv werden, wenn sie sich der Frau gegenüber nicht überlegen fühlen können.«
»Immer wenn mein Mann im Unrecht ist, wird er unverschämt und laut. Ich habe schon oft daran gedacht in ein Frauenhaus zu gehen mit den Kindern, aber das würde das Ende der Familie bedeuten.«
»An der Dummheit der Spezies homo sapiens, die beide Arten, Männlein und Weiblein in ihren Klauen hat.«
»An etwa 15 000 Jahren Patriarchat.« Die Antwort kam von einem Mann.

»Weil einige Männer einer selbstbewußten Frau hilflos gegenüberstehen, und dann ihre dahinschwindende Macht mit Brutalität zu kompensieren versuchen.«
»Das Patriarchat zeigt sich nicht erst in der Ehe.«
»Es sollte auch Männerhäuser geben.«
»Es liegt daran, daß der Mensch dem Menschen ein Wolf ist, speziell aber in diesem Fall: Der Mann der Frau, aber auch umgekehrt und Männer und Frauen untereinander.«
»Brutalität des sogenannten ›starken‹ Geschlechts.«
»Viele Männer begreifen die Frauen nicht, sie sind oft verständnislos und unbeherrscht (Alkohol).«
»An unserer Gesellschaft. Leistungsprinzip, Medien usw. . . .«
»Weil viele Männer einfach primitiv sind.«
»Für mich kein Thema.«
»Abhängigkeit der Frauen.«
»Im Matriarchat waren die Männerhäuser überfüllt.
Man muß wohl erkennen, daß der Sexualtrieb die Quelle vieler ›Gemeinsamkeiten‹ ist – nicht die seelisch-geistigen Affinitäten. Wenn der Sexualtrieb befriedigt ist, erscheint der Partner lästig.«
»An der physischen Überlegenheit des Mannes – und nur an der.«

Ein Aspekt, der viele Gedanken aufdrängt.
Die Frau ist meistens dem Mann körperlich nicht gewachsen.
Das bringt sie in Konfliktsituationen sofort und unheilbar ins Abseits, in die Rolle des »Schwächeren«.
Deshalb ist bei Auseinandersetzungen, die zunächst verbal geführt werden, die Gefahr groß – sollte sich der Mann unterlegen fühlen, weil er geistig nicht folgen kann – daß er handgreiflich wird. Allerdings eine unbeherrschte Reaktion, die auf Hilflosigkeit und auch Erbärmlichkeit schließen läßt.
Der »Schwächere« wird einfach geschlagen – dann wird er schon Ruhe geben.
Es ist unerklärlich, weshalb eine Anzahl von Frauen die schüt-

zende Umgebung eines Frauenhauses wieder verlassen, um zu ihrem Mann, dem Peiniger, zurückzukehren.

Woran mag es liegen, daß die Frauen nach dem Aufenthalt in einem Frauenhaus zurückkehren in eine fast ausweglose Situation?

»Meine Frau würde ganz sicher nicht zurückkehren, wenn ich Auslöser dieser unzumutbaren Situation wäre.«

»Daß die Frauen nicht frühzeitig genug den Absprung aus dieser Beziehung schaffen.«

»Die Frau findet in der Gesellschaft noch nicht ausreichend Unterstützung, um nach einer Scheidung ein neues Leben aufbauen zu können.« (Antwort einer Betroffenen.)

»Abhängigkeit, Hilflosigkeit, Naivität einerseits – Hoffnung auf Besserung und für die Kinder andererseits.«

»Die Männer fühlen sich schuldig und geloben Besserung und die Frauen, viele wenigstens – glauben ihnen.«

»Nach einer ›Frauenhaustrennung‹ stelle ich mir einen Neubeginn sehr schwer vor. Ich weiß nicht, ob man das schaffen kann. Wenn die Frau zurückgeht, braucht sie Mut und Selbstvertrauen.«

»Das Pflichtbewußtsein gegenüber der Familie.«

»Sie haben Abstand und innere Ruhe gefunden, was ihnen neue Kraft und Mut verleiht.«

»Womöglich lieben sie ihren Mann trotzdem – das soll es ja geben – aus Angst vor Einsamkeit.«

»Gewohnheit? Treue eines Haustiers?«

»An der Unterwerfung, Masochismus des ›Weibes‹?«

»Ausweglosigkeit, Resignation?«

»Weil sie nicht gelernt haben, alleine zurechtzukommen (Cinderellakomplex).«

»Weil die Frauen sozial nicht so sehr abgesichert sind wie die Männer. Weil die Gesellschaft dummerweise alleingelassenen oder getrennt lebenden Frauen nach wie vor mit einer ›Die wird's wohl verdient haben‹-Haltung begegnet.«

»Es ist und bleibt ihre Welt, ihr Zuhause. Auch Gewalt ist Zuneigung.«
»Weil ein solches Haus auch keine Lösung ist.«
»Nicht alle modernen ›Errungenschaften‹ sind nur positiv. Vielleicht sind die Frauen nicht emanzipiert genug, oder sie merken, daß ›Emanzentum‹ nicht das Wahre ist.«
»Weil sie den Mann dennoch trotzdem lieben.«
(Eine Antwort, die ich häufig bekam – auch von sehr vielen Frauen.)
»Das hat mit Liebe zu tun und mit der Tatsache, daß ein Traumbild entsteht.«
»Die Frauen haben keine Perspektive, sie sind durch ihre Partnerschaften meist kaputt, ihre Vitalität ist aufgebraucht, sie wagen den Schritt heraus nicht.«
»Am Sexualtrieb und an der ›Versorgung‹.«

Natürlich gibt es auch welche, die hierauf keine Antwort geben konnten. Das Problem Frauenhäuser tritt in ihrem sozialen Umfeld offensichtlich nicht auf.
Dazu die stellvertretende Kreispräsidentin Ostholstein, Frau Helga Schütt:
»Der Grund für eine Rückkehr in die häusliche Gemeinschaft sind in den meisten Fällen die Kinder.
Erstaunlich ist, daß mehr jüngere Frauen Schutz suchen als ältere. Die Männer, zu denen die Frauen zurückkehren, sind die, mit denen sie ihr erstes Liebeserlebnis hatten. In vielen Fällen ist das auch ein psychologisches Moment nicht nur ein körperliches.«
Frauen, die die Mitte des Lebens erreichten und diesen Ausweg wählten, sei es weniger eine bestimmte Person, die sie dazu treibt, als das Leben überhaupt: Es war zu viel. Alles war zu viel. Jetzt ist das Leben gelaufen – nichts kommt mehr – nichts geht mehr.
Die Frauen kämen mit einer Bankrotterklärung in der Tasche.
Außerdem sei äußerst bemerkenswert, daß Frauen aus allen Ge-

sellschaftsschichten den Weg dorthin suchten, wo sie Hilfe erhofften. Frau Schütt betonte dies ausdrücklich.
»Meine Vermutung«, so Frau Schütt wörtlich weiter, »daß Alkohol in den meisten Fällen für die Gewalttätigkeiten der Männer verantwortlich ist, wird mir bestätigt. Doch ist auch Eifersucht häufig mit im Spiel.«
Was mag innerhalb der vier Wände solcher Familien vorfallen?
»Die Frauen, die allemal – wie wir wissen – die körperlich unterlegenen sind, werden regelrecht in die Flucht geschlagen.«
Viele kehrten dann wieder zurück, um die Familie nicht ganz kaputtgehen zu lassen.
Viele glaubten, jetzt genug gestärkt zu sein, um aushalten zu können.
Doch dann kämen sie wieder. Jedesmal noch ein wenig zermürbter, noch ein wenig schwächer.
Da gäbe es natürlich auch Männer, die ihre Frauen zurückholen mit dem festen Vorsatz, daß es nicht mehr so weit kommen dürfe. Sie wollten neu beginnen.
Manche würden es auch schaffen, andere würden zu Wiederholungstätern.
Die Situation: Eine Frau wird über Monate, Jahre gequält, geschlagen, muß die eheliche Vergewaltigung über sich ergehen lassen, sie ist fertig, am Ende mit all ihren Hoffnungen.
Es kann ihr nicht leichtfallen, vor sich und anderen zugeben zu müssen, daß der Typ, den sie als Ehemann hat, ein mieser Kerl ist, im Grunde ein Verbrecher, und sie sich und ihre Kinder vor ihm schützen muß.
Schließlich hat sie diesen Mann einmal geliebt, liebt ihn womöglich noch immer.
Sie sieht sich außerstande, die verfahrene Situation in den Griff zu bekommen, mit *ihm* eine Basis zu schaffen, auf der sie beide aufbauen könnten.
Sie flieht, um erst einmal ihre zerschlagenen Gefühle wieder zu sortieren, die Prellungen und sonstigen Zeugen brutaler Gewalt ausheilen lassen zu können.

Sprechen zu können, den Blick wieder ruhiger werden zu lassen, Zeit ohne Angst...
Niemand kritisiert, schaut verständnislos oder gar geringschätzig. Dann der schwere Weg zurück. Zurück zu einem Mann, der ebenso Hilfe bräuchte. Und zwar rasch, wie Frau Schütt weiter ausführt. Männerhäuser gäbe es noch keine, hier wüßten Familienberatungsstellen Anlaufadressen.
Frauen bekämen in den Frauenhäusern optimale Betreuung, jegliche Hilfe würde angeboten.
»Die Frauen werden beraten, therapiert in Einzelgesprächen und in Gruppen und das ausnahmslos von Frauen.«
Für die Frauen, die den Schritt nicht machen möchten, weil die Situation zu belastend und auch zu gefährlich wäre, nehmen die Frauenhäuser Kontakt auf mit Arbeitsplatzvermittlungsstellen, Wohnungsämtern, mit allen Institutionen, die eingeschaltet werden müssen, um diesen Frauen den neuen Weg begehbar zu machen. Es wird den Frauen rundum menschliche Hilfe zuteil, in jeder Beziehung.
Einerseits erfreulich. Andererseits beschämend für diejenigen, die durch ihr Verhalten solche Einrichtungen lebensnotwendig werden lassen.

Sind sie denn zärtlich, die Männer?
»Selten. Erst wenn sie älter werden, können sie richtig zärtlich sein.«
»Es gibt zärtliche Männer, mehr als bekannt.«
»Die Zärtlichkeit darf sich nicht nur auf das Schlafzimmer beziehen, sie muß sich auch im Alltag durch Gestik und Blicke zeigen.«
»Zärtlich wird man nicht erst mit vierzig oder mehr, Zärtlichkeit wird im frühesten Kindesalter angelegt.«
»Zärtliche Männer sind selten, weil zur Zärtlichkeit Hinwendung zum anderen gehört – das ist ihnen zu anstrengend.«
»Man kann zur Zärtlichkeit animieren – auch die Männer.«

Zur Zärtlichkeit gehören alle Sinne. Ein sinnlicher Mensch ist auch zärtlich. Kann der moderne Mensch seine Sinne noch gebrauchen? Bewußt oder unbewußt?
Der Franzose Maurice Mességé schreibt in seinem Buch »Lernen wir wieder zu lieben«:
»Die Sinnlichkeit ist eine Liebeswaffe, die mehr und mehr verlorengeht. Dabei ist es gerade die Sinnlichkeit, die die *Zärtlichkeit* und das Gefühl des Hingezogenseins immer wieder entstehen lassen kann.«
Sie sei es, die zur Wiederbelebung und zur Kommunikation führen könne. Ohne sie sei alles nur eine leere Hülle, und »meine Würze des Alltags« könne nicht existieren.
Sinnlichkeit ist ein poetisches Wort.
Früher verbreitete das Wort Sinnlichkeit einen Geruch von Laster. Man vermutete hinter diesem Wort »niedrige Gelüste, vulgäre Zerstreuung«.
Heute ist das anders, es duftet nach »Qualität«.
Das Wort bedeutet: »Mit den Sinnen erfassen...«
Die Amerikaner, wie könnte es anders sein, haben die Sinnlichkeitskur erfunden. Und wir?
Schmeck mal, wie es riecht! Höre wie es Tag wird! Begreife die Nacht! Taste die Liebe!
Wären wir sinnlich, wären wir zärtlich. Ohne Anstrengung, ganz normal.

Haben die Männer Humor?

»Humor ist so wichtig wie Ernsthaftigkeit und Pflichtbewußtsein, aber er ist seltener.«
»Leider nicht bei jeder Gelegenheit, wo er wichtig wäre.«
»Werden Probleme mit Humor bewältigt, geht es leichter.«
»Ja, sie haben Humor – leider auf Kosten der Frauen, das ist dann der ›Humor‹ der Männer.«
»Die Männer sind von einer erschreckenden Humorlosigkeit.«
»Humor wäre die beste Medizin gegen Unlust und schlechte Laune, leider kann man ihn nicht auf Rezept bekommen.«

»Mit Humor wird man geboren – oder man hat nie einen. Ein Geburtsmangel, der weit verbreitet ist, auch bei Frauen.«
»Ich könnte keinen Mann lieben, der humorlos ist. Mann und Frau müssen miteinander lachen können.«
Was sagt Mark Twain zum Thema?
»...Mein Geheimnis ist..., einen von lokalen Verhältnissen unabhängigen Humor zu schaffen.
Der Humor hat, wie die Moral, seine ewigen Wahrheiten.«

Vertragen die Männer Kritik?
»Sie sind zu eitel, um Kritik vertragen zu können.«
»Meist ungern, aber sie kann ihm nur nutzen, vorausgesetzt, die Kritik ist sachlich und konstruktiv.«
»Natürlich vertrage ich Kritik. Sie ist Voraussetzung für eine faire Zweisamkeit.«
»Kritik von Freunden kann man annehmen – sie ist echt und bringt weiter.«
»Vor Kritikastern muß man sich hüten, ihre ›Kritik‹ zerstört das Selbstbewußtsein.«
»Aufbauende Kritik ist immer positiv.«
»Meine Frau kritisiert nur, nein, das vertrage ich nicht.«
»Wenn sie selbstkritisch sind, vertragen sie auch Kritik von außen. Das gilt natürlich ebenso für Frauen.«
»Ich bin ein Taugenichts, zu nichts zu gebrauchen, ein Schlappschwanz, ich kann es nicht mehr hören, beim nächsten Wort schlage ich zu. Kritik kann krank machen. Man wird zur unwürdigen Person gestempelt.«
»Sein selbstzufriedenes Ohr hört keinerlei Kritik, nicht einmal ansatzweise. Meiner ist unfehlbar.«

Gibt es das Patriarchat noch, oder gehört es der Vergangenheit an?
»In der alten Form gehört es hoffentlich der Vergangenheit an.«
»Jein – denn Verantwortung, Fürsorge und Schutz des Mannes für seine Frau sind doch nicht überholt?«

»Im positiven Sinne ist nichts einzuwenden.«
»Das Patriarchat lebt noch genauso wie vor hundert Jahren, auch wenn die Männer es in Abrede stellen wollen.«
»Vielleicht liegt es auch ein wenig an den Frauen, daß sich das Patriarchat so lange hält.« (Ein Mann gab diese Antwort.)
»Es ist bedauerlich, aber realistisch gesehen; ein Patriarchat wird es immer geben, die Männer halten doch an ihrer Machtposition fest, die meisten wenigstens.« (Auch eine Männerantwort.)
»Das absolute Patriarchat ist genauso unheilvoll wie es ein absolutes Matriarchat wäre. Von jedem etwas – und zwar das Beste – ist anzustreben.«
Hierzu paßt die folgende Frage:

Wäre ein Matriarchat erwünscht?
»Lieber hau ich mir einen Nagel quer durch die Birne.«
»Es wird kommen – ich hoffe sehr, die Frauen handeln dann klüger als die Männer.«
»Warum denn von einem Extrem ins andere?«
»Frauen lieben es im allgemeinen nicht, einem Mann ständig überlegen zu sein, d. h. ihn zu führen und zu lenken.«
»Weder das Patriarchat noch das Matriarchat – das bessere Argument muß überzeugen.«
»Es existiert bereits.«
»Wenn beides Hand in Hand ginge, könnte es ein erträgliches Miteinander geben.«
»Extreme sind von Übel und nur schwer in den Griff zu bekommen, sollte eines von beiden – Matriarchat oder Patriarchat – mit einem Wasserkopf dastehen, mir ist nicht wohl bei dem Gedanken.«

Fühlen Männer anders als Frauen?
»Aber und wie!«
»Mein Mann hat kein Feingefühl – er *ist* das Feingefühl schlechthin, wenigstens ist *er* davon überzeugt.«
»Wobei?«

»Das kann ich nicht beurteilen, glaube aber nicht, daß ich anders fühle als meine Frau.«
»Frauen leben gefühlsbetonter, weil sie gefühlvoller sind.«

Eine große Übereinstimmung aller Antworten.
Einigkeit über die Verschiedenheit.
Wenn man das weiß und auch beherzigt, wie verschieden Frau und Mann doch sind, besonders was die Gefühlswelt anbetrifft, so können die meisten Konfliktherde gelöscht werden.

Wie ist es, haben die Männer nur Sex im Kopf?
»Wegen dieser Frage habe ich die Antworten mit Maschine getippt, meine vielen Tippfehler gerade hier, nenne ich ›freudsche Vertipper‹. Sie sehen meine Verwirrung.«
»Immer habe ich nicht Sex im Kopf, doch er liegt in ständiger ›Lauerstellung‹.«
»Bis fünfzig immer und ab fünfzig wieder.«
»Das wäre schlimm. Sex ist schön, aber nur eine Komponente in unserer Beziehung.«
»Sex sollte harmonisch in eine Beziehung integriert sein. Das eine oder andere Extrem wäre von Übel.«
»Unter ungünstigen Bedingungen könnte es zu Zwangsvorstellungen kommen.«
»Ja – es gibt nichts Schöneres.« (Ein sehr junger Mann.)
»Mein Mann hat nicht nur Sex im *Kopf* – wenn es darauf ankommt, hat er ihn überall. So soll es auch sein.«
»Ihre Frage hat etwas Negatives. Sind Sie ein Sexmuffel?« *(Nein!!!)*

Verachten die Männer die Frauen?
»Manche tun es – ich kenne welche.«
»›Die Frauen‹ nein – einzelne durchaus – ebenso wie manche Männer.«
»Er liebt die Frauen – er verachtet sie nicht.«
»Wenn es die Frauen noch nicht gäbe, man müßte sie erfinden,

denn sie bringen in die rationale Männerwelt die emotionale Komponente ein, ohne die die Welt längst in die Brüche gegangen wäre.«
»Es gibt Karikaturen des Mannes, die die Frauen verachten, weil sie für sie nur Objekt sind, nicht selten nur ein Stück Dreck. *Männer* sind das nicht.«
»Nur schwache Männer verachten die Frauen.«
»Ein Mann, der seine Frau verachtet, und die gibt es, wird nicht geliebt, er wird höchstens gefürchtet im günstigsten Fall. Im schlimmsten Fall wird er nicht ernst genommen.«

Wollen die Männer nur bequeme Frauen?
»Um Gottes willen – nein!«
»Ja und nochmal ja – auch wenn sie es nie zugeben würden.«
»Ich fürchte ja, aber er bringt sich dabei um sehr vieles.«
»Hauptsächlich, denn es ist eben bequemer.«
»Natürlich. Allerdings finde ich geistreiche, etwas anstrengende Frauen bequem, doofe und langweilige unbequem.«
»Wenn es bei ihm an Selbstbewußtsein mangelt – ja.«
»Damit ›er‹ unbequem sein kann, muß ›sie‹ bequem sein.«
»Viele Männer lieben die wachsweichen Püppchen, die keine Probleme machen und haben.«

Fragen Sie Verliebte, was ihnen an ihrem Partner gefällt.
Fragen Sie, was letzten Endes ausschlaggebend war für den Funken, der übersprang.
Fragen Sie Liebende, was den anderen so anziehend macht, daß sie ihn am liebsten auszögen, um Liebe nur noch Liebe sein zu lassen.
Fragen Sie in der U-Bahn, im Urlaubs-Jet.
Fragen Sie am Arbeitsplatz, im Supermarkt.
Fragen Sie sie, die das Leben zeichnete und die das Ende einer langen Straße schon erahnen können.
Fragen Sie sie alle, um zu erfahren, ein klein wenig von dem Geheimnis erspüren zu können:

Was gefällt Ihnen an Ihrer Frau, an den Frauen?
»Aussehen, lustiger Charakter.«
»Das Weibliche.«
»Wenn's die richtige ist, dann alles.«
»Ausstrahlung, Liebenswürdigkeit, manchmal Hilflosigkeit.«
»Die Persönlichkeitsentwicklung zur mindestens gleichwertigen Partnerin und Motor.«
»Ihre Feinfühligkeit, Sinn für schöne Dinge, Nestwärme zu schaffen...«
»Zärtlichkeit.«
»Chaotische Persönlichkeitsstruktur, zu der *jede* Frau (die eine mehr, die andere weniger) eine Anlage besitzt. Das ständige Widerspiel, das ›typisch Weibliche‹ und last but not least auch das Äußere insgesamt.«
»Menschlichkeit.« »Die typisch weibliche Ausstrahlung.«
»Mütterlichkeit, Verständnis, Erfolg, Pflichtbewußtsein.«
»Ihre Weichheit, ihre Konsequenz, wenn es um Entscheidungen geht. Daß sie bei Diskussionen, bei denen sich die Fronten verhärtet haben, nicht wie die Männer zur Faust, sondern zur Streichelhand greifen.«
»Daß sie anders sind und von daher eine ideale Ergänzung darstellen, außerdem sind Frauen der Antrieb des Mannes schlechthin.«

Zwischendurch bekam ich die Antwort:
»Zu pauschal.« Wie gibt es denn so etwas? Kann einem Mann zu dieser Frage wirklich nichts anderes einfallen?
Aber weiter:
»So viel Papier gibt es nicht, um das alles aufzuschreiben, was mir an den Frauen gefällt. Kurz: alles.«
»Figur, Gang, Aussehen, Art sich zu kleiden.«
»Schönheit, Charme.«
»Das individuelle Ich ihrer Persönlichkeit, ihre Ausstrahlung, die ganz und gar nichts mit einem makellosen Körper zu tun haben. Manche Frauen sind mit gesellschaftlichen Normen beurteilt

schön und sind doch so häßlich – umgekehrt sind andere wiederum mit gesellschaftlichen Normen gemessen häßlich und sind doch so unendlich schön.
Was gefällt mir also an den Frauen? Ihre innere Schönheit.«
»Ihre unbedingte Liebe.«
»Die Wärme und Sanftheit, die sie ausstrahlen, das unbegrenzte Glück, das ihre Nähe vermittelt.«
»Sportlichkeit, Sexappeal, Bildung, Zärtlichkeit, gut kochen.«
»Zärtliche Sinnlichkeit, eigene, berufliche, kreative Lebensgestaltung, wenn sie gut riecht...«
»Ich habe nur gute und liebe Frauen kennengelernt.«

Was gefällt den Männern nicht an den Frauen, an ihrer Frau?
»Ihre Launenhaftigkeit, daß es manchmal an ›Disziplin‹ mangelt und Solidarität (private Verpflichtungen, berufliche Zwänge des Mannes betreffend), daß sie im Namen der Emanzipation die letzten männlichen Reservate (Stammtisch, Fußballplatz usw.) als überkommene Reste der Steinzeit madig machen wollen. Männer wenden sich ja auch nicht gegen Kaffeekränzchen.«
»Hysterie, Schlampigkeit, *richtige* Emanzen und Bindestrichfrauen, Lieblosigkeit, übertriebene Eitelkeit, ... Unlogik gerade bei Feministinnen, die meistens zu ›greislich‹ oder seelisch zu verbogen sind, um noch einen Mann zu ergattern.
Tratschsucht!!! – aber sonst gefällt mir alles an den Frauen.«
»Wenn sie dumm sind.«
»Überzogener Ehrgeiz, Eifersucht, Prüderie, Frömmelei, Scheinheiligkeit.«
»Vielleicht innere Häßlichkeit, und wenn die Frau nichts dagegen tut.«
»Mir mißfallen Frauen, die meinen, sie müßten arrogant sein, nur weil sie vielleicht schön und sexy sind.«
»Wenn sie sich unterwürfig geben, kindlich sind, sich mit Schminke zukleistern, nur einem Klischee von Frau nacheifern.«
»Grundsätzlichkeit.«

»Die Orientierung an der Quantität. Wie in der Tierwelt: Es muß der mit dem stärksten (Auto) sein, der Schnellste, der Größte, der Angeber, der Vermögende...«
»Es gibt nichts, was mir an den Frauen mißfällt.«
»Man sollte die Frauen so lassen, wie sie sind – denn so sind sie gut.«
Wie man sieht, ist noch lange nicht aller Tage Abend, noch lange nicht alles verloren. Denn was hier ehrlich und spontan herauskam, ist doch mehr, als man normalerweise erfährt.
Das Interesse ist hellwach, auch wenn manche Gefühlschaoten glauben machen möchten, es gäbe keine Liebe mehr zwischen Frau und Mann. Lassen wir die Unkerei außen vor, lassen wir uns nicht verunsichern von denen, die die Liebe mit ihrer farbigen Palette auszurotten versuchen, weil sie nicht an sie herankommen, sie ins Lächerliche ziehen und als Gefühlsduselei abtun.
Allerdings- und das darf man nicht herunterspielen, ist bei vielen, Frauen wie Männern, die Liebe ausgelöscht und erstickt. Sie empfinden alles Liebesreden wie eine Ohrfeige.
Doch die Liebe lebt überall neu. Sie kann sich regenerieren, einen neuen, fruchtbaren Boden finden.
Es gibt genügend Beispiele, wo Menschen erst das echte Glück gefunden haben, nachdem sie durch eine Hölle der Enttäuschungen gegangen sind.
Niemand sollte sich entmutigen lassen und die Frauen sollten nicht *den* Mann verallgemeinern. Viele sind besser – nur manche sind so. Und die die ›manche‹ sind, sollen sich vorsehen. Sie bekommen Ärger aus den eigenen Reihen. Prügel werden sie beziehen, sollten sie sich nicht ändern oder aus dem Staube machen, sollten sie den Platz nicht räumen für das, was wir Leben nennen.
Die Frauen haben sich auf den Weg gemacht, zufriedene Frauen zu sein, wer sie daran hindert, wird mit dem Bagger der Selbstsicherheit aus dem Weg geschoben.

Was gefällt den Frauen an den Männern?
»Das urig, elementar Männliche.«
»Daß sie sich begrüßen, wenn sie sich begegnen und nicht messen, wie man uns Frauen das nachsagt.«
»Unerschrockene Gradlinigkeit, Aufrichtigkeit.«
»Ritterlichkeit. Charakterfestigkeit – nicht die Fahne nach allen Himmelsrichtungen hängen.«
»Zärtlichkeit ohne schwülstig zu sein.«
»Die Kunst abschalten zu können, unangenehme Dinge nicht überzubewerten.«
»Es gibt Männer, die sind einfach da, wenn man sie braucht.«
Wie ist es? Können wir damit leben?
Mit ein wenig gutem Willen auf *beiden* Seiten, müßte es doch zu schaffen sein.
Vor allen Dingen wo lieben doch bedeutet, den anderen und sich glücklich zu machen.
Du sagst, du liebst mich? Dann wirst du auch alles daransetzen, daß ich nicht traurig zu sein brauche, daß ich zufrieden bin, daß ich mich wohl fühle.
Du sagst, du liebst mich, dann laß es mich auch fühlen.
Du sagst, du liebst mich, ich möchte es sehen... Über solche und ähnliche Gedanken habe ich schon oft gebrütet, mein Hirn zerlegt mit der Frage:
Warum in der Theorie alles immer so aufgeräumt, so wohlgestaltet erscheint, so »ideal«. Und in der Praxis oftmals die ganze Geschichte mehr einem zusammengefallenen Kartenhaus gleicht denn einem gut fundamentierten Gebäude.
Mag es daran liegen, daß wir nicht »funktionieren«, wir keine Automaten für Gefühl und Zusammenleben sind?
Daß bei uns gute Vorsätze massenweise vorhanden sind, doch ebenso massenweise wie Seifenblasen in der Luft zerplatzen?
Mag es liegen, woran es will!
Heutzutage wird ja für alles und jedes, für jeden krummen Huster und jedes übertretene Bein ein Sündenbock gesucht und auch gefunden.

Ich suche keine Sündenböcke. Ich weiß sehr wohl, daß ich für den Mist, den ich baue, ganz schön selbst die Mistgabel geschwungen habe. Nur wissen muß man es und daraus seine Lehren ziehen.

Was mißfällt den Frauen an den Männern?
Die Antworten decken sich fast ohne Ausnahme mit dem »offenen Brief«, es soll hier nicht noch einmal alles wiederholt werden, nur äußerst gravierende Dinge.
»Gleichgültigkeit.«
»Selbstgefälliges Auftrumpfen.«
»Profilneurose.«
»Arbeitstier (Workoholic).«
»Betatschen.«
»Mangel an Sensibilität und Grobheit.«

Nun, man kann nur hoffen, daß die Männer, wenn auch im aller niedrigsten Gang, sehr langsam anfangen Bereitschaft zu zeigen, diese wenig ruhmreichen Eigenschaften abzulegen, Hauptsache daß...
Was sie dafür gewinnen?
Liebenswertsein, innere Ruhe und Ausgeglichenheit.
Ist das etwa nichts?
Eigentlich sollte man sich mit den Antworten auf die Fragen beschäftigen.
Wieder habe ich mich verleiten lassen und bin mit meinen Gedanken und Gefühlen auf dem *Wir*weg spazierengegangen.
Ein unerschöpfliches Thema, das nie ohne Reiz und immer jung sein wird.
Intelligenz. Das war mein Stichwort und bringt mich zurück zu meiner Fleißarbeit:

Sind Männer intelligenter als Frauen? Haben sie das bessere Gedächtnis?
»...Leider nicht.«
»Nein, Gott sei Dank nicht.«
»Männer besitzen in der Regel eine mehr rational orientierte Intelligenz. Frauen, die über die gleiche Art Intelligenz verfügen, haben meist das ›spezifisch Weibliche‹ verloren.«
»Männer haben ein anderes Gedächtnis – kein besseres.«
So oder ähnlich kamen die meisten Antworten.
»Wie kommen Sie auf diese Frage?«
»Manchmal glaube ich, Frauen sind die Intelligenteren, denn sie geben den Männern das Gefühl, die Intelligenteren zu sein.«
Diese Antwort gibt mir das Gefühl eines Heimspiels, mein Mann hätte auf d. o. Frage genauso geantwortet.
»Sie wollen den Schweinehund im Befragten hervorlocken, und da spiel' ich nicht mit. Hier hört sich's auf...«
»Dumme Frage.«
»Ob Männer intelligenter sind als Frauen, wage ich nicht zu beurteilen. Auf alle Fälle sind Frauen *klüger* als Männer, und Intelligenz muß noch lange nicht Klugheit bedeuten.
So kann Intelligenz strohdumm sein und ein kluger Mensch muß nicht zwangsläufig intelligent sein, Intelligenz wäre ihm oft im Wege.«

Wer sollte bei einer heftigen Auseinandersetzung nachgeben?
»Beide.«
»Jeder natürlich. Heftige Auseinandersetzungen sind immer ein Unglück.«
Fast alle Antworten lauteten:
»Der Klügere.« Niemals stand dafür: der Intelligentere.
Alle Befragten spürten offensichtlich automatisch, daß das Leben mit Klugheit, nicht mit Intelligenz alleine zu meistern ist.

Sind Männer die besseren Menschen?«
»Im Grunde sind Mann und Frau doch die gleiche miese Spezies, die es eigentlich auszurotten gilt, oder?«
»Spätestens jetzt müßte einem der Stift aus der Hand fallen.«
»Ich glaube, die Frauen sind's, weil: weniger aggressiv, gefühlvoller, viel schöner.«
»Meine Meinung: umgekehrt.«

Es wurden so viele Emotionen in die vorhergehenden Themen eingebracht, sollte man sich jetzt nicht eine kleine Verschnaufpause gönnen?
Gibt es überhaupt ein Atemholen, wenn man aufgebrochen ist, Wege zu finden, daß Frau und Mann sich besser verstehen können? Wird man nicht ständig mit neuen Situationen konfrontiert, die uns dazu veranlassen umzudenken, sich neu zu orientieren? Hat man nicht oft genug das Gefühl, zu erliegen in der Bemühung? Möchte man nicht ein über den anderen Tag alles hinwerfen in dem Bewußtsein, es ist umsonst gewesen?
Das Denken, das Mühen, das Lieben...?
Dann kommt der »Angreifer« durch die »kalte Küche« daher, wo wir ihn nicht vermutet hätten.
Verflixt noch mal. Wie er »guten Abend, Liebes« sagt, als ob er unsere Fluchtgedanken geahnt hätte.
Er ist das geliebte Scheusal. Und wenn er geduscht und umgezogen zum Abendbrot erscheint, stellt man das Tablett mit dem Brot, Bier, Käse, Butter wieder ab und läßt sich nur zu gerne in die kräftigen Arme nehmen. Denn kräftig sind sie allemal.
Nur kurz natürlich dauert dieses nicht allzu häufig vorkommende Intermezzo – man ist schließlich schon einige Jährchen zusammen. Damals, als noch nicht so viel Zeit ins Land gegangen war, die Liebe noch begehrend, kochend und in hellen Flammen stehend, da war das Essen Nebensache, eher nur Mittel zum Zweck, um nicht völlig (entkräftet) vom Stuhl zu kippen.
Damals war die Zeit knapp, die einem blieb, die man sich vom

Alltag stehlen mußte, stückchenweise in Happen – aber immer gut und sinnvoll genutzt.
Das war die Zeit des Zettelchen- und Briefchenschreibens, die Zeit der Rosen, die auf dem Kopfkissen lagen – nicht zu besonderen Anlässen, nein, nur einfach so.
Warum *war*?
Das *war* die Zeit?
Sie ist es noch immer! Hier und heute. Jetzt.
Viele Frauen und Männer finden liebe Worte hingekritzelt in morgendlicher Eile neben der Teetasse, sollten sie später zum Frühstück kommen, während er oder sie längst draußen ist im »feindlichen Leben«, im Beruf die Frau oder den Mann stehen.
Frauen und Männer erzählen von solchen und ähnlichen aufblitzenden Sternen im schiefergrauen Alltagshimmel.
Und wenn es keine Rose ist, dann ist es eine Fuchsienblüte, die sich auf das Kopfkissen verirrt hat.
Hingelegt von einem Mann, der immer wieder verblüfft. Sowohl als auch.

Es gibt sie eben noch, diese Männer! Nur machen sie sich zu rar.
Warum denn, es darf ja preiswert sein.
Man erinnert sich eben an früher. An – Ja, damals –.
Warum muß alles voller Stockflecken sein, so muffig?
Nur weil man sich länger kennt, besser kennt? Ist das ein Grund träge zu werden? Die Filzpantoffel der Gleichgültigkeit anzuziehen? Tag und Nacht mit ihnen herumzuschlappen?
Jawohl, auch bei Nacht. Wie steht es denn mit der allzeit befreienden und faltenglättenden Erotik? Mit der ausgesprochenen und gezeigten Sehnsucht nach dem Körper des anderen?
Es wäre nicht schlecht und ein Quell neuer Ideen, wenn man sich in die Zeit der ersten Leidenschaften zurückversetzte, in die Zeit, wo man noch den besten Eindruck machen wollte, erobern mußte. Da gab es viele Möglichkeiten. Was war man doch für ein toller Hecht. Die Geliebte sollte glauben können, den besten Liebhaber aller Zeiten bis zurück zu Adam in ihren zarten Armen

halten zu dürfen. Und er hat sie ausgesucht, ihr alleine soll diese Vielfalt, diese Farbenpracht an Lustgewinn, an Körper- und Seelenerleben gehören. Sie alleine soll die ganze Palette seiner männlichen Einfalls- und Liebeskunst genießen können – auf ewig. Auf ewig?

Manch ein Mann scheint eine merkwürdige Vorstellung von *ewig* zu haben. Hat es ein paar Jahre gedauert, dieses ewig, dann war es viel.

Doch trotzdem zu lieben bedeutet nicht, alles stillschweigend hinzunehmen. Zu schlucken, zu schlucken – erstickt... Nein, nein. Trotzdem lieben bedeutet kämpfen. Mit sanften Waffen. Ganz besonders wenn es sich um die Mimose Sex im Alltag dreht. In besonderen und Ausnahmefällen bedarf es nicht des Nachdenkens, da kann man alles laufen- und fallenlassen – auch die Bluse. Doch wenn alles schon ein wenig »gebraucht« ist. Neues nur schwer zu gewinnen ist, die tödlichste aller Waffen, die Gewohnheit, zur Gewohnheit wurde, dann gibt es nichts, was unversucht bleiben darf. Männer, wo bleibt eure Phantasie? Frauen, seid mutig! (Und ein wenig frech.)

Sind Männer flexibler als Frauen?

Die Befragten teilten sich so ziemlich die Antworten in Ja oder Nein.

»Oftmals sind Frauen ihrer Umsicht wegen ›Hoffnungsträger‹ und dank ihrer Flexibilität treffen sie die richtigen Entscheidungen.«

»Die Quintessenz liegt in der goldenen Mitte.«

»Mißliche Situationen zu meistern, erfordert fast immer ein hohes Maß an Beweglichkeit. Schnelles Umdenken, Erfahrungen sich zu eigen machen und danach handeln – Frauen können das besser als Männer.« (Ein Mann schreibt das)

»Frauen können schneller über den Gartenzaun und die Wohnungstür schauen – im eigentlichen wie im übertragenen Sinn.«

»Stursein, starres Verharren ist Dummheit, das trifft auf den Mann wie auf die Frau zu.«

Was hält der Mann von der Emanzipation?
»Sie ist die einzige Möglichkeit, eine echte partnerschaftliche und innige Beziehung aufrechtzuerhalten.«
»Die bewußt lebende Frau (Weib) war schon immer emanzipiert bzw. erwarb sich ihr Eigenleben.«
»Ein guter Denkansatz, der politisiert und radikalisiert zum Greuel wird.«
»Emanzipation ist eine Drohgebärde ohne Versöhnungsbereitschaft.«
»Emanzipierte Männer lassen sich auch dadurch nicht aus der Ruhe bringen.«
»Ich halte viel davon, aber bedauere schon, daß es sowohl mit der Emanzipation der Frau wie auch mit der des Mannes nicht sehr weit her ist. Was auch dieser Fragebogen beweist.«
Der französische Schriftsteller Stendhal soll zu Wort kommen:
»Für große Seelen ist in der Gesellschaft kein Platz: in dieser Hinsicht stehen Männer wie Frauen unter dem gleichen Stern.« Auffallend ist, daß Stendhal gleichzeitig feministisch und tief romantisch ist. »Gewöhnlich sind Feministen rationale Geister, die in allen Dingen den universalen Gesichtspunkt hervorkehren.« Stendhal befürwortet nicht nur im Namen einer allgemeinen Freiheit, sondern im Namen des individuellen Glücks die Emanzipation der Frauen. »Die Liebe«, so argumentiert er, »wird dabei nichts verlieren; sie wird im Gegenteil um so wahrer sein, je mehr die Frau zu einer gleichwertigen Gefährtin des Mannes wird und je vollkommener sie ihn begreifen kann.«
(Aus Simone de Beauvoir, »Das andere Geschlecht«.)

Stendhal weiter:
»Zweifellos werden gewisse Vorzüge, die man an der Frau schätzt, verschwinden: es sind solche, die ihren Wert durch die Freiheit, die sich darin ausdrückt, erhalten: sobald sich diese in anderer Gestalt auswirken kann, braucht die Romantik deswegen nicht aus der Welt zu verschwinden. Zwei von einander getrennte, in verschiedene Lebenslagen gestellte Personen, die

sich in Freiheit begegnen und eine in der anderen die Rechtfertigung ihrer Existenz suchen, werden immer ein Abenteuer durchleben, das reich an Erfahrungen und Verheißungen ist.«
»Stendhal vertraut auf die Wahrheit«, sagt Simone de Beauvoir, »sobald man diese flieht, stirbt man mitten im Leben ab, da aber, wo sie erstrahlt, leuchten auch Schönheit, Glück, Liebe und eine Freude auf, die in sich selber ihre Rechtfertigung trägt.« Deswegen lehnt Stendhal ebenso sehr wie die Täuschungen eines falschen Ernstes die verlogene Poesie der Mythen (Sagen, Fabeln, vorgeschichtliche Göttererzählungen) ab. Ihm, Stendhal, genügt die menschliche Wirklichkeit vollauf. In seinen Augen ist die Frau ganz einfach ein menschliches Wesen: »Etwas Berauschenderes vermöchte auch kein Traum zu erschaffen.«

Stendhal, der uns mit Schopenhauer aussöhnt? Der das sagte, stellvertretend für alle Männer, die vor ihm waren, nach ihm gekommen sind und noch kommen werden?
Der uns mit allen Schopenhauers versöhnt hat und uns den Mann vor Augen führt, um dessentwillen wir trotzdem lieben.

Richard von Weizsäcker sagte zu diesem Thema in seiner Rede zum 40jährigen Bestehen der Bundesrepublik im Mai 89:
»...Im Grundgesetz war nach heftigen Auseinandersetzungen die Gleichberechtigung von Mann und Frau mit lapidarer Eindeutigkeit verordnet worden.
Um den Vollzug wird seither gerungen.
Frauen sind aber nach wie vor oft benachteiligt. Sie bekommen es beim Einstieg, beim Aufstieg und beim Wiedereinstieg zu spüren.«
Er sagt weiter:
»Dahinter steht die Spannung zwischen Familie und Beruf.
...Die Frauen tragen den Löwenanteil der Lasten, die sich daraus ergeben. Die materielle Lage für Familien mit Kindern fällt stark ins Gewicht.«
Richard von Weizsäcker verdeutlicht die Situation: »Vor kurzem

schrieb mir eine Frau: ›Eine Gesellschaft, die sich alles leisten kann nur keine Mütter, muß sich nicht wundern, wenn sich die Frauen keine Mutterschaft mehr leisten können.‹
Die Stellung, die die Frau in der Gesellschaft innehatte, sollte niemand entwerten, so belastet sie auch war. Eines aber ist heute unumstößlich«, so der Bundespräsident weiter, »die Frauen sind freier geworden, das ist ein Gewinn für sie. Männer sollten aufhören, unwiederbringlichen Privilegien nachzutrauern. Dann sind sie auch besser in der Lage, den Familien nicht nur materiell aufzuhelfen, sondern auch beim Denken und Fühlen im Ganzen.
... Im übrigen wäre es gut, wenn Männer, soweit sie im Rechtsstaat dazu berufen sind, besonders behutsam über die Lage von Frauen urteilen.«
Soweit Richard von Weizsäcker.

Verdirbt die Emanzipation die Beziehung zwischen Mann und Frau?

»Kann durchaus möglich sein bei der falsch verstandenen Emanzipation.«
»Wer erzieht denn die Jungen zu Patriarchen statt Partnern? Frauen verwöhnen zu häufig und fordern zu wenig Mitarbeit. Folglich verdirbt sie die Beziehungen zwischen Mann und Frau.«
»Aber ja! Männer beginnen, nichts mehr zu verstehen. Junge Männer sind gänzlich verunsichert.«
»Wenn sie von ›Emanzen‹ praktiziert wird – ja. Wenn sie von der ›gleichberechtigten‹ Frau praktiziert wird – nein!«
»Tendenziell – ja. Ob berechtigt oder unberechtigt.«

»Die Situation in der Bundesrepublik ist dadurch gekennzeichnet, daß in unseren Gesetzen die Gleichberechtigung de jure durchgängig beachtet wird. Dagegen gibt es in der gesellschaftlichen Wirklichkeit noch zahlreiche de-facto-Benachteiligungen von Frauen.«

So die damalige Bundesfamilienministerin Ursula Lehr vor dem zuständigen UNO-Ausschuß in New York im Januar 90.
Irgend etwas läuft hier doch schief. Die Gleichberechtigung kann doch nicht so viel Negatives und Unsicherheit entfachen. Wird sie nicht richtig verstanden, oder will man sie nicht richtig verstehen?
Was ist los mit den Männern, die hier eine Gefahr sehen?
Sehen sie die Gefahr mehr für sich denn für die Beziehung?
Wurde nicht die Gleichberechtigung von Feministinnen eingeleitet? Von besonders fraulichen Frauen?
Warum soll das Wort Feministin auf einmal einen Beigeschmack haben?
Galt es nicht immer als Kompliment zu erfahren: eine feminine Frau, ein feminines Kleid?
Was will der Feminismus eigentlich? Zielt er nicht auf die Gewohnheiten, den Lebensrhythmus, die Organisation des Alltags ab? Geht den Liebesbeziehungen auf den Grund? Macht sie sichtbar und erkennbar. So ist er nicht nur eine soziale und politische Bewegung. Hat er nicht ein Recht erkämpft für abweichende Meinungen, die als Unrecht galten? Für die Frauen ein Recht erkämpft, eigenständige Persönlichkeiten zu sein. Hat er nicht die Frauen gelehrt, daß Anerkennung auch unter Frauen zu haben ist, gleichzeitig ihnen aber nicht erspart zu erkennen, daß unter Frauen Zweideutigkeit und Intrigentum herrscht? Leider! Es verändert sich die soziale Landschaft der Gefühle, vielleicht mehr als die der Erotik, über die mehr gesprochen wird als über alles andere Wichtige.
Vielleicht sind wir sogar auf dem Wege zu einem neuen Feminismus, der versucht, die unumstößliche Wichtigkeit des Gefühls in der Menschheitsgeschichte zu reflektieren.
Simone de Beauvoir äußerte die Ansicht:
»Mir scheint, daß sich den Frauen ein neuer Weg öffnet, der es ihnen ermöglicht, der in der Geringschätzung – oder dem Fluch – des Gefühls begründeten Zerrissenheit ihrer Existenz zu entrinnen. Und mit selber verunsicherten und leidenden Männern ei-

nen Dialog anzuknüpfen, dessen Voraussetzungen jetzt sichtbar werden. Vielleicht liegt hier die Hauptaufgabe eines in steter Wandlung begriffenen Feminismus.«
Hier wirft sich mir sofort eine Frage zwischen die Zeilen:
Wie kommt man zu diesem erstrebenswerten Dialog, wenn dieser »verunsicherte und leidende« Mann überhaupt keine Bereitschaft zeigt?
Mit der Meinung: dann ist es eben nicht »unser Mann« und wir schieben ihn ab, ist es nicht getan.
Die Frauen sind aufgefordert, aufgerufen, die »soziale Landschaft der Gefühle« zu verändern.
Sollen wir zuerst anfangen, *ihm* zu zeigen, trotz unserer Selbständigkeit, daß wir ihn brauchen? Als Mensch, als Freund?

Will er gebraucht werden, will er bewundert werden, der Mann?
Wie sehen sich die Männer in bezug auf solch eine Frage?
»Selbstverständlich will jeder Mensch gebraucht werden. Wer sich ›ungebraucht‹ fühlt, kommt leicht in psychische Konflikte.«
So die Meinung der meisten.
Tatsächlich gibt es allerdings Männer, die nie hören wollen: »Ich brauche dich.« Sie wollen nicht abhängig machen und sein. Womöglich sehen sie alles aus der negativen Sicht: »Die ist nur bei mir, weil sie mich braucht.«
Diese Gedanken führen in ein Loch, in die Dunkelheit – von Liebe oder Zuneigung keine Spur.
Glücklich sind diese Menschen sicherlich nicht. Der Mensch ist auf Gesellschaft angelegt, auf Kommunikation. Nicht auf Einsiedlertum.
Man braucht seinen Partner, Freunde für das Menschsein. Für das Fortkommen als Mensch und Persönlichkeit. Nicht zuletzt aber auch für das Wohlbefinden des Körpers.
Außerdem ist es auch nichts Unangenehmes, wenn man weiß, daß man gebraucht wird.

In schweren Tagen, in Notzeiten, bei familiären Konflikten spürt man erst richtig, wie nötig man einen Freund braucht.
Und wie beglückend kann man es empfinden, daß man selbst gebraucht wird. Man kann hier nichts Negatives sehen – im Gegenteil.
Ich brauche nicht nur meinen Mann, meine Familie, meine Freunde – ich brauche Menschen, die mit mir lachen und traurig sind. Die sich mit mir begeistern können, die mit mir wütend sind. Dies alles verstehe ich unter der Frage: Will ein Mann gebraucht werden.
Ob er dann gleichzeitig auch bewundert werden will, möchte ich noch wissen.
Es ist uns natürlich allen klar, daß es jedem guttut, wenn er bisweilen bewundert wird für irgend etwas, das er geleistet hat, das ein wenig aus der Norm heraustritt, das nicht gerade alltäglich ist. Das geht uns allen gleich.
Die Befragten haben es dann auch unumwunden zugegeben bis auf ganz wenige: die wollen nicht bewundert werden. Sie bewundern sich selbst. Bewunderung von seiten Zweiter oder Dritter ist Ansporn, Aufmunterung so weiterzumachen. Das Gefühl zu bekommen, ich bin auf dem richtigen Weg – vorausgesetzt, die Bewunderung ist echt und keine Schmeichelei. Dies zu unterscheiden ist nicht immer leicht. Hierzu *braucht* man wieder Freunde, deren Bewunderung echt ist wie ihre Kritik.
Ich bewundere Menschen, die Dinge können, die ich nicht kann, die Leistung dafür eingebracht haben und Fleiß.
Ich bewundere nicht unbedingt eine Begabung, für die man nichts kann. Außerdem bewundere ich immer und ausnahmslos Zivilcourage, den Mut anders zu sein als viele.

Trotz Gleichberechtigung, trotz Selbstbewußtsein, trotz der befreienden Selbständigkeit, die viele Frauen zum Ausgang des zwanzigsten Jahrhunderts erfolgreich praktizieren, haben es die meisten doch recht gerne, wenn die Männer Kavaliere sind, Gentlemen. Jetzt mal die Frauen ausgeklammert, die sich nie-

mals in einen Mantel helfen lassen wollen, die es nicht mögen, irgendwo den Vortritt zu bekommen, die sich ihre Zigarette selbst anzünden, die sich lieber ihr »Kreuz« verrenken, als sich einen schweren Koffer in die Ablage im Zugabteil hieven zu lassen, die niemals einen Mann nach einem Weg fragen würden und die sich lieber selber lieben, als sich von einem Mannsbild lieben zu lassen.
Man muß sie ausklammern, aber nur für dieses eine Mal, denn hier ist die Rede von Kavalieren alter Schule.
Von wunderbaren Männern, die uns die Romantik in das Zeitalter der Computer, Raketen und Roboter hinübergerettet haben, in die Welt der Satelliten, der Atomreaktoren, der Automatisierung, der Retortenbabys, der sich überschlagenden Genforschung.
Von alledem ist nichts zu spüren, haben wir das Glück, einen Abend oder ein Leben mit einem echten Gentleman zu verbringen.
Gibt es sie denn überhaupt noch, diese Männer?

Wollen sie noch Kavaliere sein?
»Ja, natürlich. Vorausgesetzt *sie* ist eine Dame.«
»Kavaliere haben in einer emanzipatorischen Beziehung nichts zu suchen.«
Meine Umfrage ergab, daß die meisten »meiner« Männer doch noch bis zu einem gewissen Grad Kavaliere sein wollen. Sie meinen, das immer noch in ihnen steckende Beschützenwollen hänge damit zusammen.
Vielleicht ist es auch eine Frage des Blickwinkels, wie man diese männliche Tugend betrachtet.
Unterdessen ist mir klar, daß man in allem, wenn man will, auch negative Aspekte sehen kann.
Wenn man bloße Höflichkeit ablehnt, nur um nicht als Kavalier oder Gentleman dazustehen, dann ist es um das Selbstbewußtsein der Männlichkeit nicht weit her.
Ebenso ist es um das weibliche Selbstbewußtsein nicht gut be-

stellt, wenn die Frau typisch männliche Höflichkeitsformen ablehnt, nur um ja nicht als nicht emanzipiert zu gelten.
So haben die Frauen in der Regel es als positiv angesehen, einen Partner haben zu können, der Kavalier und Gentleman sein kann – allerdings ohne daß er sich wie ein Geck benimmt oder seine Eitelkeit darin befriedigen möchte.

Soll ein Mann einen Seitensprung seiner Frau »beichten«? Ist schonungslose Offenheit immer richtig?

»Er soll ihn nicht begehen, dann braucht er auch nichts zu ›beichten‹, außerdem ist schonungslose Offenheit nicht immer richtig – sie belastet denjenigen, der sie erfahren muß, wie das Wort schon sagt: ohne Schonung.«
»Ein schrecklicher Gedanke für mich.«
»Es kommt in beiden Fällen darauf an, wie die Beziehung einer Ehe ist, ob sie solch einer Belastung standhalten kann.«
»Im Zweifelsfalle beide Fragen: nein.«
»Es kommt ja doch alles heraus, da ist es besser, man rückt gleich mit der Wahrheit heraus.«
»Ich habe beschlossen, immer die Wahrheit zu sagen. Max Frisch sagt: ›Ehrlichkeit muß helfen, man muß anderen die Wahrheit hinhalten wie einen Mantel: ihm hineinhelfen, damit er sie (z. B. ohne das Gesicht zu verlieren) anziehen kann.‹«
»Um welche Wahrheit geht es hier? Um die absolute Wahrheit, das Ergebnis einer Rechenaufgabe, das von niemand angezweifelt werden kann? Oder geht es um eine Wahrheit, die ich mir selbst geschaffen habe und von der ich glaube, sie ist für jeden anderen ebenso gut wie für mich?«
»Was ist Wahrheit?«
»Ihre Frage kann ich nur beantworten, wenn ich es einmal erleben sollte – aber ich kann darauf verzichten.«
»... Offenheit ja – schonungslose Offenheit – nein! Eine Partnerschaft lebt von liebevoller Offenheit.«
»Nein, wenn er für die Beziehung keine Bedeutung hat – nein, sonst – ja.«

»Kein Mann kann so blöd sein und alles ›beichten‹. Die Frauen sollten das ebenfalls nicht tun.«
»Es kommt darauf an, wie engagiert ich war, ob ich mein Gewissen erleichtern möchte.«
»Mein Mann soll mir ja nicht mit seinen Geschichten kommen. Er soll den Mist gefälligst für sich behalten.«
»Ich würde nur ›beichten‹, wenn man mir etwas auf den Kopf zusagen würde – das ist bis jetzt – mein Glück – noch nicht passiert.«
»Was verstehen Sie unter ›Seitensprung‹?«
Meine Antwort:
Es geht um Seitensprung. Um das einmalige oder auch zwei-drei-vier-fünf-malige »Springen auf die Seite«.
Um das Probierenwollen, ob die Kirschen im Garten des Nachbarn nicht vielleicht doch süßer, roter, anders sind als die eigenen. Zumal man ja die eigenen hegen und pflegen muß, regelrechte Studien betreiben, um die Bedürfnisse für Standort und Wachstum zu erkennen. Es bedarf also eines gewissen Engagements, um sich an den Kirschen im eigenen Garten erfreuen zu können. Ganz anders die Früchte von nebenan.
Sie können geerntet werden, ohne jemals einen Finger gekrümmt zu haben, sozusagen zum Nulltarif. Man braucht nicht zu säen, nicht zu pflanzen, nur die Hand auszustrecken – schon hat man die Früchtchen im Arm.
Seitensprung: Ernte ohne Herz und Seele, aber mit viel Potenz.
Der Seitensprung – ein Kavaliersdelikt?
Der Kavalier unserer Vorstellung hat damit keine Probleme.
Der »falsche« Kavalier ist keiner – er schweigt nicht, genießt nicht. Deshalb nicht.
Weiter sollte man sich nicht aus dem Fenster wagen.
Wer kann schon hier eine Garantie abgeben?
Keine Frau sollte so blauäugig sein und meinen, ihr Mann wäre gefeit gegen jegliche Art von »Beunruhigung«.
Allerdings wäre es in jedem Fall besser, es blieben einem derartige Erfahrungen erspart.

Sollte es allerdings um eine ernste Beziehung gehen, um das nicht mehr Loslassenkönnen vom anderen, sollte eine *schonende* Offenheit die Situation so schnell wie möglich klären. Mit einem Seitensprung hat das dann eben nichts mehr zu tun.

Schaffen sich Männer das Traumbild einer Frau?
»Ich nicht. Man muß die Frauen nehmen, wie sie sind. Natürlich auch die Männer.«
»Wenn sie so aussieht, so riecht, so spricht, so liebt wie meine –, ich habe eine Traumfrau.«
»Der Idealzustand wäre, wenn sich Realität und Traum decken – das gibt es.«
»Glücklich der, der die Realität zu seinem Wunschtraum macht.«
»... Wenn dem so wäre, befände er sich ständig auf der Suche nach dem noch idealeren Ebenbild seiner ›Idealfrau‹. Ein ruheloser Herumtreiber. Doch ab und zu träumen kann nicht schaden.«
»Träume sind Schäume – die Realität holt einen grausam ein.«
»Dann könnte ich mir ja eine Idealfrau aus Lehm herstellen und mich in sie verlieben. Träumen gehört dazu.«
»Ein weites Feld... Es ist ein Prozeß, der zunächst sehr von Zufällen bestimmt wird, hinter denen die Realität oft lange hinterherläuft.«
»Natürlich, besonders im ersten Stadium des Verliebtseins.«
»Jeder will um seiner selbst willen geliebt werden, nicht weil man stöhnen kann wie die Monroe, schleierblicken wie die Garbo, lächeln wie die Bergmann, gehen wie die Hayworth, erfrischend natürlich sein wie die Nosbusch und lieb schauen wie Frau Reiber.«
»Ich glaube ja, sonst wäre ›sie‹ doch nur Objekt für seine konstitutionelle Entspannung.«
»Sollte eine Frau oder ein Mann einem Traumbild nacheifern, wird schnell eine Karikatur daraus.«
»Der Mann, der sich nur ›Traumfrauen‹ ›hält‹, wird zum Opfer

seiner Phantasie und lügt sich in die eigene Tasche. Er wird nie eine wirkliche Frau lieben können.«

»›Traumfrauen‹ suchen einen ›Märchenprinzen‹. Eine derart unrealistische Art und Weise, das Leben anzugehen, mündet nicht selten in eine Sackgasse. Offen bleibt dann nur noch der Weg zu einer Familienberatungsstelle, denn irgendwann hält einer von beiden den hohen Erwartungen nicht stand.
Mit einem Märchenprinzen oder einer Traumfrau ein Leben lang glücklich sein wollen, mag eine Weile ganz gut funktionieren. Doch dann platzt der Luftballon.«

Diese Probleme reichen natürlich ganz erheblich weit hinein in die Sexualproblematik. Wie könnte es anders sein.
Der Frankfurter Diplom-Pädagoge Ulrich Schnürle sagt dazu: »Männer haben keine sexuellen Probleme – das wollen sie ihren Mitmenschen weismachen.« Er habe im Verhalten seiner Geschlechtsgenossen in den vergangenen Jahren kaum Veränderungen feststellen können.
Auch bei Jugendlichen seien herkömmliche Rollenmuster noch weit verbreitet, nach wie vor. Während sich die Buben hauptsächlich über Pornographie »informierten«, würden sich die Mädchen darauf verlassen, daß »er« es schon richten würde.
Das Kondom, so haben die Mitarbeiterinnen und Mitarbeiter von »Pro Familia« in Frankfurt festgestellt, ist bei männlichen Jugendlichen zu einem sexuellen Statussymbol geworden: Ein Kondom in der Hosentasche soll sexuelle Erfahrungen vortäuschen, die noch gar nicht gemacht wurden.
»Pro Familia« attestiert vielen Partnern »erhebliche Reifungsverzögerungen«.
Auf der Suche nach der Traumfrau?
Auf der Suche nach dem Märchenprinzen?
Nicht unerwähnt soll bleiben, daß viele Männer bei Problemen in der Partnerschaft ihre Frauen zu einer Beratung animieren, während sie selbst vor den Schwierigkeiten kapitulieren.
(So die Erfahrung bei »Pro Familia«.)

Fazit dieser Betrachtungen:
Wer klug ist, weiß natürlich, daß es ein Traumbild aus Fleisch und Blut nicht gibt, daß man niemand einen Zaubertrunk einflößen kann, mit dem Ziel den anderen in einen Traum zu verwandeln. Eventuell kann man den geliebten Menschen bitten, diese oder jene Eigenschaft etwas zurückzunehmen – mehr ist nicht drin. »Eigenliebgewordene« Gewohnheiten aufgeben fällt schwer. Nicht selten vertritt man die Meinung, so bin ich, so hat man mich zu akzeptieren.
Ein verhängnisvoller Irrtum, der nicht selten in die Isolation führt.

Wird die Hausarbeit von dem Partner anerkannt?
»Mir liegt sehr viel an einer gemütlichen Häuslichkeit, allerdings trage ich nicht allzuviel dazu bei.«
»Die Hausarbeit meiner Frau wird von mir mit Blumen und Essengehen anerkannt.« (Den Mann müßte man sich ansehen.)
»Ich hasse Putzteufel ebenso wie Schlampen. Durch den Augias-Stall muß ich noch einen Trampelpfad erkennen können. Ansonsten wird von mir die Hausarbeit unbedingt anerkannt.«
»Das gemütliche Zuhause ist sehr wichtig für mich – ich brauche es als Ausgleich für den Streß im Beruf.«
»Die Frau ist der Träger einer anheimelnden Atmosphäre im Haus oder der Wohnung, sofern sie nicht berufstätig ist. Sonst müssen Mann und Frau und auch die Kinder dafür Sorge tragen.«
»Die weibliche Hand muß zu sehen und zu spüren sein, dann erst ist es gemütlich.«
»Ein perfekt funktionierender Haushalt wäre mir zu steril, deshalb überlasse ich dieses Ressort lieber meiner Frau, ich bin leider ein Perfektionist.«
»Wenn mein Mann mir beim Arbeiten zuschaut, drehe ich den Spieß um und bitte ihn sowohl im Spaß als auch im Ernst, meine Arbeit zu verrichten, dann würde ich ihm zuschauen.«
»Die Anerkennung der Hausarbeit durch meinen Mann hat für mich einen besonderen Stellenwert. Anders als im Beruf.

Ja, er anerkennt sie durch gezeigtes Wohlbehagen.«
»Man sollte nicht fragen müssen: ›Hat dir das Essen geschmeckt?‹ Anerkennung in kleinen Dingen – wo ist das noch üblich?«
»Man sollte einmal die Rollen in aller Konsequenz tauschen, damit den Männern ein Licht aufgeht. Jeden Tag das gleiche Licht der Monotonie und der Sehnsucht nach Lob und Anerkennung.«

Die weiblichen Gesprächspartner beklagen, daß die Hausarbeit äußerst selten wirklich anerkannt wird. Es käme zwar vor, wäre aber die Ausnahme.
Ernsthaft anerkannt wird sie nur da, wo es auch einen Hausmann und nicht nur eine Hausfrau in der häuslichen Gemeinschaft gibt. Es ist viel die Rede vom »neuen Mann«, der sich in Ehe und Familie partnerschaftlich an sämtlichen Arbeiten und Pflichten beteiligt. Macht man sich aber einmal die Mühe und vertieft sich in die verschiedenen Umfrageberichte die gegenwärtig im Umlauf sind, dann tritt als Lektüreresultat überwiegend der alte neue Adam zutage.

Die Soziologen konstatieren bei einer zunehmenden Erwerbstätigkeit der Ehefrauen eine steigende Mithilfe des Mannes im Haushalt. Doch selbst in eher unüblichen Partnerschaften mit teilzeitarbeitenden Männern oder Hausmännern, bleibt es doch häufig bei der herkömmlichen Aufteilung nach »weiblichen Tätigkeiten« (Waschen, Nähen, Bügeln, Flicken) und einer »männlichen« (Renovieren, Gartenarbeit, Behördengänge, handwerkliche Tätigkeiten).
Noch immer wird auch von den vollzeiterwerbstätigen Frauen über die Hälfte der Arbeit beim Putzen, Kochen und Aufräumen übernommen. Viele Frauen scheinen Schwierigkeiten damit zu haben, dem Partner die Domäne Haushalt völlig zu überlassen.
Eine entsprechende Studie errechnete: »Meinungsverschiedenheiten bezüglich der Qualität und Gründlichkeit männlicher Hausarbeit haben rund ein Drittel der Paare.«

Ein Hausmann wird zitiert: »Ich werde sicherlich sehr viel mehr entlastet, als eine, sag ich mal, typische Hausfrau von ihrem Mann.« Weiter heißt es in einem Forschungsbericht:
»Alle Partnerinnen von Hausmännern, unabhängig von ihrem Berufsengagement, tun mehr als ein Drittel der Hausarbeit.
Die partnerschaftliche Ehe ist am ehesten bei den Paaren ohne Kinder mit vollerwerbstätiger Ehefrau realisiert.«
Hat das Paar Kinder und die Frau ist berufstätig, dann geht das mit einer zusätzlichen Belastung der Frau einher, für die sich der Ausdruck »duale Karriere« eingebürgert hat.
Selbst in »modernen Ehen«, in denen sich die Männer zur gleichberechtigten Verteilung der Aufgaben bekennen, bleibt – wie gezeigt – noch immer mehr Belastung an den Frauen hängen.
Alle Studien sind sich einig, wie es in einem Bericht der Tageszeitung TZ vom April 90 heißt.
Wie schon der Titel dieses Aufsatzes deutlich macht: »Der neue Mann ist ein alter Mann«, nichts hat sich verändert.
Männer favorisierten in Gedanken und Worten mehr Engagement in der Hausarbeit; an Taten ließen sie es aber fehlen.
Hoffnungsträger seien die Kinder, denn Kinder berufstätiger Mütter besäßen eine andere Vorstellung über die Rolle der Frau als die, deren Mütter nicht berufstätig seien.

Wie stehen die Männer zur Berufstätigkeit ihrer Frau?
Im großen und ganzen stehen sie dazu recht positiv.
Sie wollen aber nicht, daß die Familie darunter leidet.
Auch soll die Frau sich nicht einem Leistungsdruck ausgesetzt fühlen, weil finanzielle Belastungen ihre Mithilfe erfordern.
Wenn sie Spaß daran hat, warum sollte sie nicht arbeiten.
»Ich möchte nicht, daß meine Frau arbeitet, je arbeiten muß.«
»Berufstätige Frauen sind immer in Hetze.«
»Ich arbeite nicht, um mich selbst zu verwirklichen, noch liegt finanzielle Not vor – ich bin einzig und allein deshalb berufstätig, um nicht um jeden Pfennig ›betteln‹ zu müssen, wenn ich mir etwas außer der Reihe kaufen möchte.«

Wie steht der Mann zur Frau in der Politik?
»Sie sind eine Wohltat für uns Männer.«
»Unerträglich diese schreienden Frauen am Rednerpult, bis auf eine Handvoll, die ich schätze und voll akzeptiere.«
»Wenn sie dabei weiblich bleiben – nichts wie hin.«
»Ich habe eine ›politische‹ Frau. Wenn sie mich mit ihrer Politik zudeckt, reiße ich aus, sonst ist sie sehr erträglich.«
»Frauen bringen Gefühl in die Politik, was nie schaden kann.«

Sind die Männer bereit, im Haushalt mitzuhelfen?
Würden sie auch bereit sein, die Hausarbeit zu übernehmen, während die Ehefrau berufstätig ist?
Ersteres wurde fast ausnahmslos mit Ja beantwortet. Es gibt ganz wenige, die meinen, das wäre alleinige Sache der Frauen und stünde somit auch voll in deren Verantwortung.
Beim zweiten Teil der Frage wurde die Sache schon schwieriger und die meisten konnten sich nicht vorstellen, für sich eine solche Situation im Bereich des Möglichen zu sehen.
Sie hätten sich auch noch nie mit derlei Gedanken befaßt, meinten auch, daß es eigentlich absurd sei.
Allerdings – so räumten etliche ein – wenn es die Situation unbedingt erfordere, wären sie schon bereit – doch nur mit »Zähneknirschen« wie einer schreibt.
»Es gibt regelrechte Hausmänner, die ihre Sache nicht nur so recht und schlecht erledigen – sie machen ihre Sache nicht nur gut, sondern sehr gut.«
»Es ist nun einfach einmal eine nicht weg zu diskutierende Tatsache, daß die Frauen die Kinder kriegen und deshalb ans Haus gebunden sind, mehr oder weniger. Schon alleine aus diesem Grunde wird sich der klassische Hausmann, wie es die klassische Hausfrau gibt, nicht durchsetzen.«
»Das absolute Nichtmehrhausfrauesein und nur die Berufsfrau wird in einem Haus, in dem Kinder sind, nicht vorzufinden sein. Was natürlich nicht ausschließt, daß sie berufstätig sein kann, wenn sie möchte.«

»Es ist ein riesiger Fortschritt, daß es Männer gibt, die eine mögliche Hausmannsarbeit nicht kategorisch ablehnen. Wer weiß, was noch auf uns zukommt, dann ist es von Nutzen, sich mit diesem Problem schon einmal vertraut gemacht zu haben.«

Darf die Frau immer »sein« Auto benutzen?
»Im Zeitalter des Zweitwagens eine fast überflüssige Frage.«
»Wenn sie es trägt, kann sie es haben.«
»Das liebste und teuerste Spielzeug der Nation. Weil ich nur unter Begleitung von Maßregeln und guten Ratschlägen das Auto haben durfte, habe ich mir ein eigenes erarbeitet. Klein zwar, aber mein!«
»Selbstverständlich kann meine Frau jederzeit ›unser‹ Auto haben. Es gehört uns beiden, wie alles, was wir haben.«
»Das Auto, das bei uns in der Garage steht, gehört meiner Frau. Es ist selbstverständlich, daß ich damit fahre, wann immer ich es brauche und sie nicht beruflich unterwegs ist.«
»Frauen fahren defensiver als Männer – warum also soll sie nicht fahren, es ist ohnehin *unser* Auto.«
»Wenn ich von einer Fahrt nach Hause komme, wird der Wagen genau inspiziert, ob er auch keinen Kratzer oder gar eine Beule hat – entwürdigend für mich. Wenn ich den Karren nicht ab und zu brauchen würde, würde ich ihn nicht anfassen.«
Ein Witzbold meinte, er würde ja auch nicht die Zahnbürste seiner Frau benutzen... Wer sieht hier einen Zusammenhang?

Die große Liebe
Was bleibt von der großen Liebe, von der wir alle einmal überzeugt waren, die uns beflügelte, die uns blind und toll machte?
Was bleibt von ihr, von der schon Stendhal sagte, daß sie eine köstliche Blume sei, man aber den Mut haben müsse, sie am Rande eines schauerlichen Abgrundes zu pflücken?
Vielschichtig, vielgestaltig, bedichtet, besungen – begehrt, auf ewig. Verhöhnt, verlacht. Verflucht, verdammt – immerdar.
Gibt es sie überhaupt, die große Liebe?

Zuerst muß ich mal schauen, was im Handlexikon von A–Z unter »L« wie Liebe steht:
Biologie: Bezeichnung für den Urtrieb zur Fortpflanzung (Gattenliebe) und Aufzucht der Nachkommen (Kinder- und Elternliebe).
Religion: Im Christentum die erbarmende Liebe Gottes für die Menschen und die verehrende Liebe des Gläubigen sowie die Nächstenliebe auch für die Feinde.
Philosophie: Höchste Ausprägung des Begriffs bei Platon (platonische Liebe), der den Trieb des Menschengeschlechts zur Arterhaltung als das Streben deutete, Gott ähnlich zu werden.
Liebesapfel: Tomate. Aber das gehört wohl nicht mehr hier her.
Da sitzt man nun mit seiner Weisheit über die Liebe.
Man glaubt ja so viel über sie zu wissen. Je jünger man ist, desto bekannter ist sie einem. Man weiß alles.
Doch mit den Jahren stellt man fest, daß sie immer geheimnisvoller erscheint, das sie zu jeder Zeit für Überraschungen gut ist. Die liebe Liebe. An die so viele Menschen glauben, glauben wollen, ihr ein Leben lang nachlaufen und ihr nie begegnen. Bis man eines Tages feststellt, daß das Nachlaufen oder fieberhafte Suchen, das verkrampfte Jagdmachen auf ein bißchen Liebe noch niemals zu einem Erfolg führte.
Daß keine Mühe sich lohnen wird, wenn sie nicht will. Sie, die Liebe, die immer dann erscheint, wenn wir nicht mit ihr gerechnet haben, fast gleichgültig uns ihr gegenüber gezeigt, dann werden wir gepackt, geschüttelt, gewiegt, umarmt, in einem Wechsel der Gefühle, wie Einatmen oder Ausatmen, wie Ebbe und Flut, wie Kommen und Vergehen.
Wenn Sie sich mit diesem Thema beschäftigen, und die geeigneten Gesprächspartner haben, dann werden Sie herausfinden, daß die meisten Menschen an die große Liebe glauben, ja daß sie sogar fest davon überzeugt sind, daß es sie gibt. Auch heute noch gibt, im letzten Jahrzehnt des zwanzigsten Jahrhunderts. Es gibt sogar Menschen, die es nicht ausschließen, daß es die große Liebe mehrmals geben kann.

Ich glaube das auch, weil man nie gleich liebt. Weil es einen Unterschied macht in der Intensität. Das heißt nun nicht, daß die eine Liebe größer, erhabener ist als die andere, die man erlebt, sondern sie ist in ihrer Größe anders.

Der Mensch entwickelt sich doch weiter, sollte er wenigstens, und da kann es passieren, daß die Gefühle sich verlagern auf eine andere Ebene, die man in der gewohnten Liebe nicht finden kann und somit wie schwerelos, ohne festen Boden unter den Füßen zu haben, in einem luftleeren Raum schweben muß. Halt hat man auch keinen.

Sie können mir jetzt natürlich entgegenhalten, daß das ein unbeschreibliches Durcheinander gäbe, wenn jeder, der glaubte, urplötzlich auf einer »anderen Ebene« zu lieben, seine sieben Sachen packte und auf und davon ginge.

Da gebe ich Ihnen recht. Denn es bedarf eines langen Reifeprozesses, man muß sich immer und immer wieder prüfen. Alles prüfen, was man denkt, alles prüfen, was man möchte, alles prüfen, von dem man glaubt, es belaste einen, alles prüfen, auch das, was man erstrebt. Anders geht es nicht. Man kann das nicht deutlich genug machen. Auch warne ich Neugierige. Die Liebe ist kein Kartenspiel, wo gepokert wird. Bei allen himmelhochjauchzenden Gefühlen und bei all den Himmeln, die voller Geigen hängen, ist sie eine ernste und ernst zu nehmende Angelegenheit.

Mit höchsten Höhen und tiefsten Abgründen.

Und je mehr man in der Lage ist zu empfinden, um so mehr ist man glücklich und um so mehr leidet man. In der Liebe, um die Liebe, mit der Liebe. Ohne die keiner von uns leben kann.

Keiner soll sich das einbilden. Er wird zugrunde gehen.

Die Liebe, wie immer Sie aussehen mag, sie ist Leben.

»Hast du mich auch lieb?« – »Ach das weißt du doch, wäre ich sonst hier?«

Das ist natürlich kein Dialog unter Liebenden!

Da ist einmal die Frage, die nichts anderes aussagt als Zweifel und Mißtrauen, zum anderen die Frage als Antwort, die keine

klare Aussage trifft, die den Fragenden noch mehr in die Ungewißheit stürzt.
Tags darauf ist er dann weg. Der »Sonstwäreerjanichthier«. So etwas passiert nicht selten. Sollte sich uns also eine derartige Frage aufdrängen, dann müßte uns ein Licht aufgehen. Außerdem muß das »Wegsein« nicht örtlicher Natur sein. Ein Mensch kann sich auch innerlich Lichtjahre von seinem Partner entfernen.

Glaubt ein Mann an die große Liebe, kann es sie mehrmals geben?
An eine große Liebe glaubt fast jedermann. Ob es sie allerdings öfter geben kann, wird vielfach bezweifelt.

Sind Männer sentimental, oder haben sie Gefühl?
Gibt es das heute noch?
Ein Junge weint nicht, ein Junge spielt nicht mit Puppen, ein Junge hat keine Angstgefühle, ein Junge kennt keinen Schmerz.
Warum eigentlich nicht? Ist er nicht ebenso ein Mensch aus Fleisch und Blut, ein Mensch mit Gefühl, der trauern kann, der verzweifelt ist?
Warum also soll er das nicht zeigen dürfen?
Er darf. Alle vernünftigen Menschen sind sich darüber einig.
Und wer dies in Abrede stellt, sollte sich als aus dem vorigen Jahrhundert, übriggeblieben aus einer Zeit fühlen, die man bei uns als die »gute alte« bezeichnet. Alt ist sie fraglos, ob sie so gut war, soll dahingestellt sein.
Es kann nicht gut sein, wenn ein Mensch nur einer dämlichen Gesellschaftsmeinung wegen seine Gefühle nicht zeigen darf, »tapfer« sein muß.
In jener Zeit haben sich die »Helden« auch duelliert, Satisfaktion verlangt, hieß das dann.
Gefühle? Die hatte man nicht zu haben.
Ganz anders heute. Der Jetztzeitmensch, der Mann soll sich zeigen dürfen, wie er ist. Wie er denkt und fühlt, ohne dafür auch nur einen Funken seiner Männlichkeit einzubüßen.

Hoffentlich weiß er das auch.
Und hoffentlich weiß er auch, daß Gefühl nicht gleich Sentimentalität ist genausowenig wie umgekehrt.
Leider verfallen noch so manche in diesen bedauernswerten Irrtum, sie wären gefühlvoll, dabei sind sie nur sentimental, was bedeutet, sie sind rührselig, gefühlsselig, ohne echt zu fühlen mit dem Herzen. Gefühl haben ist das Vermögen zu empfinden.
Merken Sie den Unterschied? Diese Empfindungen tragen den Charakter von Lust und Unlust, Freude, Trauer, Ekel.
Gefühl kann man auch verletzen. Rührseligkeit nicht.
Männer zeigen oft mehr »Gefühl« bei der Liebe zum Fernen. »Fernstenliebe« nennt man das, sie ist das Gegenstück zur Nächstenliebe. Wenn es bei Ihnen jetzt »Klick« gemacht hat, dann wissen Sie, was gemeint ist.
An anderer Stelle wurde schon einmal laut über dieses Thema nachgedacht – allerdings vor einem anderen Hintergrund.
Der Hintergrund ist, daß man nicht sinnlos Werte in ein Faß ohne Boden stopfen soll – immer hinein unkontrollierbar – wo man im Grunde nichts auszurichten vermag, sondern man soll dort Einsatz bringen, wo er hilfreich sein kann.
Die Fernstenliebe bleibt anonym, ein Scheck, eine Unterschrift – ohne menschlichen Einsatz.
Nächstenliebe ist mühsam, bekannt, unbequem... mächtig in der Menschlichkeit.
Hier ist man auch aufgefordert, trotzdem zu lieben.
Fragen Sie die Zivildienstleistenden, die Altenpflegerinnen, die Krankenschwestern, überhaupt jeden, der in irgendeiner Form im Pflegedienst tätig ist: für geistig und körperlich Behinderte, Kinder oder auch Erwachsene. Betreuer für Menschen, die eine Haft zu verbüßen haben – endlos könnte die Aufzählung derer werden, die täglich und stündlich trotzdem lieben.
Die ernst machen mit der *Nächsten*-liebe.
Fragen wir sie, wie leicht oder wie schwer es ist.
Auf jeden Fall ist es Liebe.
Man sollte jetzt nicht einen einzigen Gedanken daran ver-

schwenden müssen bei irgendeinem Einwand, der kommen könnte und etwa so lauten würde: »Ja, aber die sind auch nicht immer so, wie sie sein sollten.«

Muß man sich so etwas anhören? Natürlich gibt es entsetzliche Beispiele von grauenhaften Zuständen in Heimen, das soll hier nicht verschwiegen werden, und jeder von uns verurteilt das. Doch ich weiß so etwas nur vom Hörensagen. Die Heime, die ich kenne, sind vorbildlich nicht nur in der Betreuung, was die körperlichen Bedürfnisse der Heimbewohner anbelangt, sondern sie werden auch menschlich liebevoll umsorgt.

Sicher, wenn Nerven einmal zum Zerreißen gespannt sind, ist keiner mehr in der Lage, sehr »aufgeräumt« zu sein. Das gilt für den normalen Alltag ebenso wie für Ausnahmesituationen. Und pflegende Menschen befinden sich für meine Begriffe stets in einer Ausnahmesituation.

Zurück zum Gefühl oder der Sentimentalität bei Männern: Ich habe den Diplompädagogen Wolfgang Knörzer, Heidelberg, dazu befragt. Seine Meinung:

»Grundsätzlich neigen Männer nicht dazu, ihre Gefühle offen zu zeigen. Allerdings gibt es Ausnahmen, und die werden immer häufiger. In den siebziger Jahren konnte man diese erfreuliche Tendenz schon einmal beobachten. Aber dann kamen die achtziger Jahre und mit ihnen der Macho, für den Gefühl ein Fremdwort zu sein hatte. Zwischenzeitlich verschwindet dieser Typ wieder. Frauen lieben gefühlvolle Männer – Sentimentalitäten wollen sie nicht. Die Frauen können ihren Männern helfen, zu ihren Gefühlen zu stehen, indem sie ihnen Beispiele nennen von berühmten, bekannten, bewunderten Männern, deren männliche Ausstrahlung ganz besonders im Vordergrund ist und die sich auch öffentlich zu ihren Gefühlen bekennen.

Beispiele gibt es da genügend – die Frauen kennen sie. Außerdem wäre eine geschickte Gesprächsführung von seiten der Frauen erfolgversprechend.«

Wie man bemerkt, baut Herr Knörzer auf die Frauen. Da baut er nicht schlecht.

Sind sie Naturfreunde? Leben die Männer umweltbewußt? Leben wir umweltbewußt?

Unsereins würde doch jederzeit von sich sagen, daß er ein Naturfreund ist.
Was ist denn ein Naturfreund?
Wenn man die Niagarafälle als gigantisch betrachtet?
Wenn man staunend vor den Pyramiden von Gizeh steht? Vor uralten Bäumen schweigt?
Wenn man, dank eines entrichteten Obulus, die Eleganz und Geschmeidigkeit der Großkatzen bewundert? Natürlich nur noch im Zoo. Ohs und Ahs verschwendend die Blumenpracht der Mainau in sich aufnimmt?
Ist man dann ein *Freund* der Natur?
Sicher auch.
Doch heute gehört mehr dazu.
Viel mehr!

Ich gehe zu Fuß zu meiner Arbeitsstelle. Aus verschiedenen Gründen. Man möchte sich nicht schon am frühen Morgen dem Streß einer mühsamen Parkplatzsuche aussetzen. Der Kreislauf kommt so schneller in Schwung – wenn überhaupt.
Ein Auto stellt für die Umwelt immer eine Belastung dar. Auch wenn man »bleifrei« tankt.
Und außerdem ist es eine kurze Wegstrecke.
Ja, es ist durchaus das Umweltbewußtsein, das mich maßgeblich daran hindert, die Karre aus der Garage zu ziehen, wenn es nicht unbedingt sein muß.
So. Und auf diesem Weg zur Arbeit muß ich ganz genau sehen, wo ich hintrete. Ich habe gelernt, Slalom zu gehen, weil ich keine Lust habe, mit den herumliegenden Zigarettenkippen Kontakt zu bekommen und sei es auch nur mit den Schuhsohlen.
Freunde der Natur?

Mit meinem Mann ging ich in Regensburg in einem Park spazieren. Vor uns schlenderten zwei junge Frauen die aus Plastikbe-

chern Pommes knabberten. Als die eine von den beiden ihr Mahl beendet hatte, stellte sie unbekümmert den von Ketchup verschmierten Plastikbecher in einem der Beete ab. Ein Freund der Natur?
Empört ob solchen Tuns, nahm ich den »Stein des Anstoßes« hurtig wieder auf, eilte zu der jungen Frau, um ihr mit freundlichen Worten zu verstehen zu geben, daß sie dieses umweltbelastende Etwas, was zudem noch scheußlich aussieht, doch besser mit nach Hause nähme und in den dafür vorgesehenen Müll gäbe.
Ich hatte mich kaum wieder einige Meter von ihr entfernt, mußte ich zu meinem fassungslosen Erstaunen feststellen, daß besagte Plastikhäßlichkeit wiederum in einem der Beete landete.
Was sagt man dazu?
Nun, ich habe nichts mehr dazu zu sagen brauchen, denn eine Dame, die hinter uns ihren kleinen Rauhaardackel »Gassi« führte, bemächtigte sich nun ihrerseits des Corpus delicti und drückte es mit unmißverständlicher Gestik der »Missetäterin« in die Hand.
Amüsiert verfolgte ich diese Szene.
Etwas Weltbewegendes ist diese Geschichte natürlich nicht. Doch sagt sie viel über das Umweltdenken einiger – oder gar mehrerer aus.

»Es ist doch nur dies eine Mal«, antwortete mir beschwichtigend ein passionierter Kleingärtner, als ich mit ihm über die Giftladung sprach, die er über seine Rosen verspritzte.
Denkt er nicht an die vielen kleinen Käfer, die Bienen, Wespen, Schlupfwespen, die mit solch einer schnellen ›Tat‹ (Untat) vernichtet werden, ganz zu schweigen davon, daß doch alles im Grundwasser landet? Und ob er den Rosenrost, den Sternrußtau oder den Mehltau hat ausmerzen können, ist noch lange nicht sicher, sicher ist nur eines, daß wieder einmal die ohnedies erkrankte Natur eins draufbekommen hat.
Ein Freund der Natur?

Oh, ich weiß. Ich bin selbst ein »Gartenzwerg« und halte mich am liebsten – wenn nicht an der Schreibmaschine – im Garten auf. Ich kenne auch nur zu gut all die Schnecken, Läuse, die Pilzkrankheiten sowohl an den Ziersträuchern und Blumen wie auch im Nutzgarten, die einem Gartenfreund die Lust am Garten gründlich vergällen können. Oft habe ich mir schon gedacht: »Jetzt ist Schluß mit der Eselsgeduld. Jetzt wird mit eisernem Besen durchgegriffen – schließlich will man von all der Mühe, dem schmerzenden Rücken und den zerschundenen und zerkratzten Händen etwas haben.« Schließlich habe ich nicht den Nackt- und Weinbergschnecken den Tisch gedeckt, ich habe auch nicht die Erdläuse eingeladen. Ich habe keine Lust, jeden Sommer die kahlen Rosenzweige ansehen zu müssen, weil sie krank von Pilzbefall ihren Blätterschmuck abgeworfen haben. Nein, so kann mich der Garten nicht mehr erfreuen... Die Chemiekeule muß her...

Mit derlei opponierenden Gedanken gehe ich durch die blühende Wiese, die erst im Spätsommer gemäht werden wird.

Was sehe ich denn da? Ein Marienkäfer benutzt ein Rosenblatt als Startplatz, breitet seine winzigen Flügelchen aus und fliegt geradewegs auf meine Hand.

War da etwas in meinem Kopf von eisernem Besen? Chemiekeule? Das darf doch wohl nicht wahr sein! Ich schämte mich und entschuldigte mich beim Käfer, der den Namen Marias trägt, und bei allen Käfern, die ich nicht mit Namen kenne, bei allen Schnecken und Läusen.

So habe ich mir in unserem Sämereienladen ein absolut umweltfreundliches Spritzmittel besorgt, das nicht vernichtet, sondern die Pflanzen stärkt. Jede Woche den ganzen Sommer über, spritze ich in der Hoffnung, meine Pflanzen, besonders die Rosen, können mit meinem Angebot etwas anfangen.

Deshalb sollten wir auch die Bauern und Gärtner spürbar unterstützen, die mit der Natur im Einklang ihre Felder und Plantagen bestellen, indem wir ihre Produkte kaufen.

Es ist teuer und zeitraubend ausschließlich mit der Natur zu gärt-

nern, zumal wenn man damit seinen Lebensunterhalt verdient.
Mag sein, daß diese Produkte etwas teurer sind als das Chemiegemüse, selten sind es Markbeträge, häufiger geht es um Groschen. Aber wir helfen beim Kauf solcher Waren der Natur, sich wieder zu erholen und somit helfen wir auch uns.
Ganz abgesehen davon, wird auch unser Organismus davon profitieren!
Es ist mühsam, mühsam, mühsam.
Aber wenn wir ernst machen wollen mit unserem Umweltbewußtsein, müssen wir auch hier, wie bei allem, mit *uns* beginnen, *uns* ändern. Nachdenken.
Wie wichtig das ist, hat uns schon Konfuzius als Hinterlassenschaft vermacht: »Auch das Suchen nach einem Gegenstand fängt im Kopf an.« Bernhard Shaw hat es uns ja wortgewaltig abgesprochen, das Denkenkönnen. Strafen wir ihn doch »posthum« lügen.
Die Auffahrt zum Empfangsgebäude des Konzerns ist mit einer prächtigen Rhododendrongruppe geschmückt, herrliche Pflanzenarrangements, Blumenschalen begeistern die Besucher und Geschäftsleute allenthalben.
Geht man jedoch der Sache ein wenig auf den Grund – genauer gesagt auf den Hintergrund –, so stellt man fest, daß hier mit umwelttötenden Giften Substanzen gearbeitet und verdient wird.
Im großen Stil und ohne Gewissen.
Freunde der Natur?

In den Naturparks, Wildgehegen, großangelegten Tierreservaten wird mit viel Geld und Aufwand das gepäppelt, was wir in der freien Wildbahn ausgerottet, umgebracht, abgeschlachtet haben.
Was wir als sogenannte Feinschmecker von weißgedeckten Tischen genüßlich auf die Zunge legten,
was wir, durchgestylt vom Scheitel bis zur Sohle, um den doch ach so frierenden Body hängten,

was elegant als Statussymbol von zierlich abgewinkelten Armen baumelte.
Ich bin ein unverbesserlicher Optimist, habe in der Vergangenheitsform geschrieben, wo es doch immer noch bedauerliche Gegenwart ist.
Freunde der Natur?

Der bekannte Fotograf James Balog hat mit der Kamera eindrucksvoll »wilde« Tiere im Bild festgehalten, die im Zirkus und Zoo ihr Exil gefunden haben.
Bilder, die nicht nur faszinieren, sondern auch erschüttern.
»Ja, wenn ich den Pelz oder die Handtasche doch nun mal schon habe, das Tier ohnehin schon tot ist, warum soll ich die Sachen nicht auch tragen? Wenn die Pelze im Schrank vergammeln, macht das kein Tier mehr lebendig.«
Natürlich nicht, das weiß doch jeder.
Doch kann man durch das bewußte Nichttragen eines Pelzes oder einer Krokotasche seine Einstellung zu dieser unsinnigen Mode demonstrieren.
Mein Pelzmantel hängt seit über zehn Jahren ungetragen im Schrank. Dort bleibt er auch – obwohl es nicht das Fell einer vom Aussterben bedrohten Großkatze ist, es ist das Fell eines Tieres, das überhaupt nicht vom Aussterben bedroht ist. Trotzdem. Ich kann es nicht mehr. Denn seit ich weiß, wie die Tiere mit den begehrten Fellen in Zuchtanstalten gehalten werden und auf welche Art und Weise sie für unsere Eitelkeit ihr Leben lassen müssen, habe ich nicht das mindeste Verlangen danach, mich dergestalt zu schmücken. Mit fremden »Federn« sozusagen.

Sind Sie auch ein begeisterter Skifahrer?
Fängt das Herz nicht an zu jubeln, in verschneiter Bergwelt die Brettl dahingleiten zu lassen?
Jubelt es immer noch, wenn anstatt schneeverhangener Fichten Träger der Seilbahnen und Lifte die so verschandelte Landschaft »zieren«?

Wo wir keinen Fichtenwald mehr haben, sondern einen Skizirkus? Noch einen und noch einen?
Ich bin kein begeisterter Skifahrer mehr. Das Herz jubelt nicht mehr, es tut weh beim Anblick der zerhackten, zerstückelten Hänge und Bergwiesen.
Dann großes Jammern bei Überschwemmungen, Lawinen, Bergrutsch. Die Natur kann unsere Verbrechen an ihr nicht mehr auffangen, nicht mehr ausgleichen. Die alten Naturgesetze gelten plötzlich nicht mehr, geraten ins Wanken. Ohnmächtig, dem Koma nahe, ist sie leidensunfähig geworden, weil man ihr zu viel zugemutet hat. Ausgezählt.
Der Regenwald, schon heute ein Naturdenkmal, ist auf das Äußerste bedroht.
Abgeholzt im Akkord. Wie lange noch wird er den Klimaaustausch leisten können?
Freunde der Natur?
Unser schöner »blauer Planet«, wie ihn die Astronauten Armstrong und Kameraden nannten, wird mit System vernichtet, zerstört, ausgelaugt, ausgebeutet und umgebracht.

Bleibt die Frage, woher kommt die unaufhaltsame Katastrophe? Wo liegt die Ursache dieses Ausverkaufs der Schöpfung?
Umweltschutz ist schon seit langem keine Sache irgendwelcher Spinner und Berufspessimisten mehr.
Umweltschutz ist zur Bevölkerungspolitik geworden.
Machen wir uns nichts vor. Die Bevölkerungsexplosion ist Umweltfrage Nr. 1. Das dringlichste Thema.
Wenn wir hier nicht ansetzen, Vernunft und Weitblick unser Handeln bestimmen, die Politiker und die Kirchen (!) sich etwas einfallen lassen, dann können wir, wir müssen es sogar, zusehen, wie wir verkommen –, wir ersticken an unserem so gepriesenen Fortschritt.

Der französische Romancier Gustave Flaubert hat schon vor hundert Jahren erkannt, daß die Menschheit ihr eigener Feind ist, und zwar der größte, wenn er sagte, daß in zweitausend Jahren nichts mehr dasein wird, wenn die Gesellschaft so fortfährt, kein Grashalm, kein Baum; sie wird die Natur aufgefressen haben.

Es zeugt von einer menschenverachtenden Einstellung, wenn man der Weltbevölkerungsexplosion nicht entgegenwirkt, indem man Hilfen anbietet, die ethisch und moralisch vertretbar sind.
Menschenverachtend deshalb, weil je mehr Menschen um so mehr Hunger, Krankheit und Tod.
Der Sexualtrieb gehört zu den normalen und gesunden menschlichen Bedürfnissen wie Essen und Trinken. Wobei die Betonung auf normal und gesund liegt. Es gibt Fresser und Säufer ebenso wie Asketen. Extreme, sowohl in die eine wie in die andere Richtung.
Kein Mensch käme auf die Idee – wieder von Extremen abgesehen – leben zu wollen ohne zu essen, oder leben zu wollen ohne zu trinken. Also ist Enthaltsamkeit kein gutes Rezept, um dem bedrohlichen Bevölkerungswachstum entgegenzuwirken und Abhilfe zu schaffen. Da kann man jenen, die in diese Richtung liebäugeln und der gesamten Menschheit einen Keuschheitsgürtel umschnallen wollen, ganz schön die Tour vermasseln.
Außerdem gibt es Völker auf dieser Erde, die kein anderes Vergnügen kennen als Liebemachen. Wollte man ihnen auch das noch nehmen?
Besser ist, man zeigt ihnen die Lust ohne Frust. Verhütung anstatt Sterben.
Wozu haben wir Verstand?
Diejenigen, die die herannahende Katastrophe einfach nicht sehen wollen – sei es aus Verbohrtheit, aus Starrsinn, aus Dummheit oder Machtdenken, werden selbst nie Gefahr laufen, in Gefahr zu geraten – dafür sorgen die schon.
Aber spätestens hier beginnt der größte Irrtum, denn wenn die Welt dem Chaos anheim fällt, trifft es jeden.

Im Weltbevölkerungsbericht 1988 der Vereinten Nationen heißt es: »Wachsende menschliche Bedürfnisse zerstören mehr und mehr die Grundlagen der natürlichen Ressourcen – Land, Wasser und Luft –, von denen alles Leben abhängt. Hohe Fruchtbarkeitsraten und beschleunigtes Bevölkerungswachstum tragen zu diesem Prozeß bei. In den Entwicklungsländern würde ein langsameres Wachstum und eine gleichmäßigere Verteilung der Bevölkerung mithelfen, den Druck auf landwirtschaftliche Anbauflächen, Energiequellen, lebenswichtige Wassereinzugs- und Waldgebiete zu verringern. Den Regierungen, dem privaten Sektor und der internationalen Gemeinschaft würde dadurch Zeit gelassen, Strategien für eine tragfähige Entwicklung zu erarbeiten.
Es muß dringend etwas getan werden. Schon jetzt gibt es fünf Milliarden Menschen auf der Welt, gegen Ende des Jahrhunderts werden es sechs Milliarden sein...«

Leider gehen die Verantwortlichen nur mit allzu gebremster Intensität ans Werk, es dauert alles viel zu lange bis hier und dort etwas »greift«.
Arme Welt, wenn Naturschutzgebiete vom Regierungspräsidium »verordnet« werden müssen. Doch anders geht es nicht.
Warum nicht? Weil nicht mitgedacht wird.
»Fünf Prozent der Menschheit denkt. Fünfzehn Prozent der Menschheit glaubt zu denken, und achtzig Prozent würde lieber sterben als denken.« George Bernhard Shaw hat es mit beißendem Spott auf den Punkt gebracht.
Es ist zum Haareraufen, beobachten zu müssen, wie verbrecherisch gehandelt wird im Namen der Gesellschaft, im Namen des globalen Wohles.
Wie war das noch? »Du sollst nicht töten?«
Trotzdem liebe ich dich? Liebe ich dich?
Wie, was?
Fast alles kann man im Namen der Liebe tolerieren. Schwächen und Fehler. Dumme Angewohnheiten, nervtötende Hobbys,

zeitweiliges Blödsein und periodisch wiederkehrendes Dummstellen. Alles ist zu ertragen, doch wenn ein Mensch wider besseres Wissen – und es soll keiner erzählen, er hätte nichts gewußt – unsere Umwelt mit Nichtachten oder Gleichgültigkeit schändlich zunichte macht, dann kann ich nicht mehr trotzdem lieben. Dann ist es so weit, daß die Toleranzgrenze weit überschritten ist.

Ich bin auch nicht bereit, mit Menschen freundschaftlich zu verkehren, die unsere Lebensquelle mit Füßen treten, den »Wirt, von dem sie leben, zerstören, und sich so in planetare Parasiten verwandeln«, wie Erwin Laszlo, Philosoph und Zukunftsforscher in seinem Aufsatz »Die neue Sicht der Evolution« befürchtend aussagt.

Außerdem heißt es in seiner Studie: »Als die Affen von den Bäumen herunterkamen, ließen es ihre Nachkommen darauf ankommen, ob diese wagemutigen Affen ›sapiens‹ genug geworden sind. Eine intelligente Gattung ist nicht notwendigerweise ein entwicklungsgeschichtlicher Erfolg, der sich im Einklang mit der Umwelt reproduziert.«

Sie könne auch eine Umweltkatastrophe sein, wenn sie das Umfeld zerstört und ihr eigenes Überleben in Frage stelle. Wenn die menschliche Intelligenz nicht ausreiche, dann könne nicht nur unsere Gattung sondern jedwedes Leben auf Erden ausgelöscht werden.

Die Wette auf die Intelligenz wäre das größte Glücksspiel, auf das sich jemals eine Gattung, eingelassen hätte.

Auch Richard von Weizsäcker nimmt die Gelegenheit wahr, durch die Gewichtigkeit seiner Person und seines Amtes auf die Umweltprobleme aufmerksam zu machen:

»Mit wachsender Härte zwingen uns die Probleme umzulernen. Noch immer erscheint die Natur im Haushalt des Menschen nur als ein Rechnungsposten unter vielen. In Wahrheit ist der Mensch nur ein Faktor unter anderen im Haushalt der Natur. Er gehört der Natur an und muß lernen, das Ganze zu wahren, dessen Teil er ist. Er muß die Natur um ihrer selbst willen schützen...«

Doch es gibt Anlaß zu Hoffnung.
Zurück zur Frage, wie es mit dem Umweltbewußtsein steht:
Alle sehen sich umweltbewußt.
Ob sie auch danach handeln?
Großteils ja – wann immer es möglich wäre.
Viele bemühen sich.
Eine ungenaue, indifferente Aussage, mit der sich so mancher aus der Affäre zu ziehen hofft.
Doch das genügt nicht mehr. Hier ist das reine Bemühen ohne Effekt, schon fast so wie überhaupt kein Bemühen. Desinteresse kann in der heutigen Situation, in der wir uns befinden, sich keiner mehr leisten. Niemand und nirgends ist diese Haltung entschuldbar. Mit nichts und durch nichts.
Weder finanzielle noch sonst irgendwelche Interessen haben hier Vorrang. Einzig und allein das Erhalten unseres Planeten muß alle Denk- und Handelsweisen bestimmen.
Nichts sonst. Denn wenn unsere Erde nicht in Ordnung ist, können wir es auch nicht sein.
Mit Ignoranten oder Scheinumweltschützern ist nichts getan.
Und vom vielen Reden bewegt sich auch nichts nach vorn.
Handeln heißt das Gebot der Stunde – nicht erst im Jahre 2000 – sondern jetzt.
Nicht erst irgendwann – sondern jetzt.
Nicht irgendwer – sondern wir.

Gibt es noch Kavaliere? Gibt es noch den Gentleman?
Wohl gab es sie, die Troubadoure, die Minnesänger an den mittelalterlichen Höfen der Provence.
Ganz scheinen sie jedoch noch nicht ausgestorben zu sein, denn das Ständchenbringen vor dem vermeintlichen Fenster der Angebeteten hat sich bis zum heutigen Tage – zwar nicht mehr allzu häufig, so doch immerhin – standhaft gehalten.
Romantik im zwanzigsten Jahrhundert? Warum nicht. In südlichen Ländern, wo ohnehin mehr gesungen wird als bei uns, trifft man derlei »Minne« noch allemal.

Die Minnesänger ihrer Zeit haben es verstanden, die Frauen und das Weibliche aus der »unterwürfigen, verachteten Stellung emporzuheben«. (Siehe Riane Eisler, »Eine Welt für alle«, Horizonte Verlag 1990.) Weiter heißt es bei ihr, daß die Troubadoure betonten, daß das weibliche Prinzip Männern wie Frauen innewohne, und Männlichkeit etwas Sanftes, Liebenswürdiges sein müsse, wie es in dem Begriff »Gentleman«, Mann von Bildung, zum Ausdruck komme.
Außerdem hätten die Troubadoure das wieder eingeführt, was die Kirche Mariologie nannte: die Anbetung einer Muttergottes, was wiederum eine Wiedereinführung der frühantiken Anbetung der Göttin bedeute.

Hintergründe sind allemal interessant.
Die heutigen Troubadoure, Kavaliere und Gentlemen sind nicht minder liebenswert.
»Die Frauen wollen ja keine Kavaliere mehr, sie fühlen sich unterdrückt, wenn man ihnen die Wagentür öffnet.«
»Mir gefällt es, wenn ein Mann Kavalier ist, Benehmen hat, da bin ich gerne auch mal ›nur‹ Frau.«
»Ich verehre die Frauen, deshalb möchte ich sie auch verwöhnen.«
»Wenn Frauen das ablehnen oder gar verächtlich abtun, fehlt ihnen etwas – der richtige Kavalier.« (Antwort einer Frau)
»In der Hektik des Berufslebens bleibt für den arbeitenden Mann nicht mehr viel Zeit – um nicht zu sagen, überhaupt keine Zeit mehr – Kavalier zu sein.«
»Ein Gentleman oder ein Kavalier wird nicht gemacht – er wird geboren und wird es ein Leben lang bleiben – auch unter den widrigsten Umständen wie in Notzeiten. Ebenso wird eine Dame immer eine Dame sein, ob sie in Lumpen gehen muß oder in Seide gehen kann.« (Eine Männerantwort)
»Kavaliersein, Gentlemansein bedeutet nicht immer nur rote Rosen und Türaufhalten – das sind Äußerlichkeiten, die dazugehören – es bedeutet auch im Denken ein solcher zu sein. Doch, es

gibt sie – bei den jungen Frauen auch wieder sehr gefragt.«
»In welchem Jahrhundert leben Sie eigentlich?«
»Kavaliere sind so selten wie ein Fisch in der Wüste.«
»Einem Gentleman zu begegnen in der heutigen Zeit ist eine Wohltat für das weibliche Gefühl. Es gibt ihn selten, aber es gibt ihn.«

Sind die Männer immer zu Kompromissen bereit?
»Sie sind nie zu Kompromissen bereit – geschweige denn immer. Manchmal wäre schon viel.«
»Immer und zu jeder Zeit zu Kompromissen bereit sein, zeugt nicht gerade von einer gefestigten Persönlichkeit.«
»Man sollte sich auch, der Situation gemäß, dazu durchringen können, eine klare Stellung zu beziehen. Bequem ist das nicht immer und man steht bisweilen alleine da und wähnt sich auf verlorenem Posten.
Anders sieht die Kompromißbereitschaft in der Partnerschaft aus. Sollte sie zumindest aussehen. Das Übereinkommen bei verschiedenen Auffassungen, Ansichten. Hier ist man gut beraten, wenn man auch ab und zu gegen seine feste Überzeugung nachzugeben bereit ist.«
»Keine entspannte Partnerschaft kann auf derlei ›Grundregeln‹ verzichten.«
»Natürlich fällt es schwer und selbstverständlich haben wir mit uns die größten Schwierigkeiten, diesen berühmten Schritt zurückzutreten. Aber was bringt es uns, wenn wir unnachgiebig geblieben sind und wir haben Krach im Haus. Nicht schön.«
»Es versteht sich von selbst, daß alle Familienmitglieder diese Spielregel beherrschen und sie auch anwenden. Einseitig geübte Kompromißbereitschaft frustriert mit der Zeit und man ist bald zu nichts mehr bereit, nicht zu Kompromissen und auch nicht zum Nachgeben.«
»Sollte einer/eine Übereinkommen signalisieren, ist es nur recht und billig, sich auf die gleiche Ebene zu begeben und dadurch eine gute Atmosphäre für das Miteinander zu schaffen!«

»Ich finde, daß grundsätzliches Stursein kindisch ist. Trotzköpfe gehören in die Entwicklungsphase eines Menschen und sollten nicht dort anzutreffen sein, wo sich reife Menschen im Gespräch begegnen.«
»Wenn Sie ›Kompromisse‹ mit Nachgeben meinen – nein.«
»Kompromißbereitschaft muß für jeden zivilisierten Menschen zu einer Selbstverständlichkeit geworden sein.«
»Wenn es in der Politik keine Kompromisse gibt, bedeutet das Diktatur. Nein Danke. In der Familie muß das Oberhaupt eher ›standfest‹ sein, jedoch nicht Sturheit an den Tag legen.«
»Es gibt Situationen, da gibt es keine Diskussion, keine Kompromisse, um Schlimmes zu verhindern. Manchmal muß eine einsame Entscheidung getroffen werden.«

Finden wir ein offenes Ohr bei den Männern, den Ehemännern?
Den Kopf und das Herz hat man voll, ein Problem treibt die Gedanken wild durcheinander.
Wo kann man sich aussprechen? Wer wird einem zuhören?
Kann man seinen Mann damit behelligen? Wird er verstehen? Wird er überhaupt wollen?
Wo eine Frau Probleme sieht, sieht ein Mann sie noch lange nicht. Also bleibt sie oft alleine mit ihrer Belastung, muß alleine mit dem Problem – denn für sie ist es eben eines – fertig werden. Muß das sein? Offenbar sind sehr wenige Männer bereit, sich in die Gedankenwelt ihrer Frauen hineinzuversetzen, sich ihren Kummer zu dem seinen zu machen.
So jedenfalls sieht das Ergebnis meiner Umfrage aus.
Sind die Frauen nicht diejenigen, die sich jeden schiefgelaufenen Plan der Männer mit Interesse und Mitgefühl anhören? Sich mitsorgen? Sollte das umgekehrt nicht in einem ähnlichen Maße der Fall sein? Die Männer sind hier leider noch zu egoistisch, auch einmal sich und ihre Angelegenheiten hintanstellen zu können und sich ganz ihrer Frau zu widmen.
Es wäre ein beachtenswerter Zug an ihnen, und die beunruhigten Frauen könnten beruhigter sein.

Auch hier fehlt der Ausgleich: Was man von seinem Mitmenschen erwartet, kann man für sich nicht ausklammern und so tun, als wäre nur die eigene Sache von höchster Wichtigkeit.
Die Gefahr ist, bei aller Bereitschaft zu plaudern, daß man eines Tages völlig verstummt, und der Dialog auf der Strecke des »Erhörtmirjadochnichtzu« liegen bleibt.
Sicher, es gibt Männer, die hier vorbildlich sind, die nicht in die Gegend schauen oder in die Zeitung, wenn ihre Frauen einen Satz beginnen wollen, die nicht denken: »Jetzt geht das schon wieder los!«, die sich nicht in den Hobbyraum zurückziehen, um ein Hölzchen zu bearbeiten, das sie womöglich doch nie gebrauchen können, die nicht unbedingt noch einen Arbeitskollegen aufsuchen müssen, um etwas sehr Wichtiges zu besprechen – sondern, die Interesse zeigen, Mitgefühl an dem, was die Frauen den Tag über erlebt haben und das sie einfach loswerden müssen, weil es sie beschäftigt.
Wir Frauen beschränken uns, weil wir erfahren sind, ja ohnedies schon auf das Wesentliche, versuchen uns kurz und präzise auszudrücken.

Was hält der Befragte von Büchern, wie hier eines entstehen soll?
Eine vollständige Palette von »Ich halte viel davon« bis »Ich halte überhaupt nichts davon« ergab sich.
»Das kann ich erst sagen, wenn ich das Buch gelesen habe.«
»Wie alle anderen derartigen Bücher wird auch dieses wieder aus einer Sammlung von verstaubten Klischees und abgedroschenen Phrasen bestehen.«
Vielfach wurde auch die Angst vor erneuter harter Kritik deutlich, der sich die Männer heutzutage ständig ausgesetzt sehen. Gerade mit »solchen Büchern« verbinden sie dieses Unbehagen.
»... Trotz kleiner Schwierigkeiten hat mir die Beantwortung Ihrer Fragen Freude bereitet, da meiner Ansicht nach Ihr Buch eine weitere Stufe auf der langen Treppe zur Gleichstellung der Ge-

schlechter und zum Verständnis zwischen Mann und Frau darstellt...« (Eine junge Frau Anfang Zwanzig)

Werden Männer durch die selbstbewußten Frauen verunsichert?
»Wenn sie sich verunsichert fühlen, so ist das ihr Problem.«
»Ein selbstbewußter Mann kann durch eine selbstbewußte Frau nur profitieren.«
»Das möchten die Frauen wohl gerne. Oder?«
»Ich habe eher den Eindruck, daß es umgekehrt ist, weshalb sonst würden die Frauen so um sich schlagen?«
»Verunsichert und angegriffen muß sich nur der fühlen, der nichts dagegen zu setzen hat.«
»Ich fühle mich schon manchmal verunsichert, denn ich weiß oft nicht, wie ich auf Handlungen und Stimmungen reagieren soll.«
»Männer, die sich von einer selbstbewußten Frau verunsichern lassen, mit denen ist nicht viel los.«
»Jeder Mann kann froh sein, der eine selbstbewußte Frau hat.«

Großteils stehen die Männer den selbstbewußten Frauen sehr positiv gegenüber, sie »schätzen« sie, und »lieben« sie. Doch: »Wenn Selbstbewußtsein mit ›Einbildung‹ einhergeht, kann ich drauf verzichten. Wenn Sie damit Selbständigkeit und Persönlichkeit meinen, begrüße ich es. Meine Frau ist selbstbewußt.«

Haben die selbständigen, modernen Frauen an Weiblichkeit verloren?
»Viele Frauen haben ihre Selbständigkeit auf Kosten ihrer Weiblichkeit erkämpfen müssen.«
»Nein – es macht sie aufregender!«
»Selbständigkeit und Frausein ist sehr gut unter einen Hut zu bringen.«
»Es ist eine falsch verstandene Selbständigkeit, wenn sie mit ›männlichen‹ Attributen verwirklicht wird.«

»Der Selbstverwirklichungsgedanke darf nicht in blinden Egoismus ausarten – da werden ›Weiber zu Hyänen‹.«
»Die Frauen waren noch nie so weiblich, waren sich ihrer Weiblichkeit noch nie so voll bewußt wie heute.«
»Die Frauen sind modern und weiblich.«
»Eine weibliche Frau wird niemals das kostbare Gut, das ihr die Natur gegeben hat, verraten, nur um an irgendeinem Ort zu irgendeiner Zeit irgendeinen Satz oder eine These äußern zu können.«
»Die Einbeziehung von Weiblichkeit und Charme ist nichts anderes als Klugheit. Also sind die modernen Frauen nicht nur weiblich – sie sind auch klug.«

Leider gibt es Minusbeispiele.
Wir haben nicht vor, uns mit ihnen in einem Atemzug nennen zu lassen. Die selbstbewußten, weiblichen Frauen verbitten sich das und erwarten Differenzierung in der Beurteilung der emanzipierten Frau.
Noch immer wird dieses Wort unterschiedlich und auch falsch verstanden.
Emanzipation ist die Befreiung aus Abhängigkeit und Unselbständigkeit. Man will unabhängig sein, selbständig. Dies hat mit unweiblich oder gar Mannweib nichts zu tun.
Im Gegenteil. Erst wenn man frei ist und unabhängig, selbständig handeln und urteilen kann, ist man in der Lage, seine volle Weiblichkeit zu leben.
Das beginnt im Bett und endet am Arbeitsplatz.
Frei bedeutet aber auch ganz entschieden frei im Denken.
Es gibt bedauerlicherweise Menschen, die zwar nach außen wortreich ihre Unabhängigkeit demonstrieren können, in ihrem Innersten, in ihrer Gedankenwelt aber noch immer in einem Käfig von Abhängigkeit und Unselbständigkeit sitzen, von einem Zaun aus wenig Selbstbewußtsein und Hörigkeit umgeben.
Oft sind sie sich dessen nicht bewußt, spüren aber trotzdem schmerzlich, daß ihre Freiheit, ihre Selbständigkeit nur eine so-

genannte ist. Unter solch einem Gesichtspunkt und in solch einer Lage ist die Gefahr groß, daß jegliche Weiblichkeit verloren geht. Da gibt es nur eines, aus dem Käfig ausbrechen, und sich auf sich zu besinnen, falschen Propheten den Rücken kehren.

Kann man einen Seitensprung verzeihen, ihn vergessen?
»Verzeihen: kommt auf den Partner beim Seitensprung an – vergessen, nein.«
»Nach einer gewissen Zeit – beides.«
»Ich hoffe, daß ich es kann, wenn ich in die Lage komme.«
»Jeder kann einmal schwach werden – dann ist es gut, wenn man einen Partner hat, der verzeihen und vergessen kann.«
»Vergessen – nein. Das weiß ich aus vielfacher Erfahrung sowohl als ›Täter‹ als auch als ›Opfer‹.«
»Verzeihen ja – vergessen nie.«

Der Seitensprung war schon einmal Thema bei der Frage nach der Treue.
Wie die Umfrage ergab, so differenzieren die Männer doch sehr stark zwischen Seitensprung und Seitensprung. Sie sehen große Unterschiede zwischen den Erlebnissen.
So werden viele Vieles nicht vergessen, wollen aber, daß man (ihre Frau) ihnen verzeiht.
Die Frauen, die sich zu dieser Frage äußerten, signalisieren große Bereitschaft beim Verzeihen, sehen sich aber in der Praxis nicht in der Lage, einen Seitensprung ihres Mannes restlos aus ihren Gedanken auslöschen zu können.
Eine Frau schreibt:
»Jede Frau, die mit allen Konsequenzen betrogen worden ist: Lügen, Ausreden, Wartenlassen, Demütigung, Verunsicherung und Vieles mehr, kann verstehen, wenn ich sage: ich verzeihe nicht, ich vergesse nicht. Am liebsten wäre ich alleine.«

Sind Männer repressiv, wollen sie unterdrücken, beherrschen?
»Und wenn nicht, bleibt die Frage nach seiner Energie.«
»Das liegt wohl noch immer in der Natur der Sache.«
»Sind sie nicht, sie sind taktvoll.«
»Es gibt sicherlich Männer (und Frauen), die das Bedürfnis haben.«
»Viele sind so, leider – ich nicht.«
»Die ältere Generation, nicht die Jungen.« (Antwort eines 55-jährigen)
»Nichts von dem – sie wollen geachtet sein.«
»Natürlich, sonst fühlen sie sich ja nicht als Mann.«

Viele Männer sind ehrlich genug zuzugeben, daß o. g. Frage nicht mit einem eindeutigen Nein beantwortet werden kann. Sie räumen ein, diese Eigenschaften auch an sich zu beobachten. Das ist doch schon ein Fortschritt.

Muß man nachgeben, um geliebt zu werden?
»Willst du glücklich sein, oder recht behalten? Natürlich muß man das.«
»Manchmal lassen sich Einschränkungen nicht vermeiden.«
»Schwierig. Ich denke, prinzipiell sollte man dazu bereit sein, solange es nicht an die Substanz der Persönlichkeit geht.«
»Ja.«
»Dies ist als für die Liebe tödlich zu werten. Nachgeben aus Einsicht ja, aber nicht des Gefallens wegen.«
»Nur manchmal – wenn man immer nachgibt, stimmt etwas nicht.«

Die meisten Antworten lauteten: Nein.

Ist man stark, wenn man den Mut hat, Schwächen zu zeigen?
»In bestimmten Situationen gehört viel Stärke und Mut dazu, Schwäche zu zeigen.«
»Weder das eine noch das andere, man ist halt ehrlich.«

»Das hat nichts mit Stärke oder Schwäche zu tun – Schwächen zu zeigen ist in einer Partnerschaft durchaus normal.«
»Frauen fällt es leichter, Schwächen zuzugeben, weil sie die Stärkeren sind. Männer brauchen schon Mut.«

Die meisten Antworten: Ja.

Sind die Männer Angeber?
»Finden Sie?«
»Vielfach ja. Insbesondere wenn die Damenwelt dazu motiviert.«
»Einige schon, das Phänomen kann man auch bei Frauen beobachten.«
»Ja, leider häufig.«
»Das sollte sich jeder selbst fragen.«
»Ich glaube nicht! Meine Frau glaubt doch!«
»Viele leider.«
»Natürlich, und eitel und mit einer gewissen Geltungssucht.«
»Wer ist das denn nicht ab und zu?«
»Wer angibt, hat's nötig.«

Die meisten Antworten der Männer: Nein.
Soweit Frauen geantwortet haben, meistens: Ja.

Haben die Männer ihre Machtposition aufgegeben?
»Weiß nicht.«
»Nur in Einzelfällen.«
»Ich denke, sie hinterfragen das stärker. In vielen Bereichen eher nicht.«
»Warum sollten sie? Allerdings finde ich das Wort ›Macht‹ falsch gesetzt.«
»Noch nicht. Aber um die Zukunft sinnvoll gestalten zu können, muß sie aufgegeben werden.« (Ein Mann, 39 Jahre)
»Wir haben keine Machtposition, nur eine starke Verantwortung.«

»Mir gefällt die Formulierung nicht! ›Die‹ Männer?! ›Machtposition‹?! Das kann man nur individuell beantworten: Doch die meine sicher, aber *nie* ganz.«
»Nein, aber es nützt ihnen auf Dauer nichts.«
»Machtposition lehne ich ab. Führung bejahe ich. Führung beinhaltet unweigerlich auch Sorge um die Geführten.«
»Ja, glücklicherweise.« (Ein Mann)
»Nach außen haben wohl Männer die Macht, aber immer wird doch gemacht, was die Frauen wollen.«
»Wenn jemand da ist, der diese Lücke füllen will...«
»Zum größten Teil.«
»Manche – und das war auch nötig.«
»Nein – noch nicht.«
»Sie haben keine ›Machtposition‹.«

Die Antworten Ja und Nein sind hier gleichmäßig verteilt, was die Männer betrifft. Die Frauen liegen beim Nein in der Überzahl.

Der Unterschied
und sonst noch Wissenswertes

Der kleine Unterschied

Was macht einen Mann eigentlich zum Mann?
Zu dem, was die Frauen anzieht, begeistert, herausfordert?
Was macht ihn zum Lebenselixier für Frauen?
Ist es der berühmte kleine Unterschied, den jeder kennt?
Weiß aber auch jeder, wann und wo während der Entwicklung dieser unübersehbare Unterschied entsteht?
Man muß zurückgehen zu den Chromosomen, den Kernschleifen im Zellkern mit den für die Vererbung wichtigen Genen. Hier merkt man beim Studium der Materie sehr schnell, daß Frauen etwas besitzen, was Männern abgeht: ein zweites X-Chromosom. An seine Stelle tritt beim männlichen Geschlecht ein recht kümmerlich wirkendes Y-Chromosom. Dieses scheint bedauerlicherweise auch noch kaum Informationen zu tragen.
So ist es nicht weiter verwunderlich, wenn lange Zeit angenommen wurde, Männer seien eben nur oder deshalb Männer, weil ihnen etwas fehle, nämlich das zweite X-Chromosom.
Hier könnte man die wissenschaftlichen Betrachtungen eigentlich beenden mit eben der Erkenntnis, daß der Mann nicht vollkommen, zumindest genetisch mangelhaft sei, daß man ihm auf Grund dieser Tatsache alles in die Schuhe schieben könne, beziehungsweise alles zu entschuldigen sei, was an Unbegreiflichem und Zermürbendem von ihm ausgeht, da das weibliche Geschlecht von Natur aus und seit Anbeginn bevorzugt wurde.
Seit 1959 weiß man allerdings, daß dem durchaus nicht so ist. Dieser »Mangel«-Hypothese stehen nämlich Beobachtungen entgegen, die an »Betriebsunfällen« bei der Befruchtung enthoben wurden: so gibt es zuweilen Männer, die außer ihrem Y-Chromosom ein zweites, überschüssiges X-Chromosom aufweisen. Glücklich können sie jedoch darüber nicht sein, denn solche Männer sind meist unfruchtbar, ebenso wie solche Frauen, die drei X-Chromosomen besitzen. Diese »Superfemale« sind

beileibe keine Überfrauen. Fehlt das Y-Chromosom, so ergibt sich ein typisch weibliches Erscheinungsbild.

Demnach ist die Rechnung klar: das Y-Chromosom ist geschlechtsbestimmend; auf diesem Chromosom muß ein Erbträger sein, der die anfangs noch nicht männlich oder weiblich geprägten Keimdrüsenanlagen etwa ab der 7. Woche zu Hoden und nicht zu Eierstöcken ausbildet. Welches Gen auf dem Y-Chromosom dafür verantwortlich zeichnet, weiß man noch nicht genau. David Page vom Whitehead-Institute in Cambridge (Mass.) und seine Mitarbeiter haben das TDF-Gen in Verdacht. TDF steht für »testis-determining factor«, was soviel wie »Hoden-bestimmender Faktor« bedeutet.

Das »eingekreiste« Gen könnte also im Embryo so etwas wie ein Haupt- oder Zentralschalter für die Einleitung des Geschlechtsunterschiedes sein, der dann andere mitwirkende oder begleitende Gene ab- oder anschaltet.

Die Entwicklung und Ausbildung von Hoden beziehungsweise Eierstöcken stellt somit den entscheidenden Schritt der geschlechtlichen Differenzierung dar.

Die weitere Ausbildung der Geschlechtsmerkmale wird dann von Hormonen gesteuert, die in erster Linie von den Hoden oder Eierstöcken gebildet werden.

Beim Mann muß die primär weibliche Grundausstattung der Genitale hormonell zu dem männlichen Habitus umgestaltet werden, was ein Professor für Pathologie auf einen recht verständlichen und noch dazu amüsanten Nenner brachte: »Das weibliche Geschlecht ist das Standard-Modell mit solider Grundausstattung, zuverlässig, belastbar, wohingegen das männliche Geschlecht die Luxusausstattung darstelle: pflegeintensiv, anfällig, empfindlich!«

Luxusausstattung! Das liegt doch wohl im Auge des Beschauers, wo hier der Luxus vorhanden ist.

Soweit die sehr vereinfachte Geschichte mit den Geschlechtschromosomen. Selbstverständlich werden die Frauen die Entwicklung der Forschungen der Wissenschaftler Page und Co. in wachsamem Auge behalten und mit Interesse verfolgen, was da noch so zu Tage gefördert wird, wenn es darum geht: »Was macht den Mann zum Mann?«

Der große Unterschied

»Das männliche Geschlechtshormon macht die Männer aggressiv.« (Prof. Dr. Ditmar Wassermann, Gast bei Wieland Backes, Südwest 3, 1979)

Weibliche/männliche Kriminalität.
Sind Frauen die besseren Menschen?
So fragte in seinem Aufsatz Dr. Georges Hengesch von der Medizinischen Fakultät der Universität des Saarlandes Homburg/Saar und stellte fest:
»Laut Kriminalstatistik verüben Frauen weitaus weniger Straftaten als Männer. Dieser Tatsache wird erstaunlich wenig Beachtung geschenkt. Zwar wird sie nirgends direkt bestritten, echtes Interesse zeigen jedoch nur vereinzelte Forscher/-innen.
Allgemein begnügt man sich mit der Erklärung, daß dies an der unterschiedlichen Sozialisation läge, etwaige genetische Unterschiede erscheinen verpönt.«
In einer deutschen Fernsehprogrammzeitung erschien in Heft 13 vom 23. März 90 ein Artikel, in dem fundierte statistische Daten zu diesem Thema der unterschiedlichen weiblichen und männlichen Beteiligung an Kriminalität mit dem Schlagwort des »alten Rollenbildes« erklärt werden. Dies hinterlasse einen dürftigen Eindruck vor allem deshalb – so Dr. Hengesch – weil keinerlei Konsequenzen daraus gezogen würden.
»Diese Ideologie«, fährt er weiter fort, »die nach dem Strickmuster: Buben bekommen Panzer und Pistolen als Spielzeug, Mädchen dagegen Puppen, funktioniert, ist ebenso unbrauchbar wie ihre Gegenseite, die auf einseitige Art eine unterschiedliche Erbanlage ins Feld führt, und die zwangsläufig zu einer fatalistischen Einstellung führt: Wenn's die Gene sind, dann kann man sowieso nichts machen. Die ersten Ergebnisse eines Forschungsprojektes am Institut für Gerichtliche Psychologie und Psychia-

trie der Uni des Saarlandes Homburg/Saar deuten in die Richtung einer geschlechtsspezifisch unterschiedlichen *Erlebnisstruktur*, die sozusagen von Hause aus gewisse Weichen für eine typisch weibliche oder männliche Persönlichkeitsentwicklung stellt.
Das Untersuchungsmaterial enthält zur Zeit (10.11.89) über 1100 Gutachterfälle mit einem Anteil von 17,9% Frauen.«
Die erste Frage, die sich aufdränge, sei die nach einer womöglich unterschiedlichen Deliktstruktur.
Tatsächlich seien Frauen in der Gruppe der Eigentumsdelikte überrepräsentiert, bei Raub und im Straßenverkehr unterrepräsentiert. Bei Sexualdelikten seien Frauen überhaupt nicht vorhanden. Das ließe nun den Schluß zu, daß, wenn man sich erst auf die Eigentumsdelikte beschränke, Frauen dort unterrepräsentiert seien, wo *Gewalt* im Spiel sei, wie z. B. bei Raubüberfällen oder Delikten gegen die körperliche Integrität.
Dies jedoch treffe nicht auf den Fall des Mordes zu!

Der weibliche Mann und die männliche Frau – gibt es das?
Hier wird wohlgemerkt vom weiblichen oder männlichen Prinzip oder Typ gesprochen.
»Noch lange nicht meinen wir, daß alle Frauen so und alle Männer so sind, sondern jeder Mensch realisiert diese beiden Prinzipien in unterschiedlicher Weise oder Gewichtung in sich, so daß man sich theoretisch leicht vorstellen kann, daß es Männer gibt, die mehr vom weiblichen Prinzip realisieren als gewisse Frauen und umgekehrt.« Insofern könne man durchaus von einem weiblichen Mann und einer männlichen Frau sprechen. Wobei es die nur-weibliche Frau und den nur-männlichen Mann nicht gäbe. Männer und Frauen hätten unterschiedliche Erlebnisweisen.
Dafür liefere uns die Verhaltensforschung unzählige Beispiele. Hier erinnert Dr. Hengesch an die beiden Typen: Jäger und Bauer. Der Jäger, der schnell auf unterschiedliche Signale reagieren muß, stelle ein differenzierendes Prinzip dar, er muß so-

zusagen von der Hand in den Mund leben, weil die Beute, die er erlegt hat, nur begrenzt haltbar ist, er sei vom Erlebnisstil her auf Vielfalt angelegt.

Der entgegengesetzte Pol, der Bauer, der nach dem Pflanzen ein Jahr lang auf die Ernte warten muß, der konservieren muß, der planen muß, wieviel er von der Ernte verbrauchen darf, um noch für die nächste Saat etwas übrig zu behalten, sei auf einen Erlebensstil spezialisiert, für den Erhaltung von Einheit im Vordergrund stünde.

So gesehen verkörpere der Jäger das männliche und der Bauer das weibliche Prinzip.

Wird nicht aus demselben Prinzip der Konfliktstoff vieler Wildwestfilme genährt: Aus den gegensätzlichen Typen des Farmers und des Westernhelden?

Wobei der erstere Zäune erbaut, sich um die Fleischkonservierung kümmert, auf Beständigkeit angelegt ist, so braucht der letztere freies Weideland, lebt von den direkten Erträgen seiner Herde – eben von der Hand in den Mund.

Wenn man nun bei dem Beispiel Jäger und Bauer bleiben wolle, so sei der Frau das Erhaltenwollen, das Planen eigen.

Nicht die Zerstörung.

So habe die Frau einen Schutz vor Kriminalität.

Doch wie ist es bei der »männlichen« Frau, von der anläßlich bekannter Kapitalverbrechen immer wieder die Rede ist (leider), den Terroristinnen.

Sie genießen eben nicht den Schutz vor Kriminalität, vor Zerstören, sie können aggressiv sein, sie können zerstören, seien oft bei Anwendung von Gewalt kälter, unheimlich gegenüber ihren männlichen Genossen, eben deshalb, weil es nicht zu ihrer Weiblichkeit passe.

Zu ähnlichen Vergleichen kommt Silvia Vegetti Finzi, die in »Lettre International« vom Sommer 88 u. a. schreibt:

»... Aber während Männer sich mit ihrer Subjektivität einem Kollektivsubjekt verschreiben (Partei, Vaterland, Universität, Be-

rufsstand), vermitteln sich Frauen vorwiegend in Kategorien des Privaten, der Familie und der Liebe, indem sie nach Maßnahme romantischer Codierung ihr Begehren identifizieren.
Für Gefühle zuständig zu sein, gilt als ihre besondere Qualifikation.«

Wer ist nun der bessere Mensch, die Frau oder der Mann?
Die Frau hätte es auf Grund ihrer Anlagen leichter, weniger delinquent zu sein als der Mann, es sei aber nicht ihr Verdienst.
Genausogut könne der delinquente Mann nicht schuldmindernd vorbringen, daß er es halt auf Grund seiner Anlagen schwerer habe. So nach dem Motto: so bin ich nun mal eben.
Was gelte, führt Dr. Hengesch weiter aus, und was man als Leistung bezeichnen oder als Verdienst verbuchen könne, sei:
»*aus dem Vorgegebenen zu lernen.*«
Die Männer sollten danach trachten, weibliche Attribute zu akzeptieren, ohne gleich um den berühmten Stein, der ihnen dabei aus der Krone fallen könnte, zu bangen.
Das gelte für fast alle Gebiete.
Dafür brauche aber die Gesellschaft von morgen nicht gleich aus einem Einheitsgeschlecht zu bestehen.
Um Himmels Willen – nein!
Die Frau solle dafür Sorge tragen, daß sie die hohen Errungenschaften der Emanzipation *nicht gefährde*, indem sie sich sozusagen mechanisch-männliche Attribute aneigne und dadurch einfach nur unbequem werde, so wie es dem Bild der »Emanze« entspreche.
Und Dr. Hengesch wörtlich:
»Es wäre eine echte Kulturleistung, sich zu überlegen, welche typisch weiblichen Attribute wir (die Männer) für erstrebenswert setzen müssen.«
Nach demselben Prinzip funktionierte ja auch die Unterdrückung der Frau, der Mann nutzte auch nur Vorgegebenes aus, nur zu einem moralisch weniger wertvollen Zwecke, dem seines eigenen Wohlergehens.

Abschließend könnte man noch anführen, daß es durchaus Frauen gibt, die ihre Männer oder ihren Geliebten umbringen – also zu Mörderinnen werden.
Das seien meist Fälle, wo die Rettung der familiären oder partnerschaftlichen Einheit zugrunde liege.
Solche Frauen eliminieren sozusagen den »Zerstörer«.
Die »Täterinnen« zeigten dann eher die Merkmale des Opfers als die des Täters.
Insofern gibt es auch bei Kapitalverbrechen typisch weibliche Konstellationen, ähnlich bei Fällen von Vatertötung durch den Sohn.

Interessant ist noch ein psychischer Befund aus der Studie von Dr. Hengesch:
Dort werden Frauen vom untersuchenden Arzt als höher depressiv, vegetativ gestört, unterwürfig – anpassungswillig eingeschätzt, sie hinterließen aber im Unterschied zu Männern in geringerem Maße den Eindruck der Affektarmut (fehlende affektive Resonanzfähigkeit, fehlendes Mitgefühl, geringe Fähigkeit, sich in andere hineinzuversetzen) oder Bindungsschwäche (egozentrische Einstellung, die auf einem Fehlen der Verbundenheit mit anderen beruht, Bindung zur Familie, zu Partnern, auch Fehlen des Gefühls der Mitverantwortung).
Bei der Selbsteinschätzung mittels gestellter Fragen beschreiben Frauen ein Bild der erhöhten Störanfälligkeit im Sinne von Nervosität, geringer Belastbarkeit, Selbstunsicherheit, während Männer sich als besonders belastbar, emotional stabil und streßtolerant darstellten.
»Sie nehmen Zerstörung in Kauf, nicht selten wird sie angestrebt.«
Weiblich? Männlich?
Besser? Schlechter?

Gibt es ein weibliches und ein männliches Gehirn?

Als vor 80000 bis 40000 Jahren der Neandertaler in Europa lebte, hatte er ein Gehirnvolumen, wie es auch der heutige Mensch im Durchschnitt hat.
Das ist erstaunlich, wenn man bedenkt, daß sich der heutige Mensch von dem damaligen doch schon rein äußerlich wesentlich unterscheidet.
Was nun das Gehirn angeht, so hatte vermutlich der männliche Neandertaler ein schwereres Gehirn als die Neandertaler-Frau.
Das könnte uns eigentlich heutzutage reichlich egal sein, wenn das Gewicht des Gehirns des heutigen Menschen sich nicht ebenso unterscheiden würde.
Allerdings sind es nur lächerliche 130 g, die das männliche Gehirn schwerer ist – aber immerhin.
Das Gehirn eines ausgewachsenen Mannes wiegt etwa 1375 g.
Wenn das Gehirn einer Frau gewogen wird, so kommen 1245 g auf die Waagschale.
Mein Gehirn ist also leichter als das meines Mannes und das meines Sohnes usw.
Das muß erst einmal verdaut werden.
Aber was heißt das im Klartext?
Es heißt gar nichts!
Und es heißt deshalb nichts, weil z. B. der Physiker Albert Einstein, der mit sechsundsiebzig Jahren 1955 starb und 1921 den Nobelpreis erhielt, bei seinem Tode ein Gehirn besaß, das »nur« 1000 g wog.
Möchte nicht so manch einer Einsteins Gehirn haben? Auch wenn es relativ leicht war?
Demnach ist die oft gemachte verächtliche Bemerkung: »Du hast doch ein Spatzengehirn« absolut dumm.
Das Gewicht eines Gehirns ist es also nicht, was die Intelligenz ausmacht, es ist auch unabhängig von der Quantität des Ge-

hirns, wie hoch oder wie niedrig der IQ eines Menschen ist (IQ=Intelligenzquotient).
Was ist es dann?
Einzig und allein kommt es auf die Schaltverbindungen an. Wie bei einem Computer.

Daraus ist allerdings wiederum zu schließen, daß auch der höchste Ausbildungsgrad eines Gehirns – also eine komplizierte Schaltverbindung in hohem Maße – wertlos bleibt, wenn die in ihm ruhenden Fähigkeiten durch die Funktion nicht ausgenutzt, wenn die Chips nicht richtig eingesetzt werden.

Wenn man sich jetzt noch einmal den Neandertaler vorstellt, den Steinzeitmenschen, so kommt man etwas ins Nachdenken.
Auch wenn man weiß, daß es nicht auf Gewicht und Quantität ankommt. Merkwürdig ist es trotzdem.
Zum Schluß dieser Betrachtung behaupte ich, aus Erfahrung und dem reinen Gefühl heraus, daß Frauen Schaltverbindungen haben, die Männer nicht besitzen.
Oder aber, sollten sie doch über die gleichen Schaltverbindungen verfügen, so fehlen den Männern die Chips, um deren Funktion nutzen zu können.
Das heißt nun überhaupt nicht, daß hier ein Überlegenheitsgefühl aufkommt.
Im Gegenteil!
Alle Frauen, mit denen ich über diesen Punkt gesprochen habe, bedauern dies aus tiefstem Herzen.
So wie wir alles bedauern, was zu schmerzlichen Mißverständnissen führt und zu Fehleinschätzungen, die das Zusammenleben erschweren, ja oft unmöglich machen.
Noch einmal zurück zum Gehirn, »sachlich« und wissenschaftlich betrachtet: Peter Russell kommt in seinem Aufsatz über: »Das Weltgehirn – die nächste Stufe unserer Entwicklung« u. a. zu folgenden Überlegungen: »...Mit seinem großen Gehirn

wurde der Mensch die Grundlage für einen weiteren Entwicklungssprung der Informationsverarbeitung: Für die symbolische Sprache. Sie gestattet uns, Erfahrungen mit anderen auszutauschen. So könnten wir nicht nur aus eigenen Erfahrungen lernen, sondern auch aus den Erfahrungen anderer. Wir könnten Information raumübergreifend zu Menschen in anderen Gemeinschaften übertragen, ebenso zeitübergreifend zu Menschen in der Zukunft.«

Es wäre verlockend, diese Gedanken weiterzuspinnen...:
Über alle Möglichkeiten des geschriebenen Wortes, über Telefon und Telegraf – wo über große Entfernungen Gehirne verbunden werden – über Rundfunk und Fernsehen, die Informationen im Weltmaßstab verfügbar machen.

Das Ergebnis eines Lernprozesses, der sich über Jahrhunderte aus der Erfahrung von Menschen rund um den gesamten Erdball angesammelt hat und nie aufhören wird, solange ein menschliches Gehirn existiert. Ein ungeheuerlicher und mächtiger Gedanke, der die Menschen winzig klein und ebenso großartig machen kann. (Eine Welt für alle: Horizonte Verlag 1990)

Der Stoff, aus dem die Liebe ist – biochemisch gesehen

Ist die »Sucht« nach dem Partner eine Körpersubstanz, die romantische Gefühle erzeugt?
Möglicherweise gehen Herzflattern, Hochgefühle und Glücksrausch, eben alles, was Liebende beim Gedanken an den geliebten Menschen empfinden können, auf das Wirken einer körperlichen Substanz zurück. Sie ist ein regelrechtes Aufputschmittel, wird im limbischen System des Gehirns gebildet, welches, wie man heute weiß, der Ausgangspunkt des Gefühlslebens ist.
Es heißt: Phenyläthylamin.
So berichtet uns der Innsbrucker Mediziner Dr. Gerhard Crombach. Bei Tieren hat man dies in der Verhaltensforschung schon vor längerer Zeit herausgefunden, nämlich, daß es sich bei diesem Stoff, der den süchtig machenden Amphetaminen ähnelt, um eine echte Rauschdroge handelt. Wie Crombach meint, ähnelt aber auch das Liebesgefühl der Wirkung von Aufputschmitteln, können doch Liebende im wahrsten Sinne des Wortes nach dem Partner süchtig werden.
Wörtlich sagt er: »In der Tat verhalten sich manche enttäuschte Liebende in ihrem umhergetriebenen Suchtverhalten wie Fixer ohne Stoff.«
Die beiden Psychiater aus den USA, Marion E. Wolf und A. D. Mosnaim sind der Meinung, daß bei der Krankheit Schizophrenie ein Überschuß an Phenyläthylamin vorliegen könnte.
So liegt in der volkssprachlichen Verbindung zwischen Verliebtsein und Verrücktsein womöglich ein Körnchen biochemischer Wahrheit. Anderen Theorien zufolge läge dann der Gemütskrankheit Depression ein Mangel dieser körpereigenen Aufputschdroge zugrunde.
So gäbe es auch Hinweise, daß bei Wutzuständen abnorm erhöhte Phenyläthylamin-Pegel vorliegen könnten, ebenso bei der gefürchteten Migräne.

So bedürften tatsächlich bestimmte extreme Fälle von »gebrochenem Herzen« einer ärztlichen, wenn nicht gar einer medikamentösen Behandlung, bemerkt Crombach weiter. Da man diesen Liebeskranken aus verständlichen Gründen nicht mit Rauschgiften helfen könne, sei hier möglicherweise die Verabreichung von herkömmlichen Antidepressiva angezeigt. Sie hellten ebenfalls die Stimmung auf, machten aber nicht süchtig.
Aus den Ausführungen der beiden US-Psychiater geht hervor, daß Crombach auf dem richtigen Weg sein könnte. Sie berichten, daß Medikamente gegen Depressionen auf dem Prüfstand, bei Beobachtungen mit Tieren, kräftig die körpereigene Phenyläthylamin-Produktion ankurbeln.
Womöglich genügt es aber auch schon, wenn sich ein Liebeskranker mit Unmengen an Schokolade vollstopft und tröstet. Denn sie enthält, wie erst vor kurzem entdeckt wurde, diese Substanz in nicht unerheblichen Mengen, was womöglich auch einen Teil ihrer großen Beliebtheit und somit den enormen Verzehr erklären könnte.

Die altbekannte Beobachtung der Seelenärzte, daß depressive Menschen empfinden, als würden sie nicht geliebt, muß in einem völlig neuen Licht gesehen werden und verdient höchste Aufmerksamkeit. Denn dieser Stoff Phenyläthylamin eignet sich offensichtlich gut für die Behandlung jener Kranken.
An 155 schwerkranken Patienten (Melancholikern), bei denen die herkömmlichen Psychopharmaka vollständig versagt hätten, sei diese Substanz erfolgreich verabreicht worden. Die Stimmung der Patienten verbessere sich drastisch. Sie schöpften wieder neuen Lebensmut und neue Energien, obgleich sie über die – vom Liebestaumel her bekannte – Schlaflosigkeit klagten.

Der Stoff, aus dem die Liebe ist?
Der Stoff, der romantische Gefühle hervorruft?
Sicher spielt die Biochemie unseres Körpers eine entscheidende Rolle auch für unseren Gemütszustand.

Doch eine liebende Seele, sei es nun Mutterliebe, Liebe zwischen Mann und Frau, Liebe zur Natur, Liebe, die lieb macht, hat mit Phenyläthylamin nicht viel im Sinn. Sie liebt mit und ohne.

Der Stoff, aus dem die Liebe ist –
metaphysisch gesehen

Ist der tiefste Sinn der Liebe der, den geliebten Menschen so zu behandeln, als ob er mit dem eigenen Ich seinem Wesen nach identisch wäre?
Ist sie sich, die Liebe, ihres metaphysischen Grundes gewöhnlich gar nicht bewußt und ist sie trotzdem dem Geliebten gegenüber die instinktive und reelle Überwindung des Egoismus, in um so höherem Grade, je stärker sie ist?
Fragen nach einer Feststellung E. v. Hartmanns, Philosoph (»Die Geschichte der Metaphysik«). Diesen zur Diskussion gestellten Deutungen sei entgegenzusetzen, daß sie das Phänomen Liebe nicht »retten«, sondern »zerstören«. Es könne eben nicht der »tiefste Sinn« der Liebe sein, den anderen so zu nehmen und zu behandeln, als wäre er mit dem eigenen Ich identisch.
Liebe sei eben nicht bloße quantitative »Erweiterung der Selbstsucht« – sei nicht das Verhältnis irgendwelcher Teile eines Ganzen, das als »Ganzes« nur seine (egoistische) Selbsterhaltung, seine Selbstförderung oder sein Wachstum anstrebe, wie der Philosoph Max Scheler in seinem Buch »Wesen und Formen der Sympathie« ausführt.
Wenn man jemand so nehme, fasse, behandle, »als ob« er mit dem eigenen Ich wesensidentisch wäre, so hieße dies erstens, daß man einer »Realitätstäuschung«, zweitens, daß man einer »Soseinstäuschung« verfallen sei.
Zur Liebe gehört eben gerade jenes verstehende Eingehen auf eine andere Individualität, ohne daß man sich in deren Wirklichkeit täuscht, aber auch ohne sich einzubilden, diese Wirklichkeit sei ganz anders, nämlich nicht verschieden von dem eigenen Ich.
Eine so gelebte und erlebte Liebe ist die emotional restlos hingebende Bejahung der anderen Persönlichkeit.
Wie innig haben ungezählte Dichter darüber geschrieben...

Dieses Freiheitgeben, Selbständigkeitgeben, Individualitätgeben und -nehmen sei »der Liebe wesentlich«, schreibt Scheler weiter. In ihr konstituiere sich im Phänomen klar und scharf das aus der Einfühlung allmählich wieder auftauchende Bewußtsein von zwei verschiedenen Personen.

Dieses Bewußtsein sei nicht eine bloße Voraussetzung der Liebe, sondern auch ein im Laufe ihrer Bewegung allererst Vollherauswachsendes.

Es sei das Moment, das wenigstens die spezifisch menschliche, geistige und seelische Liebe am schärfsten scheide von der »Bezauberung«, wie die Dichter sagen, das heißt von Vorformen der Suggestion und Hypnose.

Diese Freiheit der Liebe, die nichts mit Willkür oder auch Wahlfreiheit, überhaupt nichts mit Freiheit des Wollens zu tun habe, die vielmehr wurzele in der Freiheit der Person gegenüber der Gewalt des Trieblebens überhaupt. (Es sei an Marie von Ebner-Eschenbach an anderer Stelle erinnert.)

Und Scheler wörtlich: »Die Liebe ist es, die überhaupt erst an das absolut intime Selbst als ewige Grenze anstößt und es gleichsam erst in ihrer Bewegung entdeckt.«

Liebe möge vielerlei Streben, Begehren, Sehnen nach dem geliebten Gegenstand im Gefolge haben, sie selbst sei nichts davon. Ja, sie folge sogar einem entgegengesetzten Gesetz wie das Streben. Denn während dieses sich in seiner Befriedigung verzehre und zur Ruhe komme, bleibe die Liebe entweder dieselbe, oder sie wächst in ihrer Aktion im Sinne einer gesteigerten Vertiefung in ihren Gegenstand und eines gesteigerten Aufleuchtens seines anfänglich verborgenen Wertes.

Für den Akt des Liebens habe Befriedigung keinen Sinn, soweit nicht etwas ganz anderes, nämlich die Befriedigung oder Beglückung im Vollzuge des Liebesaktes gemeint sei.

Insofern könne der Begriff »Eheliche Pflicht« oder Liebespflicht nur ein Fehlgriff sein und bedeute ein absolutes Verkennen der Liebe schlechthin.

Liebe sei eine Bewegung des Gemüts und ein geistiger Akt. Der hier genannte Begriff des »Aktes« sei nicht an das Ich, sondern an die niemals gegenstandsfähige Person gebunden. Liebe könne auch als Locken, als Einladung ihres Gegenstandes gegeben sein, was zum Beispiel für das Fühlen unmöglich sei.

Bei Aristoteles habe der Liebesbegriff den Sinn, wenn er sagt: »Gott bewegt die Welt wie das Geliebte den Liebenden bewegt« (Metaphysik).

Vor allem aber sei die Liebe ein spontaner Akt, sei das auch noch in der Gegenliebe, wie immer diese fundiert sein möge.

Es ist unbestritten, daß die Philosophen mit ihrem Nachdenken über die Liebe Großes geleistet haben, auch ist es bisweilen heilsam, sich in ihre Denkweise hineinzuversetzen, zu versuchen, sich mit dem Gelesenen zu identifizieren oder eine Meinungsposition zu beziehen, die sich wesentlich von der des Philosophen unterscheiden kann.

Das wäre nur normal, sind die Philosophen doch mit ihren eigenen Meinungen oft sehr gegensätzlich und widerlegen leidenschaftlich die Philosophie des Kollegen.

So auch über die Liebe – ganz besonders hier.

Die Biologen und Biochemiker erzählten uns ebenfalls etwas über die Liebe aus ihrer Sicht, was manchmal in Erstaunen versetzen mag.

Man kann die Liebe mit all ihren komplizierten Zusammenhängen aus mannigfachen Richtungen beleuchten. Man kann sie in ihre »Bestandteile« zerlegen. Man kann sie analysieren, mikroskopieren oder sich gar nicht um sie kümmern – ein Geheimnis wird sie immer bleiben.

Es wird in diesem Buch nicht versucht, das Geheimnis zu entzaubern, den Schleier des Unbekannten zu lüften.

Eines wird allerdings versucht, daß die Liebe nicht für alle Zeiten in den Hainen des Olymp verbleibe – für jedermann unerreichbar – sondern sie mit Klugheit und Mut aller auf die reale Erde zu holen, damit sie erreichbar wird.

Was seit Menschengedenken unumstößlich ist, heute genauso

Gültigkeit hat, bleibt die Tatsache, daß Liebe nicht erzwungen werden kann, nicht zu kaufen ist, man kann sie nicht herbeijammern, nicht erschmeicheln, weder im Computer speichern noch von dort abrufen, man kann ihr nur begegnen und sie dann leben – sonst nichts.

Erröten, Herzklopfen, Streß

Wer kennt nicht dieses ohnmächtige Gefühl, wenn es langsam hochsteigt, das Blut, das nicht nur die Wangen rötet, sondern das gesamte Gesicht bis hinter die Ohren, den Hals und nicht zuletzt das Dekolleté. Auf der Stelle möchte man unsichtbar sein.
Nichts, aber auch gar nichts kann man dagegen unternehmen, man steht da, puterrot, und kann nur hoffen, daß diese Seelenblöße so schnell wie sie gekommen ist auch wieder verschwindet.
Natürlich haben es alle Anwesenden bemerkt. Meist befindet sich noch einer unter ihnen, der diesen peinlichen Vorfall laut kommentiert.
Wieder möchte man unsichtbar werden, denn durch die blöde Bemerkung wird das Rot noch einmal heftig intensiviert.
Da hilft nur die Flucht nach vorn, daß man selbst einen lockeren Beitrag leistet, indem man sagt: »Rotwerden ist ein Zeichen von Jugend – wer nicht mehr erröten kann, ist eben alt.«
Wenn es damit getan ist, und die Haut wieder einen normalen frischen Teint aufweist, ist es für dieses eine Mal gut gegangen.
Aus den verschiedensten und absonderlichsten Gründen kann man rotwerden. Es ist auch ein wenig typbedingt. Jedes junge Mädchen und jeder junge Mann hat sich schon einmal diesem unabänderlichen Geschick ausgesetzt gesehen, wenn die oder der Angebetete unverhofft in Erscheinung trat.
Mit Willen und Disziplin läßt sich da nichts ausrichten.
Man kann nur hoffen, daß der Grund der Verwirrung ebenso verwirrt ist und seinerseits auch mit der Gesichtsfarbe zu kämpfen hat – oder aber, er ist derart entzückt ob des Widersehens, daß er die Verlegenheit nicht gewahr wird.
Leider gibt es Kerle, die sich einen feixenden Spaß daraus machen, und bewußt Dinge erzählen, die meist unter die Gürtellinie gehen, um die anwesenden Damen in größte Unsicherheit

zu versetzen. Mit der Schadenfreude eines Schelms beobachten sie dann, wie mindestens eine der Damen mit hochrotem Gesicht den Blick abwendet. Um Kavaliere handelt es sich dabei nicht. Die Gesellschaft solcher Männer ist absolut entbehrlich. Man kann auch durch Fragenstellen jemand in äußerste Verlegenheit bringen. Wenn dies bewußt geschieht, ist das eine ausgekochte Lumperei und zeugt von einem miesen Charakter.

Unter Menschen, die sich mögen oder gar lieben, sollten derartige, die Beziehung belastenden Vorkommnisse nicht vorhanden sein. Und was ist, wenn einem das Herz bis zum Halse klopft?

Die Pumpbewegungen des Herzens durch Bluse und Hemd die innere Erregung sichtbar werden lassen? Wenn man sich ertappt und entblößt, seiner innersten Geheimnisse beraubt sehen muß?

Oft gehen rasender Puls und hochsteigende Röte Hand in Hand – man wird das Opfer seines vegetativen Nervensystems. Warum kann man hier mit Vernunft und starkem Willen nicht einschreiten? Warum sich nicht einfach irgendwelche Befehle geben und schon geht der Pulsschlag wieder ruhig und regelmäßig, die roten Wangen werden wieder blasser – verraten nichts. Aber nein, die Erregung schleicht durch den ganzen Körper und unwillkürlich fangen auch noch die Knie an zu zittern... Die Hände werden feucht, manchmal beginnt auch noch die Sprache undeutlich zu werden.

Warum das alles?

Wieder haben wir es mit dem Gehirn des Menschen zu tun und jeder von uns kennt in irgendeiner Form das Aussehen des Großhirns mit seinen vielen, vielen Windungen. »Dieses Großhirn nun umschließt gleichsam wie ein Mantel das in der Tiefe liegende Stammhirn und ist in seiner Bedeutung das große Nervenzentrum für alle bewußten, willkürlichen Aktionen und für das Bewußtsein.« So erklären es uns Prof. O. Stochdorf und Dr. H. Brauer, Institut für klinische Biochemie und Pharmakologie MSM München.

Sie bringen uns diese äußerst komplizierten Vorgänge auf eine verständliche Weise und sehr anschaulich nahe:
»Im tiefer liegenden Stammhirn dagegen liegen die Nervenzentren für die Regulierung der autonomen, zwar seelisch über das Großhirn beeinflußbaren, aber doch unbewußt gesteuerten Lebensfunktionen.«
In den einzelnen, unterhalb der Gehirnrinde liegenden Nervenzentren des Stammhirns lägen also die Kontrollstationen für das autonome oder unwillkürliche Nervensystem, das die Funktionen der inneren Organe von *Herz, Blutgefäßen, Haut,* des *Magens,* des *Darms* (wie häufig bekommt man Magenbeschwerden oder Durchfall bei seelischer Erregung, oder es »schnürt einem den Magen zu«, man kann nichts mehr essen) und der Genitalorgane regulieren.
Dieses vegetative Nervensystem arbeite vorwiegend mit Hilfe von Reflexen, die sich auf Impulse und Reizempfänger aus dem Bereich der inneren Organe stützten. So mobilisiere eine vegetative Reaktion auf dem Reflexwege beispielsweise die Kräfte des Körpers, um Streßreize zu beantworten, wie überhaupt das vegetative Nervensystem autonom, gleichsam automatisch auf körperlichen oder geistigen Streß eine ganze Reihe komplexer körperlicher Reaktionen und Veränderungen auslöse, um uns Menschen der Forderung oder Herausforderung einer Situation gerecht werden lassen zu können.
Das vegetative, autonome Nervensystem kenne nun zwei verschiedene und voneinander getrennte, jedoch voneinander abhängige und gegenseitig zugeordnete Systemteile.
Es seien das »sympathische« und das »parasympathische« Nervensystem. Das sympathische Nervensystem, oder kurz der *Sympathicus,* dessen Fasern aus dem Brust- und Lendenmark kommen, bewirke im allgemeinen eine Zusammenziehung der unwillkürlichen Muskeln – etwa der winzigkleinen Muskeln der Blutgefäße – und eine allgemeine Aktivierung der Körperfunktionen, wie sie in Situationen der Anspannung (Streß) und der Leistung erforderlich seien.

Man fühle sehr gut das Regiment des Sympathicus in Streßsituationen, wenn das Blut aus der Körperperipherie, aus Händen und Füßen und aus dem Magen-Darmtrakt abströmt und sich in Kopf und Rumpf ansammeln würde, wenn man »kalte Füße«, Frösteln und »Magenkrämpfe« bekäme, wenn sich die Pupillen weiten, eine zugeschnürte Kehle, Spannungen an Nacken und Rücken auftreten und die Atmung abflache, wenn Herzschlag und Puls beschleunigt seien (Herzklopfen und Herzjagen) und die Hände kalt und feucht würden, wie unterdessen hinreichend bekannt sei. Man bekomme ein taubes Gefühl in den Genitalien und die Muskeln der Beine seien angespannt.

»Solche Sympathicusreaktionen, zu denen auch ein Ansteigen des Blutdrucks infolge Ausschüttung des Nebennierenhormons Adrenalin gehört, bedeutet bei Mensch und Tier gleichermaßen Vorbereitung und Signal zum Kampf oder Flucht und läßt jeden gewahr werden, daß er unter Streß steht.« So die beiden Wissenschaftler.

Weiter bemerken sie:

»Das parasympathische Nervensystem, der Parasympathicus, dessen Nervenfasern manchmal aus dem Mittelhirn und dem verlängerten Mark, also aus dem Stammhirnbereich, zum anderen aus dem Rückenmarksbereich der Kreuzbeinregion, somit aus zwei voneinander entfernt liegenden Nervenzentren entspringen, bewirkt im allgemeinen eine Entspannung und Ruhelage der Körperfunktion und dient entgegen dem ›Verschleiß‹ des Sympathicus dem Aufbau und der Erholung, der Erfrischung.

Die subjektiven Empfindungen, die der Parasympathicus auslöst, sind ganz einfach angenehmer: Mitleid, Stolz und glühende Erregung stehen unter dem Einfluß des Parasympathicus, der die Pupillen verengt, die Blutgefäße erweitert, das Herz langsamer schlagen und den Blutdruck absinken läßt.

Andererseits bewirkt der Parasympathicus im *Beckenbereich* motorische und aktivierende Funktionen u. a. der Blase, der Genitalorgane, so auch die Peniserektion.«

Während der Parasympathicus in seiner Tätigkeit eine ziemlich arteigene und auswählend aktivierende Wirkung ausübe, sei der Sympathicus in seiner Wirksamkeit weniger selektiv, also auswählend, ja es komme bei ihm häufig zu einem allgemeinen Erregungseffekt auf Nerven- und Drüsenfunktion, die »Massenentladung« bei Kampf- oder Fluchtreaktion, die umfassendste und höchste Reaktion auf extremen Streß.

Es versteht sich, daß angespanntes Wachsein und Leistung jeder Art überwiegend den Sympathicus braucht, während Phasen der Ruhe, der Entspannung und vor allem des Schlafs dem Regiment des Parasympathicus zugehören.

Man verfügt nicht allein wegen der typenbedingten und individuellen Unterschiede wissenschaftlich über keine verbindlichen Angaben, in welcher Dauer und Intensität anhaltender Streß und übersteigerte Leistungshaltung mit der Folge eines überhöhten und dysrhythmisch verlängerten Sympathicus-Regiments zur Erkrankung führt. Doch bestehen aus ärztlicher Erfahrung keine Zweifel, daß eine nachhaltige Störung der natürlichen, wechselnden Rhythmik im Zusammenspiel von Sympathicus und Parasympathicus durch übersteigerte und langdauernde Leistungshaltung sich gesundheitsschädlich auswirkt. So besteht eine der Hauptaufgaben darin, daß man sich in die spürbaren, über jeden kommenden Phasen der Ermüdung, der Entspannung und des Schlafes nach größter Möglichkeit einzupassen hat und eben in diesem einen Punkt nicht »gegen den Strom« schwimmen sollte.

Wenn man sich dessen bewußt wird, dann müßten die Männer mehr auf der Hut sein, sich und ihren Körper nicht überzustrapazieren. Für alle Ehefrauen, Freundinnen und Geliebten gilt selbstverständlich die fürsorgliche Umsicht, den geliebten Mann immer wieder aus seinem Streß zu befreien.

Wie schwer das ist, davon können viele Frauen ein trauriges Lied singen. Häufig ist es doch so, daß die angespannten Männer regelrechte Entzugserscheinungen aufweisen, sollten sie einmal zur Ruhe kommen. Sie sind umtriebig und müssen stets etwas unternehmen, halten sich fortgesetzt unter Strom – dann wundern sie sich, wenn eines Tages das Herz sich mit Warnsignalen meldet oder sich eine schleichende Zuckerkrankheit ausbreitet, nur mal um ein Beispiel zu nennen. Erst wenn der Arzt mit symbolisch erhobenem Zeigefinger große Verbote ausspricht, was das Rauchen, Essen und Trinken betrifft oder man den weitverbreiteten Mahnsatz hört: »Sie müssen unbedingt kürzertreten«, kommt man zur Besinnung und stellt neue Weichen. Hoffentlich ist es dann noch nicht zu spät gewesen. Meist ist diese Ruhelosigkeit das Ergebnis einer sinnlosen Jagd nach dem Glück, die leider mit dem Willen zum Glück nichts zu tun hat, doch häufig mit ihm verwechselt wird.

Jagd nach dem Glück macht unruhig, zerrissen, unglücklich, krank. Der Wille zum Glück läuft im Menschen ab, innerhalb seiner Sinne, von denen er viel mehr besitzt, als er in der Schule gelernt hat.

Der Wille zum Glück macht ruhig, besinnlich, er macht bescheiden und gibt den Blick frei für geistig Beglückendes. Wir sollten unserem Körper mehr Ruhe gönnen, wenn man es schon nicht für sich tun will, so doch für die Menschen, die man liebt und von denen man wieder geliebt wird.

So hat sich der Bogen von einem schamhaften Erröten über Herzklopfen bis hin zum gefährlichen Streß gespannt. Selbstverständlich kann man einen Menschen auch trotzdem lieben, sollte er auf permanenten Hochtouren laufen, man kann ihn trotzdem lieben, auch wenn er seine Lieben viel alleine läßt. Aber sie darf nicht still bleiben, diese ›Trotzdemliebe‹, und aus falscher Rücksichtnahme schweigen.

Trotzdem lieben heißt auch mahnen, erinnern, an die Vernunft des anderen appellieren.

Die Vielfalt der »Trotzdemliebe«

Die Trotzdemliebe

Die Liebe, die uns in so vielerlei Gestalt begegnet:
Die Eigenliebe.
Die Nächstenliebe.
Die Fernstenliebe.
Wobei sich jede der drei Arten wiederum in sich wesentlich und mannigfach unterscheiden kann.
Unter dem Aspekt der *Trotzdemliebe* machen sie keinen Unterschied.
Man kann *sich* trotzdem lieben, den Nächsten wie auch denjenigen in der Ferne, den man nie zu Gesicht bekommt, wo die Liebe eher anonym und mit weniger menschlichem Engagement verwirklicht wird.
Diese Liebe ist allemal die einfachste, die am leichtesten zu praktizieren ist.
Will man nun – ausgehend von der Trotzdemliebe – solch ein Gefühl näher beschreiben, so muß mit Nachdruck betont werden, daß diesem »ich liebe dich trotzdem« niemals, in keiner Situation und zu keiner Zeit der Charakter von Almosen anhaften darf.
Es wäre auch verwerflich, würde sie in reinen Selbstzweck abgleiten, obwohl bei dem einen wie auch dem anderen die Gefahr groß ist. Hier gilt es, dies mit allem persönlichen Einsatz zu verhindern. Eine Selbstkontrolle ist unerläßlich, um nicht in einer Täuschung zu leben und zu glauben, man liebe, wo doch der »Geliebte« Sentimentalität anstatt Gefühl erfährt.
Dies kann zu schwerwiegenden Folgen führen, wobei der Fernstengeliebte noch am wenigsten davon betroffen sein wird.
Die Trotzdemliebe hat nichts von alledem.
Sie ist kein Flickwerk von zusammengesetzten Tugenden wie Mitleid, Pflichtbewußtsein, Helfenwollen und Aushalten, was immer geschieht.

Sie steht ganz für sich alleine, kristallklar, ohne verwischte Konturen.

Trotzdem lieben ist eine große Gnade für den, der trotzdem liebt.

Er ist der eigentlich Beschenkte, reich an Gelassenheit und innerer Ruhe. Ein optimistischer Realist.

Allerdings, und das ist nicht zu übersehen, ist sein Leben nicht gerade einfach. Er kann sich mit seiner Trotzdemliebe nicht zurückziehen, auch nicht ausruhen, indem er sich sagt, daß das nun das Los aller Lose sei im Leben, und man sich dreinschicken muß, man unbeteiligt »teilnimmt«.

Der Trotzdemliebende *nimmt Teil* in des Wortes reinster Bedeutung. *Beteiligt* mit der ganzen Persönlichkeit und Hingabe, von der in diesem Zusammenhang durchaus gesprochen werden darf, hat sie doch einen starken Bezug zur Trotzdemliebe. Hingabe ohne Selbstaufgabe.

Eine selbstverständliche Liebe, so selbstverständlich wie es Morgen und Abend wird. Die Liebe, die einer Überlegung nicht bedarf, die man ohne Erklärung versteht.

Wird sie nicht so gelebt, bekommt sie für den »Beliebten« einen Beigeschmack. Er wird zwangsläufig zum Erdulder.

Es entsteht das Mißverhältnis unter »Liebenden«: »Täter« und »Opfer«. Bei der Trotzdemliebe gibt es diese Diskrepanz nicht.

Obwohl sie selbstverständlich ist, ist sie nicht automatisch. Der Trotzdemliebende ist kein Roboter, der von seinem Gehirn drahtlos gegebene Befehle ausführt.

Er ist der Liebende schlechthin, weil seine Liebe eine Eigenschaft ist und keine Tätigkeit.

Er denkt in Liebe, fühlt in Liebe.

Allem und jedem zum Trotz. Er trotzt bösen Mächten, der Langeweile und Eintönigkeit, Intrigen und Ränkespielen, Hinterlist und Verlogenheit.

So wird die Trotzdemliebe zur »trutzigen« Burg, die Sicherheit und Geborgenheit gibt.

Einer anderen Form dieser Liebe begegnet man, wenn widrige Umstände zwei Menschen und deren Gefühle unter Druck setzen oder auf harte Proben stellen. Diese Umstände können Menschen oder Institutionen, Traditionen oder politische Verhältnisse sein.
Wenn es Menschen sind, so sind es oft verfeindete Familien, denen die beiden Liebenden angehören.
Heutzutage setzt man sich meistens darüber hinweg. Schließlich will man nicht die Familie heiraten, sondern nur eine ganz bestimmte Person. Das mag gutgehen. In der ersten Zeit mit Sicherheit. Schwierigkeiten beginnen spätestens dann, wenn die ersten Gewitterwolken am »siebenten Himmel« aufziehen. Diese Situation ist Thema einer anderen Stelle dieses Buches. Hier ist es die Liebe, die auch ohne den Segen der Eltern und Familien leben will. Die sich trotz der Belastungen durch versuchten Druck, der ausgeübt wird von Seiten irgendwelcher Familienmitglieder, behauptet. Sie braucht nicht tragisch zu enden wie bei »Romeo und Julia«, doch ist der Start in ein neues Leben schon von Anbeginn beschwerlich.

Hat man es mit Institutionen zu tun, so denken sofort viele an eine Zeit, in der die katholische und die evangelische Kirche es ihren Gläubigen unmöglich machten, eine sogenannte Mischehe einzugehen. Von ökumenischen Trauungen war man so weit entfernt, wie man es sich heute nicht mehr vorzustellen vermag. Die ältere Generation weiß dies aber noch sehr gut. Viele unter ihnen sind selbst von diesen engen, so wenig menschlichen Kirchengesetzen betroffen gewesen.
Für Katholiken, die ihren Glauben ernst nahmen, bedeutete es eine menschliche Tragödie, sollten sie sich in einen evangelischen Christen verlieben. Du darfst nicht, man darf nicht, es ist nicht erlaubt. Mit derlei Befehlen kann man in der Liebe nichts ausrichten. Sie ist einfach da. Sie fragt nicht nach Religion, nicht nach Hautfarbe.
Wieviel Tränen und Unglück zwischen den Liebenden stand,

weil sie sich nicht lieben durften, wissen die, die die damalige Zeit noch erlebten. Und wie viele auf Grund dieser Gebote auf eine große Liebe verzichtet haben, daß weiß keiner.
Doch ist anzunehmen, daß in fast jeder Familie sich junge Menschen befanden, die ihr Leben dadurch zerstört sahen.
Für die heutige junge Generation unvorstellbar.
Als ich ein junges Mädchen war, kursierten folgende Fragen, die man zu stellen hatte: »Bist Du katholisch, evangelisch – je nach dem. Hast Du ein Auto? Willst Du mich heiraten?« Heute lacht man darüber. Damals war es wirklich nicht zum Lachen. Außerdem erinnere ich mich noch sehr gut an ein Gespräch, das meine Mutter mit einer Bekannten führte. Meine Mutter erwähnte in dieser Unterhaltung mit lobenden Worten den jungen Mann, den sie des öfteren schon mit der Tochter dieser Dame gesehen hatte. Er gefiel ihr. »Ja, er wäre schon in Ordnung, wenn er nicht evangelisch wäre.«
Den Weisungen der Kirche gehorchend, trennten sich viele Liebende wieder, um ein Leben lang dieser Liebe nachzutrauern.
Ein Leben lang zu lieben ohne Erfüllung.

Die Kirche ist auch andernorts nicht gerade unmaßgeblich beteiligt, wenn Menschen in großen Gewissensnöten sind.
Das Ja-Wort auf ewig und bis daß »der Tod euch scheidet«.
Wenn die Liebe, von der man einmal glaubte, daß sie alles überdauern wird, erst kränkelt, dann todkrank ist, dann stirbt? Wenn alle Arzneien wie Familienberatung, Eheberatung, psychologische Betreuung, Selbsthilfegruppen und eigener persönlicher Einsatz keinerlei Erfolg bringen? Wenn man eines sehr unschönen Tages zu der ernüchternden Erkenntnis gelangt, daß man sich geirrt hat? Daß das Leben in dieser Verbindung für beide Teile nur noch eine menschliche Zerrissenheit bedeutet? Wenn dieses Leben nur noch aus einer einzigen Lüge besteht: Jeder belügt den anderen, zuletzt belügt man sich selbst. Ein aufrecht denkender Mensch hält das nicht lange durch. Man will einen sauberen Strich ziehen, klare Fronten schaffen.

Wie schwer das ist, obwohl man genau weiß, daß man diesen Weg gehen muß, weiß jeder, der betroffen ist.
Die Trennung ist vollzogen. Man ist leer. Man ist befreit. Man ist ein wenig verloren. Man schaut vorwärts.
Doch zunächst ist man allein. Man kommt gut zurecht, baut mit dem Teil des alten einen neuen Freundeskreis auf, geht wieder aus. Interesse am anderen Geschlecht ist nicht vorhanden – wenigstens nicht glühend. Man hat noch mit sich zu tun. Genug.
Doch da schickt einem das Schicksal jemand über den Weg, von dem man nach geraumer Zeit überzeugt ist, daß er menschliche Heimat geben kann. Es ist absolut unerheblich, weshalb Menschen zueinander finden, weshalb es sie drängt, beieinander sein zu wollen und zu müssen, es ist deren einzige ureigene Angelegenheit, in die sich keiner einzumischen hat.
Die katholische Kirche gestattet ihren Gläubigen nicht, noch einmal zu heiraten, sie verweigert ihren Schäflein einen erneuten Segen. Man wird von der Liebe der Kirche ausgeschlossen mit allen Konsequenzen.
Hier ist der »wilden Ehe« Tür und Tor geöffnet.
Was ist mit diesen Menschen, die ihren Glauben lieben? Die ihre Kirche lieben? Den Glauben, der sie von Kindheit an begleitet hat? »Kommt alle zu mir, die Ihr mühselig und beladen seid«.
Auf der einen Seite eine starke Liebe zu einem Menschen, auf der anderen Seite ein starker Glaube. Wie soll das zusammengehen ohne Katastrophe? Warum gibt es so viele Kirchenaustritte? Warum kehren so viele »ihrer« Kirche enttäuscht den Rücken?
Es ist nicht die Kirchensteuer. Es ist auch nicht unbedingt ein Kirchenmann, der einem unsympathisch wäre, es ist dieses kalte Unverständnis, das einem gerade im Bereich der menschlichen Gefühle – hier ganz besonders – entgegengebracht wird.
Der Staat hat diese Verbote nicht. Auch nicht die evangelische Kirche.
Was tut derjenige oder diejenige, die nicht nur Lebensgefährte sein wollen dem Gefühl nach, sondern auch mit Brief und Siegel? Sie verzichten auf das Wohlwollen einer Kirche, die von der

Liebe eine andere Auffassung hat als die Christenheit und läßt sich vom Standesbeamten eine würdige Trauung bereiten. Ohne den Segen der Kirche trotzdem lieben.

Das mag einer tiefen Liebe keinen Abbruch tun. Starke Menschen, die wissen, was sie wollen und zu tun haben, werden ihr Leben gut gestalten können, ohne ihr Christsein zu verlieren.

Sind es aber Menschen, die sich leichter tun, wenn sie gesagt bekommen: dies ist richtig und jenes ist falsch, deren Gewissen keine klaren, selbstarbeitenden Konturen zeigt, die sind mit einem ständigen merkwürdigen Schuldgefühl behaftet, können im letzten Winkel ihres Herzens nicht frei werden.

Oder aber, sie verzichten auf einen Menschen, der sie glücklich machen könnte und den sie glücklich machen könnten. Das wäre dann die schlechteste Lösung.

Eine Familientradition über Generationen hinweg ist ebenfalls oft ein Unglücksquell für Verliebte. Sieht man einmal davon ab, was man in romantischen Geschichten mit Happy-end zuhauf konsumieren kann, so bleibt es doch die Ausnahme, daß der Müllersohn eine Königstochter ehelicht, oder die Bankierstochter einem Schafhirten ihre Hand zum ewigen Bund reichen kann, mit wohlwollender Zustimmung der geneigten Eltern versteht sich.

Mutig setzten sich junge Leute über Konventionen und Herkömmliches hinweg und liebten sich trotz der Enterbung, trotz des Ausschlusses aus dem Familienclan.

Heutzutage sind die Schwierigkeiten um die Liebe ein wenig einfacher geworden.

Junge Leute sind selbständig, lassen sich nicht mehr in ihr Leben hineinreden mit Verhaltensmaßregeln, die ihnen verstaubt und hoffnungslos veraltet erscheinen.

Ob diese ertrotzten Verbindungen allerdings glücklicher werden oder sind, bleibt für den aufmerksamen Beobachter fraglich.

Besonders tragisch muß man empfinden, wenn gerade so eine Beziehung scheitert und man aus allen Ecken ungefragte Kommentare hören muß: »Das hat man doch gleich wissen können, daß das nicht gutgehen kann.«

Wenn diese Bemerkungen doch nur ausblieben!
Nichtsdestotrotz ist es die Liebe, die die meisten Siege davonträgt. Nicht die Liebe bringt Schwierigkeiten – der Mensch ist es, der unfähig ist, mit ihr umzugehen.

Schauplatz menschlicher Trauerspiele war die Deutsch-Deutsche Grenze.
Wenn politische Machtausübung so weit geht, daß Menschen, die sich lieben, gezwungen werden, illegal und unter Todesangst zu versuchen, eine Grenze zu durchbrechen, dann hat man es mit einer Völkervergewaltigung ungeahnten Ausmaßes zu tun.
Manchen mag dieser Ausbruch gelungen sein, mancher endete mit Gefängnis oder Tod.
Das Wunder des 9. November 1989 hat nun diesem Wahnsinn ein Ende gebracht. Diejenigen, die ihre Trotzdemliebe über diese Zeit des Grauens hinaus bewahren konnten, werden die gewonnene Freiheit des Geistes und des Körpers mit Tausenden anderen als Geschenk mit in ihren neuen Alltag nehmen.

Kann man Liebe träumen?

Ein junger Journalist bekommt den Auftrag, in das damalige Ostberlin zu reisen, um für einen Bericht über die FDJ zu recherchieren. Er ist frischverliebt. Aus unerfindlichen Gründen und schicksalhaft besteht für ihn keine Möglichkeit, vor der Abreise sein Mädchen zu treffen. Er wird ihr einen langen, sehnsuchtsvollen Brief schreiben, dann macht er sich auf den Weg. Er wußte, daß seine Mission nicht ganz ungefährlich werden wird.
So ist er vorsichtig, will kein Risiko eingehen.
Was nun letzten Endes doch dazu geführt hat, daß er verhaftet, ihm aus fadenscheinigen Gründen ein Fehlverhalten zusammengelogen wurde, um ihn dann, wegen... für sieben Jahre hinter Gitter zu bringen, ist bis heute nicht geklärt.
Jörg Sander, so wollen wir den Journalisten von jetzt an nennen, kann aufgrund seiner Verzweiflung und ohnmächtigen Wut zunächst das Ausmaß der Ereignisse noch nicht erfassen. Er glaubt, einem Irrtum zum Opfer gefallen zu sein – alles müßte sich in den nächsten Tagen aufklären. Er wird mit dem Ausdruck höchsten Bedauerns wieder auf freien Fuß gesetzt werden. Hier blieb der Wunsch der Vater der Gedanken – nichts ereignete sich, was zu einer berechtigten Hoffnung Anlaß bieten könnte.
Verzweifelt versuchte er, den Aufseher in ein Gespräch zu verwickeln – doch sollte er bis dato nicht gewußt haben, wie sich grimmiges Schweigen anhört, so konnte er hier die besten Studien betreiben. Im Laufe der nächsten Wochen wurde Jörg Sander immer deutlicher, daß seine Lage äußerst mißlich war und die zunächst lebendige Hoffnung sich mit jedem Tag verringerte, bis schließlich auch der letzte Funke im Elend einer Gefängniszelle erlosch.
Doch Sanders Lebenswille war stärker als Willkür – jetzt wartete er täglich auf die Antwort, die ohne Frage in allernächster Zeit seinem Brief folgen mußte, den er an die Freundin schrieb. Denn

er war davon fest überzeugt, daß seine Familie von den Ereignissen Kenntnis bekam. So wartete er. Ein Brief kam nicht. Nicht nach Tagen, nicht nach Wochen, auch nicht nach Monaten...
Die Unerträglichkeit der Situation wurde durch das vergebliche Warten zu einer Umkehrung der Wirklichkeit: mit einem Salto *vitale* katapultierte sich Jörg Sander in die einzige Welt, die ihn überleben ließ – an Geist und Körper: in eigener Sache – sozusagen, begann er, sich den Brief zu schreiben, den er nie bekam.
Täglich einen neuen, täglich einen anderen. Er schrieb sich Briefe, wie sie in seiner Phantasie für ihn und an ihn geschrieben wurden. Er sagte sich, daß seine Geliebte genauso an ihn geschrieben haben würde und irgend ein Aufseherschwein die Zensurgewalt übel mißbrauchte: Die lieben Zeilen, die ihm galten, gierig fraß, um sie dann in Fetzen gerissen ihres letzten Charmes beraubt in einen ärmlichen Papierkorb zu werfen zusammen mit unwürdiger Gesellschaft. Ohne Hoffnung und ohne Licht.
An so etwas mochte Jörg Sander nicht denken, obwohl ihm diese Vorstellung noch angenehmer erschien als die bange Frage, ob sie ihm überhaupt geantwortet hat. Doch derlei Zweifel ließ er nicht reifen, diese Möglichkeit mußte ausgeschlossen werden.
Die Briefe, die Jörg Sander nun täglich bekam, machten sein Zellenleben erträglich. Sie passierten jede Gefängnismauer, jedes Schloß, jede Zensur – unbeschadet.
Mit Hingabe beantwortete er auch jeden Brief – so lebte er in einer Welt voller Sehnsucht und Liebe, voller Zärtlichkeit und Hoffnung. Liebesbriefe, die in Wirklichkeit nie existierten, die aber über Jahre die Kraft zu geben vermochten, das unbeschreibliche Unrecht unbeschadet an Leib und Seele zu überstehen. Denn allein der Glaube an das, was er hoffte, ließ den Gefangenen nicht zerbrechen. Es war der Glaube an eine Liebe.
So vergingen Jahre in einer Welt zwischen Traum und Wirklichkeit.
Die Wirklichkeit blieb unverändert hart – der Traum sollte bald einer ungeschminkten Wahrheit weichen.

Denn eines Tages kam der Brief, auf den Jörg Sander unerschütterlich hoffte und wartete – nach sechs Jahren.
In großer Hast und unbeschreiblicher Freude riß er den Umschlag auf, obwohl es nichts zu reißen gab, denn er war bereits geöffnet – nur um zu erfahren, was er all die Jahre längst wußte.
Doch was er da las, konnte er nicht wissen: Es war die mit verlegenen Worten niedergeschriebene Nachricht, daß sie, die Freundin, nun nicht mehr länger warten wolle, sie habe sich entschlossen zu heiraten.
Die Freude mußte einer leeren Enttäuschung Platz machen. Immer wieder las er, was er nicht begreifen konnte, und was nicht in seinen Kopf wollte, ganz zu schweigen von seinem Herzen.
Doch wer jahrelang mit Lebenswillen einem Irrsinn trotzte, mit unbeugsamem Mut das Schicksal zu zwingen imstande war, geht auch daran nicht zu Grunde. Was von einer Minute auf die andere zwischen grauen Mauern gespensterhaft stand und grausam eine Illusion zu töten begann, zeigte für ihn neue Perspektiven auf. Er wütete nicht. Zerfleischte sich nicht in Selbstmitleid, auch wurde die Treulose nicht mit Vorwürfen und bösen Worten bedacht. Im Gegenteil. Er vermochte sogar für die Zeit dankbar zu sein, in der sie schwieg und er sich in seiner selbst errichteten Liebeswelt ungehindert bewegen konnte. Doch als sie sich zu einem Besuch anmeldete, drohte Sanders Fassung mit einem Mal zusammenzubrechen.
Was wollte sie noch von ihm?
Er nahm sich fest vor, sie einfach nicht zu empfangen. Als es aber dann so weit war, konnte er der »traurigreizvollen« Situation doch nicht widerstehen.
Allerdings sollte er dieses Nachgeben einem selbstzerstörerischen Gefühl sofort, als er sie sah, auch schon bitter bereuen: Es war auch für ihn nicht zu übersehen, daß die Angebetete einer baldigen Mutterschaft entgegensah.
Doch trotz ihres Zustandes und trotz seiner Bestürzung kam zwischen den beiden eine merkwürdige Stimmung auf. Es war, als hätte für die nächsten Augenblicke die Zeit still gestanden, als

hätte es nie eine Trennung gegeben, es schien Jörg Sander sogar, als hätte sein Liebesbriefwechsel wirklich stattgefunden und eine lang gehegte Sehnsucht würde nun ihre Erfüllung finden.

Da war nicht die Rede von einem anderen, von einer Hochzeit kein Gedanke. Die Geliebte sprach sogar von einem Fehler, den sie begangen habe und daß sie nun doch auf ihn warten wolle, wenn er sie noch immer liebte.

Die Rührung und die Versuchung war groß – egal, was zwischenzeitlich geschah. Jörg Sander sah sich am Ende doch noch das Ziel seiner langen Träume erreichen. Er wollte für sie und das Menschlein, das im Werden war, leben und arbeiten. Hatte er doch in langen Nächten sich tausendmal vorgestellt, wie sie in seinen Armen liegt, von ihm zärtlich geliebt und umarmt. So ist es für ihn gar nicht abwegig oder gar absurd, daß seine Geliebte ein Kind bekommt.

Es fiel ihm überhaupt nicht schwer, sie trotzdem zu lieben. Alles war wie seit Jahren gewohnt: Liebe in Gedanken.

Die Welt hinter Gefängnismauern sieht anders aus als die Freiheit, die Jörg Sander nach einem knappen Jahr seit der Begegnung endlich wieder genießen konnte. Er hatte sich verändert, obwohl er nicht wollte. Es schien ihm, als hätte er wirklich nur geträumt, sei jetzt wach und würde versuchen, sich seiner Träume zu erinnern. Die Beziehung zu den Ereignissen, die hinter ihm lagen, konnte er nicht mehr herstellen. Die mit aller Inbrunst aufrecht erhaltenen Empfindungen sind zur Unwirklichkeit geworden. Schließlich konnte er sich nicht mehr vorstellen, wie er jemals in einer Welt zu leben vermochte, die nie Realität gewesen war.

Was war aus der jungen Frau geworden, die ihn ohne ihr Zutun die Haft leichter ertragen ließ?

Ein einziges Mal trafen sie sich noch, gleich nachdem er das Gefängnis verlassen hatte. Wie Fremde mußten sie sich begegnen. Sie hat nicht über das Kind gesprochen, er hat nicht nach ihm gefragt. Beide spürten sie, daß es ein Zusammenleben doch nicht geben konnte. Zu fremd waren sie sich. So trennten sie sich, ohne die Vertrautheit, von der sie beide glaubten, sie hätten sie einmal besessen, wieder herstellen zu können.

Das Ende einer großen Liebe? Das Ende einer phantastischen Vorstellung? Jörg Sander kann diese Fragen nicht beantworten. Er hat dreißig Jahre lang nicht über diese Erlebnisse gesprochen, allerdings mit einer Ausnahme: seiner Frau.

Denn bald schon, nachdem er jene Ereignisse zu vergessen versuchte, begegnete ihm der Mensch, der ihm für das Leben in Freiheit bestimmt war. Er traf eine Frau, die in keinster Weise der Fee hinter Gefängnismauern glich. Sie war kein Traum, aus dem man nicht erwachen durfte. Sie war nicht nur Realität, sondern auch realistisch genug, *seine* Geschichte zu verinnerlichen, ihn nie deshalb als einen hoffnungslosen Spinner oder Phantast anzusehen. Im Gegenteil, sie bewunderte seinen Lebenswillen und vor allem die Art und Weise, mit der er sich retten konnte vor der Verzweiflung.

Sie sind ein Paar, das Harmonie ausstrahlt, und wer ein feines Gespür für das Besondere besitzt, erfährt in ihrer Gegenwart, daß ihr Zusammenkommen und ihr Zusammenleben nichts Alltägliches, nichts Mittelmäßiges an sich hat.

Mala und Edek

Mala ist Jüdin und kommt aus Belgien.
Edek ist Pole.
Sie begegnen sich im Vernichtungslager in Auschwitz und hier beginnt eine ungewöhnliche Liebe zwischen den beiden Häftlingen zu wachsen.
Die damalige Zeit mit ihrem unbeschreiblichen Entsetzen und Grauen kennen wir.
Unvorstellbar, wie zwischen Mördern, Henkersknechten, die an allen Orten lauerten, um ihrer blutigen Gier Nahrung zu verschaffen, eine leidenschaftliche Liebe brennen kann.
Mala sagte einmal zu einer Mitgefangenen: »Ich bin verliebt, ich liebe, ich werde geliebt.«
Eine Liebe im Angesicht der rauchenden Krematorien.
Im Lager weiß man um die beiden, die Mithäftlinge, soweit es ihnen möglich ist – versuchen sie zu schützen und können sich sogar an der »Romanze im KZ« erfreuen.
Mala und Edek machen auch eine Baracke ausfindig, in der sie sich lieben können – unbemerkt.
Ihre Liebe wird übermächtig, sie planen die Flucht. Sie wollen ihre Liebe leben können, also fliehen sie nach einem ausgeklügelten Plan. Mithäftlinge helfen.
Obwohl Edek in einer SS-Uniform und Mala in Monteurskleidung auf die Flucht gehen, werden sie bald von einer Patrouille gestellt und zurückgebracht.
Beide wissen sie, daß ihr Schicksal besiegelt ist.
Noch einmal geben sie Zeugnis ihrer Liebe: Beide in der Todeszelle auf ihr Ende wartend – Mala am einen Ende des Lagergangs – Edek am anderen, geht Edek zur Tür seiner Zelle und beginnt eine Melodie zu pfeifen – immer wieder. Mala hört ihn und antwortet, indem auch sie diese Melodie pfeift. –
Edek stirbt am Galgen.

Mala wird nach einem Selbstmordversuch sterbend in die Gaskammer gebracht.

»Dem sicheren Tod mit einer starken Liebe entgegengetreten zu sein, machte das Paar zu einem Kristallisationspunkt der Hoffnung.«

Die Geschichte von Mala und Edek wurde nach Augenzeugenberichten in einem Fernsehfilm der ARD von J. Blawut und M. Zarnecki erzählt. (Sept. 1990)
Ist diese Liebe für uns wirklich unvorstellbar?
Bleibt es unmöglich, sich in die beiden Liebenden und deren Fühlen zu versetzen?
Zunächst ist man nicht fähig, eine derartige Ausnahmesituation nachzuvollziehen.
Doch macht man sich länger mit dem Gedanken vertraut, kann man zu einem bemerkenswerten Schluß kommen und stellt fest, daß gerade dort, wo Schrecken und Not und Todesangst die Menschen quält, starke Gefühle frei werden können.
Starke Gefühle, große Gefühle haben immer dort eine Chance, wo sie nicht durch »Nebensächlichkeiten« zugedeckt oder gar erstickt werden.
Zu allen Zeiten waren es Liebende, die davon Zeugnis gaben.
Das echte, ungeschminkte Aufeinanderzugehenkönnen ist Möglichkeit für die echte, ungeschminkte Liebe.
Nicht wer nach landläufigen Begriffen viel besitzt an materiellen Gütern, kann zwangsläufig auch viel lieben.
Nicht der, der keine Kümmernisse kennt, der das Leben nur von der Sonnenseite erfährt, ist auch gleichzeitig im Stande, Gefühle zu empfinden.
Das ist der größte Trost der Menschheitsgeschichte.

Gefühle

Mitfühlen

Mitleiden.
Mitfreuen.
Hinter solchen Gefühlen steht Liebe, Wohlwollen, Zuneigung.
Man kann sich nicht mit jemandem mitfreuen oder mit jemandem Mitleid haben, der einem verhaßt ist oder gar gleichgültig.
Solche Gefühle des Miterlebens von Leid und Freude setzen aber auch für denjenigen, der sich mitfreut oder mitleidet eine starke Gefühlswelt voraus.
Ein gefühlsarmer Mensch wird niemand mit seinem Mitfühlen trösten können, wird keinem mit seiner Mitfreude dieses Jubelgefühl noch vermehren.
Nun liegt die Tragik in der Natur der Sache und wie schon das Wort *mit* aussagt, kann es sich immer nur um ein *mit* handeln. Es wird in der letzten Konsequenz nie anders sein können.
Man kann versuchen, sich in das Leid des anderen hineinzuversetzen, selbst beim innigsten Mitleid wird es beim Versuch bleiben. Man kann sich dessen Leid vorstellen, doch man kann es sich nie zu eigen machen. Und das ist auch gut so. Das Leid nähme kein Ende. Selbst wenn wir uns voll und ganz mit dem Leid eines anderen identifizieren wollten, könnten wir es ihm nie abnehmen. Im Grunde leidet jeder für sich allein. Doch schon das Wissen um einen Menschen, einen Freund, der *mit*leiden kann, macht ein Leid weniger bedrückend. Jeder ist aufgerufen, *Mit*leid zu haben, mit allem was leidet – auch wenn man es nicht liebt, sondern nur die Sache als solche zu Herzen geht. Zunächst möchte man annehmen, mitfreuen wäre leichter als mitleiden. Doch beim näheren Betrachten muß man feststellen, daß man sehr viel schneller Mitleider als Mitfreuer hat. Mitfreuen bedeutet ohne Neidgefühle sein, setzt voraus, daß man einem Menschen seine Freude, sein Glück gönnt.
Das Mitfreuen ist großartig, vervielfältigt das Gefühl bei dem, der

es hat und strahlt in hohem Maße auf die aus, die sich mitfreuen.
Trotzdem bleibt man daneben, das ist einfach so.
Mitfühlen, eine menschliche Tugend, die in der schnellebigen Zeit unterzugehen droht. Täglich wird man mit Neuigkeiten abgefüllt – großes Unglück und überschwengliche Freude lösen einander in rasender Eile ab. Man bekommt seine Gefühle überhaupt nicht mehr sortiert, der Geist und die Seele werden überstrapaziert, so ist der Weg nicht mehr weit bis zur völligen Abstumpfung. Bald wird man auch zu einer gefühllosen Gesellschaft gehören, ohne es bemerkt zu haben und ohne Skrupel zu verspüren.
Deshalb ist es wichtig, sich Ruhe zu gönnen. Seinem Geist Ruhe zu gönnen. Ihm die Möglichkeit zu geben, aus sich heraus zu leben, nicht durch ständigen Konsum irgendwelcher Reize es ihm unmöglich zu machen, kreativ zu sein. Gemeint ist, daß man Prioritäten setzt, für sich und für den Mensch nebenan.
Die Stille suchen, die für jeden und sein Fühlen lebensnotwendig ist. Man sollte sich nicht immer organisieren lassen. Die Gefahr ist groß, daß eines schönen Tages das Gefühl auch noch organisiert wird, daß es schick ist, hier Mitleid zu zeigen, dort ist es von Vorteil, Mitfreude zu heischen. Manchmal könnte man glauben, wir wären schon so weit.
Man kann sich natürlich auch verzetteln, vor lauter Mitgefühl nicht mehr fühlen, worauf es wirklich ankommt.
Hermann Hesse hat dazu geschrieben: »Fühle mit allem Leid der Welt, aber richte deine Kräfte nicht dorthin, wo du machtlos bist – sondern zum Nächsten, dem du helfen, den du lieben und erfreuen kannst.«
Der Nächste in einer Zweierbeziehung ist der Partner.
Nun ist man geneigt, sofort zu sagen, daß man jederzeit mit seinem Mann oder seiner Frau mitfühlt. Ob es sich nun um Freude, Ärger oder Trauer handelt.
Man freut sich zusammen, man ist zusammen traurig. Mitfühlen innerhalb einer Liebe bedeutet auch mittragen. Dies ist ein Lie-

besdienst, der direkt erwiesen wird. Die Liebenden können gegenseitig bei dem anderen etwas »abladen« – dann trägt der andere mit. Abladen im Sinne von sprechen. »Sprich nur, ich höre Dir zu.« Wie selten ist dieser Satz geworden! Aber man ist mitfühlend.

Freude bereiten ist ebenfalls Mitfühlen auf eine ganz besondere Art. Wenn man Freude schenkt, ist man oft selbst derjenige, der sich am meisten freuen kann, weil man die Freude des anderen fühlt, kommt sie doch aus einem selbst. Die Freude des anderen und die eigene ergeben dann die doppelte Freude.
Gemeinsam freuen, Freude und Glück spüren macht sehr viel reicher als Freude allein. Deshalb sollte man daran denken, wenn man selbst mit seinem Partner in Freude leben kann, daß es viele Menschen in der Umgebung gibt, die niemanden haben zum Mitfreuen, zum Mitfühlen. Man könnte die Freude noch vermehren, ließe man jemand daran teilhaben. Menschen miteinbeziehen in das ›Freudefühlen‹.
Mitfühlen in Freude und Zufriedenheit ist für die ›Trotzdemliebe‹ kein Problem. Es kann eines werden, wenn das Mitfühlen Unglück, Leid und Elend bedeutet. Hier ist sie gefordert, hier kann ihr Mut und ihre Stärke bewiesen werden.
Trotzdem lieben ist keine lockere oder gar amüsante Angelegenheit. Trotzdem lieben setzt einen ernsthaften Charakter voraus, der heiter und gelassen ist.
Das Zusammenleben zweier Menschen ist von Harmonie und Gleichklang geprägt, solange beide mitfühlende Menschen sind und über das Mitgefühl eine Meinung haben.
Belastend und schwierig wird es, wenn einer ein reiner Kopfmensch ist, der andere ein Herzmensch. Bei dieser Konstellation bedarf es einer sehr lebendigen ›Trotzdemliebe‹ – und zwar auf beiden Seiten. Auch der Kopfmensch muß mitfühlen können, was das Gemüt des Herzmenschen bewegt oder erregt. Der Herzmensch muß mitfühlen können, daß sein Kopfmensch seine Gefühle nicht immer teilen kann. Trotzdem liebe ich dich!

Sehnsucht

Wenn man dieses Gefühl mit *Sucht* in einem Atemzug nennen will, so trifft das nicht den Kern. Sehnsucht ist etwas anderes als süchtig sein, zumindest was den negativen Aspekt dieser Eigenschaft betrifft. Sucht im Positiven zu erklären, fällt schwer.
Sehnsucht ist nichts Schlechtes, weil die Betonung auf Sehnen liegt.
Sehnsucht als Heimweh nach einer geistigen Heimat. Das sich Sehnen nach Menschen, um der Einsamkeit entfliehen zu können.
Sehnsucht als Heimweh nach der Familie, dem Geburtsort, dem Heimatland.
Sehnsucht als Sehnen nach einem ganz bestimmten Menschen.
Trennung bringt Sehnsucht.
Es ist nicht auszuschließen, daß es Menschen gibt, die der Sehnsucht ein angenehmes Gefühl zusprechen. Wird sie gestillt, ist dieses Gefühl zunächst einmal vorbei. Gibt es erneut eine Trennung, stellt sich auch die Sehnsucht wieder ein. Hier könnte man ganz entfernt an Symptome einer Sucht denken. Genau wie »Entzugserscheinungen« auftreten, muß man den geliebten Menschen missen, oder wenn man die Heimat verlassen muß. Es handelt sich wohlgemerkt nur um Symptome einer Sucht.
Sehnsucht als Sehnen nach der Geliebten oder dem Geliebten. Sehnen nach der Stimme, der Bewegung, dem Blick, dem Lächeln, dem Duft, Sehnen nach dem Körper, nach engster, vertrauter Körpernähe. Das Wissen um eine Kostbarkeit, das Kennen einer tiefen gefühlsmäßigen Erfahrung gibt dem Sehnen einen besonderen Reiz, läßt die Sehnsucht zu einer ungeahnten Vorfreude werden.
»Ich sehne mich nach dir« ist eine Liebeserklärung, die Vertrauen schenkt, die sowohl die Seele als auch den Körper miteinschließt. »Ich bin süchtig nach dir« ist keine Liebeserklärung. Sie

zielt auf den Körper ab – nicht einmal der wird geliebt, man will ihn nur haben zur eigenen Befriedigung.
Steht allerdings die gegenseitige Liebe außer Frage, kann man auch mal sagen: »ich bin süchtig nach dir«. Dann rückt die Erotik in den Vordergrund, was absolut nicht abwertend zu nennen ist. Im Gegenteil.
Die Gemütsstimmung Sehnen ist ein Beweis dafür, daß man fühlt, daß man die Möglichkeit besitzt, Werte außerhalb der eigenen Person zu sehen und zu schätzen.
Liebende und Sehnsucht gehören zusammen. Dieses Gefühl ist nicht nur jungen Liebenden vorbehalten.
Reife Menschen, die längst das ganze Farbenspiel einer Liebe erlebt haben, genießen trotzdem noch das immer neue und ewig junge Gefühl der Sehnsucht.
Deshalb sollten sie keine Scheu haben, dies auch auszusprechen. Es gibt die sanfte Würze in eine Partnerschaft, die Gefahr läuft, ein wenig matt zu werden.
Sehnen mitteilen.

Wut

Ab und zu eine rechtschaffene Wut zu haben, gehört zum Leben. Man kann aus Wut schreien, man kann aus Wut heulen. Sie kann einem die Sprache verschlagen, den Magen verderben, den Schlaf rauben, die Sinne vernebeln, den Bewegungsapparat lähmen, man kann aus Wut hysterisch lachen, handgreiflich werden, Rache schwören.
Das alles kann Wut aus oder mit einem friedlichen Bürger machen.
Wer noch nie eine richtige Wut gehabt hat, weiß nichts von diesem Kaleidoskop menschlicher Erregbarkeit.
Es soll keiner kommen und sagen, es sei eine Sache der Selbstbeherrschung, eine Wut zu haben oder nicht.
Es gibt eben Typen, die phlegmatisch sind und deshalb niemals in die Verlegenheit geraten, einen Wutanfall zu bekommen.
Mal kurz eine Wut ausleben – ohne etwas zu zerschlagen, ganz im übertragenen Sinne gemeint – kann ungemein erleichternd und befreiend sein. Im wirklichen Sinne eine Wut ausleben, das kann schon ein Frühstücksei an die Wand geworfen, eine Vase auf der Terrasse zerschlagen, oder das Tablett mit dem gesamten Speiseservice auf den Boden geschmettert zu haben bedeuten.
Wut ist menschlich, allzu menschlich.
Diese Ausbrüche sind nur in ihrer Einmaligkeit von Bedeutung, da sie einen ausgesprochenen Überraschungseffekt mit sich bringen für den, der sie miterleben muß.
Wiederholungen wären langweilig. Besser wäre natürlich, man unterließe derlei »Fußaufstampfen«.
Wie gesagt, Wut gehört zum Leben und wird nicht unbedingt als negativ empfunden. Wut ist aber nur dann erträglich, wenn sie kurzlebig bleibt. Wut über mehrere Tage mit sich herumzuschleppen, ist äußerst mühsam und bringt nichts ein.
Ein höchst bösartiger Auswuchs der Wut ist die *ohnmächtige*

Wut. Sie ist für den, der sie empfindet, ausgesprochen quälend, ärgerlich, macht ihn hilflos, ohne Aussicht auf wirkungsvolles Reagierenkönnen.
Ohnmächtige Wut ist in engem Zusammenhang mit Eifersucht zu sehen.
Selten gibt es anderswo derart häufige Situationen, die eine ohnmächtige Wut hervorrufen, wie in der Zweierbeziehung.
Obwohl man sich seiner Sache absolut sicher ist, wird einem Inkompetenz bescheinigt in einer Art und Weise, daß man keine Möglichkeit sieht, mit weiteren Argumenten besser zum Zuge zu kommen. Die Ohnmacht hierüber läßt einen wütend werden. Man kocht innerlich, es nutzt nichts.
Diese Wut läßt sich auch nur sehr schwer neutralisieren, sie verpufft auch nicht. Man kann sie nicht ausleben. Wie denn? Man muß sie systematisch abbauen, Schwerstarbeit leisten, um sie wieder loszuwerden.
Sollte man es mit einem Partner zu tun haben, der geradezu eine Passion entwickelt für derartige Vorkommnisse, den anderen in ohnmächtige Wut zu versetzen, tut es hohe Not, ihn sachlich aber in unmißverständlicher Deutlichkeit auf diese Unart hinzuweisen. Man muß ihm sagen, daß man nicht mehr länger die Zielscheibe für seinen abartigen Sport zu sein gedenkt. Denn fortgesetzt in ohnmächtiger Wut leben zu müssen, ist für das Selbstbewußtsein ausgesprochen ungünstig.
Die ›Trotzdemliebe‹? Sie wird zugeschüttet mit diesem anderen Gefühl, das ständig nagt und reißt. Ohnmächtig macht.
Allerdings gibt es eine Hilfe aus dieser dunklen Gasse: Die Wut über die ohnmächtige Wut. Sie macht es möglich, zu explodieren, der Scheingeduldsfaden reißt, daß man sich Luft verschafft.
So sind wir wieder bei der Wut angekommen, die durchaus etwas Heilsames an sich hat und um derentwillen man sich nicht minderwertig vorkommen muß.
Und mit Wut kann man auch trotzdem lieben.

Gewissen

Wohl gibt es kaum einen Menschen, der nicht schon auf irgendeine Art seinem Gewissen begegnet ist.
Allerdings kann man auf verschiedene Weise auf solch eine Begegnung reagieren. Es hängt auch davon ab, in welcher Gemütsverfassung man sich gerade befindet, sollte sich das Gewissen melden.
Grundsätzlich aber kann man sagen, daß man entweder sein Gewissen klar und bewußt erfährt, oder es klar und bewußt ignoriert. Eine andere Möglichkeit, mit seinem Gewissen eine Abmachung zu treffen: »Tust du mir nichts – tu' ich dir auch nichts«, kann sehr verlockend sein und gibt bisweilen eine leichte, ja heitere Lebenseinstellung. Wie trügerisch diese allerdings ist, wird sich alsbald zeigen, denn das gute wie das schlechte Gewissen sind Bestandteil eines jeden Menschen von hoher Moral.
Das sogenannte schlechte Gewissen ist weder Zwilling der Angst, noch der Reue, noch des Mitleids.
Das Gewissen ist eine ethisch moralische Angelegenheit, ist sittliches Bewußtsein. »Es entwickelt sich aus den angeborenen Kräften des Verstandes und Gefühls durch sozialen Instinkt, Reifung der Intelligenz, religiöser Bindungen«, so liest man im Lexikon.
Das Gewissen verpflichtet zu *gewissen* Handlungen und Äußerungen. Dem Gewissen gehorchend macht man dies oder jenes. Ebenso gebietet das Gewissen, sich so oder so nicht zu verhalten. Man kann es mit seinem Gewissen nicht vereinbaren.
Sollte man sich gegen dieses Gefühl verhalten haben, meldet es sich stark, bis zur Schlaflosigkeit, oder weniger intensiv – je nach Schwere des eigenen Zuwiderhandelns. Sein Gewissen »erleichtern« bedeutet dann, sich dieser Belastung zu entledigen unter Inkaufnahme eventueller persönlicher Nachteile.
Das Gewissen als Regulator kommt vor der Erkenntnis.

Es ist nicht immer bequem, ein lebendiges Gewissen zu haben. Manchmal könnte man sogar in Versuchung geraten, dieses Gewissen auszuschalten, so zu tun, als wäre es nicht vorhanden.
Doch glücklich macht dies einen *gewissenhaften* Menschen nicht. Er kann im Grunde nicht gegen seinen »sozialen Instinkt« leben.
In der Partnerschaft spielt das Gewissen selbstverständlich auch eine wichtige Rolle. Das Gewissen als Verantwortung dem anderen gegenüber und gegen sich selbst.
Lebt man mit einem Menschen zusammen, der es mit seinem Gewissen nicht so genau nimmt, der absichtlich »laut« ist, um die Stimme seines Gewissens nur ja nicht hören zu müssen, dann muß man mit allem rechnen – vor allem mit Unangenehmem.
Eine Palette von Untugenden hält er bereit, die er »gewissenlos« austobt. Er nimmt keine Rücksicht auf den, der sie ertragen und tolerieren muß – von akzeptieren kann gar nicht erst die Rede sein. Allerdings ist die Rede von der Liebe, die einen hohen Stellenwert auch bei Konstellationen, wie man sie hier vorfindet, bekommt.

Menschen mit einem lebendigen Gewissen haben in ihm einen kritischen »Gesprächspartner«. Sie stehen mit ihm auf »Du und Du«.
Sie horchen in sich hinein und bekommen so Weisungen für ihr Verhalten.
Hören kann man sein Gewissen nicht, wenn man es mit Geschrei und andauernder Unruhe besinnungslos übertönt.
Man kann es immer dann wahrnehmen, wenn man sich Gedanken macht, um richtige Entscheidungen ringt, es macht sich positiv bemerkbar, hat man ein »gutes Gewissen«, es meldet sich auf »negative« Weise durch ein »schlechtes Gewissen«.
Es beruht einerseits auf reinem Egoismus, sollte man sein Gewissen der Einfachheit halber ausschalten und sich benehmen, als brauche man es nicht. Andererseits erweist man sich einen denkbar schlechten Dienst mit einer solchen Denkweise, denn man

läuft Gefahr, von Schuldgefühlen geschüttelt zu werden, die zu einer seelischen Erkrankung führen können. Außerdem lebt man völlig orientierungslos.
So ist es für Jedermann ratsam, sich mit seinem Gewissen gutzustellen, es zu befragen, es als roten Faden durch Gedanken und Tun sichtbar werden zu lassen und wenn möglich, seinen »Rat« zu befolgen. So kann es nicht von ungefähr sein, daß ein gutes Gewissen, einen ruhigen, erquickenden Schlaf verspricht.

Bei den Betrachtungen über das Gewissen darf man eine Besonderheit nicht außer Acht lassen. Es gibt noch das abgestumpfte Gewissen – eine fast unerträgliche Situation, wird man mit ihr konfrontiert. Sie ist deshalb so belastend, weil man mit keinerlei Argumenten etwas auszurichten vermag. Das abgestumpfte Gewissen ist das falsche gute Gewissen. Falsch und unbeeinflußbar. Man begegnet ihm bei Menschen, die wissentlich Ärgernis erregen, ihrem Gegenüber das Leben schwer machen und sich dabei eines »guten Gewissens« erfreuen.
Angenehm sind solche Zeitgenossen nicht, man wird sie zu meiden wissen.

Kummer

Wenn von Kummer die Rede ist, ist auch von Menschen die Rede. Und so unterschiedlich wie Menschen sind, so empfinden sie auch Kummer. Er bringt Leid, spricht Gefühle an, kann Herzen bewegen.
Er ist etwas Intimes, eine persönliche Gemütserfahrung. Kummer mit dem Partner. Kummer mit einem Kind.
So vielgestaltig Kummer ist, unterscheidet er sich doch durch zwei charakteristische Erlebensformen.
So kann ein Mensch, der mir sehr nahe steht, Pech haben im Beruf, oder er wird krank, trotzdem wird die Liebe nicht zerstört. Keiner würde auf die Idee kommen, seinen Partner nicht mehr zu lieben, nur weil er selbst erfolglos oder krank ist.
Das ist dann der Kummer, der sich in den Arm nehmen läßt, der sich trösten läßt, wo die Liebe oft durch derlei Schicksalsschläge an Intensität gewinnt.
Der andere Kummer, der viel mehr weh tut, ist häufiger, als man zunächst vermuten möchte:
Es ist der Kummer um einen Menschen, Partner oder Kind, oder um sonst einen sehr Nahestehenden, der aber nicht mehr verbindet.
Wenn der Mensch, der einem Kummer bereitet, sich in abweisender Haltung gegen das verständige Gefühl wendet, das man ihm entgegenbringen möchte.
Das ist dann der andere Kummer, der alleine getragen werden muß. Es wird schwer an ihm getragen, weil man nicht helfen darf und deshalb nicht helfen kann.
Oft sind diese abweisenden Menschen selbst sehr unglücklich, werden dadurch aggressiv und wollen nicht selten Angst verbreiten. Sie glauben, Macht ausüben zu können, indem sie Kummer bereiten.
Sollte man derlei Kummer erfahren, gibt es nur eines: Immer

trotzdem zu lieben. Was nun überhaupt nicht heißt, daß man Schwäche zeigt, daß man demjenigen nachlaufen soll, daß man sich ängstlich gibt – nein, die eigene Persönlichkeit muß erhalten bleiben.

Es ist die Liebe, die in die Leere liebt, von der man weiß, daß sie nicht ankommt, von der man aber hoffen darf, weil das Leben es auch manchmal lehrt, daß sie eines Tages ihr Ziel doch noch erreichen wird.

Angst

Trotzdem lieben ist keine Tätigkeit, sondern eine Geisteshaltung.
Unterdessen wissen wir das.
Diese Geisteshaltung bewahrt uns auch vor Angst.
Wovor hat man eigentlich Angst?
Vor Schmerzen, vor Leiden, vor dem Tod?
Hat man Angst, nicht geliebt zu werden?
Angst vor Liebesentzug?
Angst, jemanden oder etwas zu verlieren?
Angst, man könnte versagen.
Das sind Ängste, die größtenteils von einem selber ausgehen.
Manche Menschen kennen diese Gefühle nicht.
Es gibt Ängste, die von außen an einen herangetragen werden und wiederum solche, deren Ursprung in einem selber liegt.
Letzten Endes ist dies, woher die Angst kommt, nicht von größerer Bedeutung für den, der Angst hat. Man hat Angst.
Angst war schon immer ein schlechter Ratgeber. Handlungen, die aus Angstgefühlen heraus begangen werden, können nicht gut sein. Sie sind entweder übertrieben ärmlich und feige, oder exaltiert, prahlerisch, ungenau, extrem opportunistisch.
Oder aber Angst schlägt in kalten Terror um: Man hat Angst – also will man Angst verbreiten.
Ursprünglich diente Angst der Erhaltung des Lebens – also ist sie etwas Natürliches und jedem Lebewesen eigen.
In der Natur findet man dieses existentielle Gefühl auch noch heute: Die Maus, die vor dem herabstürzenden Bussard in das nächste Loch flüchtet. Jedes Tier, das nicht domestiziert wurde, handelt instinktiv nach diesem Prinzip »in das Loch flüchten«.
Solche Tiere haben es im Gegensatz zu den sogenannten Nutztieren noch relativ gut, sie können fliehen.
Nicht fliehen können die Schweine und Rinder, wenn sie zum Schlachthof gekarrt werden. Doch haben auch sie eine Urangst.

Wir Menschen? Können wir fliehen, um uns zu retten, wenn wir Angst haben?
Ein Kind, das aus Angst vor Strafe schwindelt – kann nicht fliehen. Ein Mensch, der sich das Leben nimmt, weil er Angst vor dem Leben hat – er kann nicht davonlaufen.
Liebende, die Angst haben, den geliebten Menschen zu verlieren? Auch sie müssen mit dieser Angst leben, vor sich selbst kann man am allerwenigsten fliehen.
Die ständige Angst im Nacken, ein Versager zu sein?
Ganz besonders leiden Männer unter solchen Angstvorstellungen. Dies gilt in gleichem Maße für Beruf und Privatleben. Ständigem Leistungsdruck ausgesetzt zu sein bedeutet nicht nur mehr Fleiß, mehr Ehrgeiz, mehr Einsatz, besser sein – sondern auch Angst, diesem mörderischen Tempo eines Tages nicht mehr gewachsen zu sein.
Frauen, die im Berufsleben stehen, sind dem gleichen Streß ausgesetzt – allerdings haben sie noch eine zusätzliche Schwierigkeit zu bewältigen: sie sehen sich nicht selten einer feindlichen Welt gegenüber in Gestalt ihrer männlichen Konkurrenz.

Bei Unterhaltungen, speziell zu diesem Thema, ist mir klar geworden, daß Frauen zwar nicht minder leiden unter solchen belastenden Verhältnissen als Männer, daß sie sie aber anders verarbeiten – besser. Das bedeutet, daß wir im Umgang mit den Männern – unseren Männern – diesen Unterstützung und Hilfe geben. Viel loben, viel aufmuntern, viel Anerkennung.

Tiere handeln also instinktiv.
Der Mensch, dessen Handlungen aus Angst resultieren, tut dies bewußt. Er tut dies aus Angst vor Strafe, aus Angst vor Blamage.
Ein rein menschliches Gefühl – Tiere kennen derlei nicht.
Und dieses sehr menschliche Gefühl sollte man haben dürfen und zeigen dürfen. Nur, auf Dauer so zu leben kann nicht erfreulich sein. Es wäre dem Persönlichkeitsbewußtsein außerordentlich zuträglich, könnte man sich davon frei machen.

Aber kann man das überhaupt? Woher nimmt man die Fähigkeit? Es ist der Glaube an etwas, in etwas, an jemanden und nicht zuletzt der Glaube an einen selbst.
Der Glaube, der Berge versetzt, der uns befähigt, nie aufzugeben, immer zu hoffen. Der Glaube, der Kräfte in uns freisetzt und der uns stark macht.
Bedauerlich, daß diese Eigenschaft immer mehr zu schwinden droht, daß wir Menschen so sehr nach dem Motto leben: »Ich glaube nur das, was ich sehen, was ich greifen kann.«
Wenn wir mehr Glauben hätten an die Menschen, in unseren Partner, in die Zukunft, in uns selbst, dann müßten wir auch nicht diese Ängste haben, die uns lähmen zu lieben und zu leben.

»Herr gib uns Frieden mit Dir, Frieden mit den Menschen, Frieden mit uns selbst – und *bewahre uns* vor Angst.« (Dag Hamerskjöld)

Es wäre der Idealzustand, brauchten wir uns nicht mehr zu ängstigen. Doch werden wir nie ganz ohne Angst und Furcht leben können.
Das Leben verschont keinen vor Situationen, die ihn in Angst und Schrecken versetzen. Kein Leid ist zu groß, als daß es nicht Platz auf einer menschlichen Seele finden könnte. Kein Schicksal ist schrecklich genug, als daß es nicht irgendwo in einem menschlichen Herzen Angst verbreiten könnte.
So leben wir mit der Angst und haben Angst vor der Angst.
Doch keiner ist alleine, keiner braucht sich dieses Gefühls zu schämen. Allerdings sollte es nicht all unser Denken bestimmen.
»Angst ist ein schlechter Ratgeber.«
»...und bewahre uns vor Angst...«
So muß es einen Gegenpol geben! Er muß da sein, damit dieses Leben erträglich wird und nicht nur das, es muß lebenswert sein.

Vielen ist ein Gegenpol nicht bewußt, sie sehen ihn nicht oder finden ihn nicht, wenn sie nach ihm suchen.
Warum nicht? Er ist da.
Allerdings muß man sich manchmal zwingen, ihn zu finden, ihn zu sehen. Ich habe ihn gefunden, habe ihn mir wichtiger gemacht als Kummer, als Sorgen, als Angst.
Und wenn er nicht da ist? Wenn er sich uns verweigert? Dann schaffen wir uns einen. Aus rein egoistischen Erwägungen heraus. Das ist legitim und jederzeit vertretbar. Rechtfertigen muß man sich nicht. Es ist das Mauseloch, das auch wir brauchen. Denn man muß furchtlos seiner Wege gehen können, um die Lebenskunst zu beherrschen. Lebenskunst – eine höhere Kunst gibt es nicht.
Diese Kunst zu leben schließt auch mit ein, daß man warten kann. Wer warten kann, erreicht viel.
So können wir in unserem täglichen »Hickhack« nicht immer gleich eine Möglichkeit sehen, uns zu behaupten, unseren Standpunkt klar zu vertreten.
Es ist wichtig, eine passende Gelegenheit abzuwarten, Ruhe zu bewahren, um dann überlegt handeln zu können.

Die günstige Gelegenheit

»Kommt Zeit kommt Rat«, ein altes deutsches Sprichwort.
Abgedroschen? Verstaubt und verschimmelt?
In einer Zeit, in der alles und jedes bis zum letzten Buchstaben ausdiskutiert werden muß, könnte man annehmen, daß das Wartenkönnen nicht mehr gefragt ist. Hier und jetzt muß eine Entscheidung getroffen, müssen Situationen geklärt werden.
Wenn der Zeit so wenig Raum gegeben wird, dann bekommt auch ein Rat keine Chance mehr.
Dies gilt für alle Lebensbereiche, in ganz besonderem Maße für die Beziehung zweier Menschen zueinander.
Lassen wir uns Zeit zum Nachdenken, zum Überlegen. An anderer Stelle heißt es »Überlegen macht überlegen«.
Mit Bedacht eine Sache angehen ohne überspitzte Emotionen ist allemal die bessere Lösung.
Nun kann man natürlich sagen, daß man auch nicht alles auf »die lange Bank« schieben soll. Es soll hier nicht Feiglingen, Langweilern und Schlampern das Wort geredet werden, sondern es soll einmal daran erinnert werden, wie wichtig es ist zu wissen, daß in den meisten Fällen nichts Gutes herauskommt, nicht beim endlosen Zerreden, genausowenig wie bei Sofortreaktionen.
Aus aktuellem Anlaß einen Streit »durchziehen« heißt deshalb noch lange nicht, sich und den Gleichmut zu vergessen. Die Zeit zu vergessen, die indirekt auf den Verlauf der Zwistigkeiten großen Einfluß nehmen kann.
Allerdings soll es vorkommen, daß sich trotz Nachdenkens die »zündende« Idee nicht einstellen will und mit dem Partner weder im Gespräch noch in vorgeführten Beispielen ein Konsens erreicht werden kann. Dann heißt es warten auf eine Gelegenheit, die ermöglicht, eine fast identische Situation zu schaffen, wenn sie sich nicht ohnehin dergestalt anbietet. »Kommt Zeit kommt Rat.«

Wichtig bei der ganzen Sache ist natürlich, daß die Rollen vertauscht sind. Darauf muß geachtet werden.
Der »Witz« ist der, daß Ihr Partner Ihre damalige Position inne hat. Er wird bald bemerken, in welche Richtung Ihre Strategie läuft, wenn Sie ihm sagen: »Siehst Du, genauso war es, jetzt erkennst du hoffentlich, weshalb ich damals so und nicht anders reagierte.«

Eine wirksame Vorgehensweise übrigens, die vieles für sich hat:
Sinnlose Diskussionen können ohne »Verlierer« beendet werden und hinterlassen deshalb keinen Frust.
Offensichtliches »Nichtbegreifenwollen« bekommt für den, der sich vergeblich bemüht, einen anderen Stellenwert, denn er kann warten.
Abstand vom Explosionsstoff trägt zur »Sicherheit« aller Beteiligten bei.
Vieles erledigt sich von selbst.

Humor

Humor ist eine Weltanschauung. Nicht jeder, der laut lachen kann, Witze klopft und Tralalastimmung als Markenzeichen mit sich herumträgt, hat Humor.
Humor ist leise, versteckt, eine Schmunzeleigenschaft, eine Gabe des Herzens, die befähigt, *sich selbst* nicht immer ganz ernst zu nehmen. Einen *Mitmenschen* nicht ernstnehmen bedeutet aber oft Kränkung.
Der Maler Anselm Feuerbach, der im vorigen Jahrhundert lebte, sagte: »Der Humor trägt über Abgründe hinweg und lehrt die Menschen mit ihrem Leid zu spielen.« (Es leichter zu nehmen.)

Wer trotzdem liebt, benötigt einen großen Vorrat an Humor und er tut gut daran, die Reserven stets zu erneuern. Humor spielt sogar eine wichtige Rolle in der ›Trotzdemliebe‹, wenn nicht *die* Rolle überhaupt.
Er befähigt die Menschen auch, sich nicht allzu wichtig zu nehmen, nicht jede »Kleinigkeit« als eine gezielte Schmähung der eigenen Person zu werten. Humor in einer Zweierbeziehung bedeutet mehr Belastbarkeit, mehr Verständnis und mehr Reiz.
Er ist eine spielerische »Waffe« in der Hand, die ihre Wirkung nicht verfehlt.
Man trägt nicht schwer am Humor, er ist ein Kleinod unter den Eigenschaften, die Gefühle hervorrufen.
Er hat Charme, ganz im Gegenteil zu Spott und Hohn, die sich nur allzu gerne den »Mantel« Humor anziehen und verletzend sind und nur so tun »als ob«. Mit Humor verpackte Wahrheiten sind leichter zu schlucken. Sie beißen nicht, brennen nicht, kratzen nicht – Humor streichelt und ist zärtlich.
Humor belebt, lockert, ist ein Meister des gekonnten Flirts, Meister des Versteckspiels.
Humor in allen Liebeslagen. Mit Humor lieben bedeutet mehr!

Manche Menschen – sie sind zu beneiden – besitzen erotischen Humor. Humor mit Sexappeal.
Wie befreiend, wenn der Humor nicht an der Schwelle zum Schlafzimmer abgelegt wird, sondern sich als Humoreske in den Kissen wiederfindet.

Humor macht furchtlos, mutig. Wer humorvoll ist, hat meist auch Zivilcourage.
Neid wird durch Humor erschreckt, verunsichert – er macht dessen Auswüchse wirkungslos.
Humor zeigt sich nicht nur beim Sprechen, in der Art sich auszudrücken, er wird auch sichtbar in der Gestik, im Mienenspiel, im Blick – hier ganz besonders.
Humor ist als tragendes Element in jeder Beziehung bedeutungsvoll. In der Zweierbeziehung lebenspendend.

Ist Humor erlernbar?
Wenn man lernt, sich nicht allzu wichtig zu nehmen, schafft man Platz für Humor.

»...hab ich Lieb, so hab ich Not...«

> »...hab ich Lieb' – so hab ich Not –
> meid' ich lieb – so bin ich tot.«

Diese Zeilen aus einem altdeutschen Spruch machen jedem Leser klar, daß der, der nicht liebt, tot ist. Eine Hülle ohne Inhalt. Leer. Andererseits wird einem aber auch deutlich gesagt, daß Liebe auch Not bringt.
Wer liebt, wird nicht nur Höhenflüge mit diesem Gefühl erleben. Trotzdem wird die Liebe nie sterben. Sie wird von denen lebendig erhalten und weitergetragen, die den feineren Stoff des Lebens in Händen halten.

Wie oft sagt man sich: »Ich will nicht mehr, ich mag nicht mehr, ich habe schon gehabt und die Nase endgültig voll.«
Der Bedarf an Wechselbädern und Kneippkuren ist ein für allemal gedeckt.
Wo ist der nächste See, in den man seine Gefühle versenken kann? Oder, wo ist ein tiefes Loch, um die unerfüllten Träume darin zu vergraben?
Doch alsbald sieht man sich im Thermoanzug nach den versenkten »Schätzen« tauchen, oder man hat sich heimlich Spaten und Spitzhacke besorgt, um nach dem zu suchen, was man zuvor nicht mehr haben wollte – jetzt aber um so mehr besitzen will: die so weit von sich gewiesene Lust des Lebens.

Marie von Ebner-Eschenbach hat gesagt: »Wer an die Freiheit des menschlichen Willens glaubt, hat nie geliebt und nie gehaßt.« Sie spricht eine Palette von Gefühlen an, einen weiten Bogen.
Gegen Haßgefühle muß man etwas unternehmen. Haß ist ein krankmachendes Gefühl und bringt nie etwas Gutes.
Anders bei der Liebe, die nur Gutes kennt. Sie ist niemals unnütz, nie etwas Böses. Liebe muß man nicht fürchten.

Aber Not bringt sie zuweilen und macht den, der liebt, mürbe und verzagt. Er kann gegen sein Gefühl nicht angehen. Er kann sich nicht befehlen, nicht mehr zu lieben. Weder Vernunft noch starker Wille können etwas ausrichten.
Hier begegnen wir Marie von Ebner-Eschenbach wieder.
Der menschliche Wille ist in dieser Beziehung nicht frei.
Die Liebe zu einem Menschen wird ohne unser Zutun geweckt. Genauso kann sie sich wieder von uns entfernen – heimlich und leise – ohne daß wir diesen Vorgang beeinflussen könnten. Auch nicht mit Verstand.
Eine äußerst schmerzliche Erfahrung macht, wer die Gefühle, die Liebe eines anderen wecken oder erhalten möchte, dieses Bemühen aber auf unfruchtbaren Boden fällt.
Wie schnell hat man die Grenzen der bescheidenen Möglichkeiten erreicht und muß ohnmächtig feststellen, daß die eigene Liebe – und sei sie vermeintlich noch so groß, so stark, so selbstlos – nichts zu bewegen vermag. Groteskerweise erreicht man nur allzu oft anstelle von Liebe Abneigung oder Überdruß.
Wir Frauen neigen zu der gefährlichen Meinung, unsere Liebesfähigkeit wäre so überwältigend – im wahrsten Sinne des Wortes –, daß die Gefühle für den geliebten Mann in hohem Maße mit ausreichend seien.
»Meine Liebe reicht für uns beide.« Wie rasch gleitet man mit diesem folgenschweren Irrtum in die Rolle der Opferseele ab, man wird zur ›Mater dolorosa‹.
Dann natürlich ›lassen die Männer lieben‹, wie Wilfried Wieck einsichtig darstellte. ›Liebenlassen‹ ist doch so ungemein bequem.
Wie viele Männer neigen dazu, den einfacheren Weg, den Weg des geringsten Widerstandes zu gehen!
Die Liebe, die trotzdem liebt, ist keine Liebe für ›uns beide‹. Sie ist weit entfernt von Duldertum oder Leidensmiene, kennt keine heruntergezogenen Mundwinkel, auch keinen jämmerlichen Ton in der Stimme. Sie ist heiter und belastbar, kann und muß im Bedarfsfall gekittet werden, denn unzerbrechlich ist sie nicht. Sie

ist auch keineswegs ein Pachtvertrag auf Lebenszeit. Sie ist überhaupt keine Pacht – nicht beidseitig und nicht einseitig.
Sie ist die Summe unbeschreiblicher Impulse in alle Himmelsrichtungen, ausgehend von einer starken Persönlichkeit.
Wer keine Persönlichkeit ist, kann auch nicht lieben. Lieben heißt stark sein, reif sein, mündig sein, frei sein.
Und genau so will man geliebt werden. Nicht weil ich dich – dann du mich auch, sondern: Du mich – ich dich.
Nicht abhängig sein müssen in einer Liebe oder von einer Liebe. Zunächst baut jeder das Fundament Liebe für sich selbst, dann wird es mit dem des anderen zusammengefügt zu einer Einheit, zu einer gemeinsamen Basis.
Was natürlich keinen von beiden daran hindert, sich auf den Boden des anderen zu stellen oder zu legen – aber, und darauf kommt es entscheidend an: das eigene Fundament bleibt bestehen – muß bestehen bleiben, damit man sich im Bedarfsfall zurückziehen kann. Im Notfall bleibt dann wenigstens der eigene Boden, die Mitte.
Bewahren wir uns für alle Zeiten dieses Stückchen ›Ichheimat‹, ›Selbstheimat‹. Aus ihr schöpft man die Kraft, trotzdem lieben zu können. Das Leben. Die Menschen. Den Mann. Sich selbst.

Das immerwährende Auf und Ab in einer Liebe ist normal. Wenn man die Tiefs nicht haben will, wenn sie einem zu lästig oder mühsam sind, dann darf man nicht lieben – zumindest nicht so tun.
Wer sich auf das Abenteuer Liebe einläßt, sich in die Liebe fallen läßt, der wird sehr bald gewahr werden, daß dies nicht täglich ein Sonntagsspaziergang sein kann, daß der Liebende an Abgründe geführt wird – ebenso wie in berauschende Höhen.

›Hab ich Lieb' so hab ich Not –
meid' ich Lieb' so bin ich tot.‹

Wir leben – also lieben wir...

Rituale

Irgendwann und irgendwie sind wir alle einem oder mehreren Ritualen unterworfen oder verhaftet. Je nachdem.
Vom Aufstehen in der Früh bis zu dem Zeitpunkt, wo man das Haus verläßt, um zur Arbeit zu gehen, läuft täglich das gleiche Ritual ab. Da »sitzt« jede Bewegung wie einstudiert – knapp und zeitsparend.
Die gewohnheitsmäßig wiederkehrende Handlung hat ihr festes Programm – minutiös wie ein Uhrwerk.
Beispiele gibt es viele.
Liebende, Paare verfügen über einen reichhaltigen Katalog solcher »gewohnheitsmäßig wiederkehrenden Handlungen«.
Ja, sie ganz besonders und ganz besonders liebenswert. Müßte man sie missen, fehlte etwas an der Harmonie.
So gibt es Alltagsrituale und Sonntagsrituale:
Der Feierabend naht. Der Ehemann betritt die Wohnung.
»Victor Hugo«, die Hinterhofmischung aus dem Tierheim, begrüßt freudig den Heimkehrer, läuft schwanzwedelnd hinter Herrchen in die Küche, wo ihm allabendlich das gleiche Schauspiel vorgeführt wird: Erst wird Frauchen auf die rechte Wange geküßt, dann bekommt sie einen nicht zu sanften Klaps auf das linke Hinterteil, abschließend einen »Schmatz« auf den Mund.
Frauchen lacht. Ende der Vorstellung.
»Victor Hugo« hat mit geschultem Hundeblick genüßlich zugeschaut und die Ohren gespitzt. Wieder nichts Neues, denkt er. Die Menschen sind langweilig und komisch. Der Freßnapf ist auch leer. Doch er weiß, daß er wieder gefüllt werden wird. Noch am Abend. Was er nicht weiß, ist, daß Frauchen und Herrchen sich seit siebzehn Jahren immer auf die gleiche Weise begrüßen – noch immer mit dem größten Vergnügen.

Endlich das Wochenende. Man kann ausschlafen. Doch Langschläfer sind sie nie gewesen, die Lehrerin und ihr Architekt. Zweimal in der Woche – samstags und sonntags – spielt sich folgendes ab:
»Sie« steht auf, öffnet das Fenster, geht ins Bad – bleibt dort ein paar Minuten länger als sonst. Aber nicht, um sich anzuziehen, sondern um sich noch dessen zu entledigen, was sie gerade auf der Haut trägt und um dann zum Anbeißen appetitlich, unter die Decke von »ihm« zu schlüpfen... Anschließend macht »er« das Frühstück. Jeden Samstag. Jeden Sonntag. Jahraus, jahrein. Mit wenigen Ausnahmen.

Anna und Jakob sind siebzig.
Seit einundzwanzig Jahren trägt Jakob die Anna jeden Abend in ihr Bett. Behutsam läßt er sie auf das Kopfkissen gleiten – dann deckt er sie zu, streicht ihr sanft über das graue, lichtgewordene Haar, setzt sich anschließend vor den Fernseher, bis auch er müde schlafengeht.
Um sieben Uhr ist für ihn die Nacht vorbei. Sein Aufenthalt im Badezimmer bleibt kurz. Dann hebt er mit noch immer starken Armen seine Frau aus dem Bett auf einen Stuhl. Er beginnt, sie zu waschen, kämmt ihr das Haar, flicht es zu einem dünnen Zopf, der einmal fast so dick war wie ihr schmales Handgelenk. Er macht ihre Nägel sauber, cremt ihr Gesicht und Hände ein, kleidet sie an.
Anna lächelt. Ihre Augen sagen »danke«.
Jetzt kann Jakob Kaffee kochen. Nach Kaffee und Marmeladenbrot schiebt Jakob die Anna zur Spazierfahrt vors Haus. Jeden Tag... Anna ist seit einundzwanzig Jahren gelähmt.

Versöhnung im Bett?

Von einer weniger heiteren Art des Schlafzimmerlebens muß auch gesprochen werden:
Nicht alles was zerschlagen, zerhackt und zersägt wurde an Gefühlen, kann unter der Bettdecke wieder geleimt und ausgebügelt werden.
Wohlgemerkt nicht alles. Allerdings sehr viel.
Eine Menge Belastendes kann im vertrauten Zusammensein, in bewährter Körpersprache und im gegenseitigen Sich-fallen-lassen-können, das berühmte »Schwammdrüber« bedeuten.
Wenn die Sehnsucht nach absoluter Nähe stärker ist als Verbitterung. Wenn das Bedürfnis, den anderen zu beglücken, stärker ist als Wut. Wenn Liebe, gepaart mit Erotik, stärker ist als Rachegedanken. Wenn das Bett zur Wiege wird für geteilte Lust, kein Platz mehr ist für Demütigung.
Wenn das Laken zur Himmelswiese wird und kein Nagelbrett ist... Wann immer man sich dort wohlig fühlen kann, stimmt die Versöhnung im Bett.
Sie stimmt nicht mehr, wenn einer der beiden Zankenden glaubt, seine miese Tour mit gekonnten Stöhnlauten aus der Welt schaffen zu können, wenn er sich einbildet, seine Verlogenheit mit gelernten Körperstößen glaubhaft zu machen.
Wenn er vorgibt, in routinierter Manier der Liebestechnik, zu lieben, wo nur blanker Sex die Szene beherrscht.
Wo er davon ausgeht, der Orgasmus ist ein Allheilmittel gegen jedwede Unverschämtheit und Lieblosigkeit. Der andere muß diesen nur bekommen, und schon ist er zahm wie ein Opfertier.
Dann stimmt sie eben nicht, die Versöhnung im Bett, sondern ist pervertierter Egoismus.
Der Teufelskreis kann von Neuem beginnen und wird in die gleichen Abscheulichkeiten münden.

Nicht so bei Menschen, die trotzdem lieben.
Hier wird die Gefühlswelt in einer Art und Weise dorthin gesteuert, wo das Sichverstehen absolute Priorität bekommt. Wo hingebende Zärtlichkeit Impulse gibt für Lachen und Schweigen.

Was bedeutet eigentlich Versöhnung, versöhnen?
Mit dem Wort Sohn, hat es nichts zu tun. Doch in der »Versöhnung« steckt Sühne, sühnen.
»Versöhnung« und »Sühne«, diese beiden Begriffe – bringt man heute wohl nicht mehr in Zusammenhang. Wer und was soll sühnen, gesühnt werden, wenn man sich versöhnt?
Doch könnte es sein, daß der, dem die Versöhnung angeboten wird – in Wort oder Tat oder beidem, zu einer Art Sühneleistung im entferntesten Sinne und völlig unbewußt, bereit ist, und dies wiederum unbewußt positiv auch so empfindet.
Doch jetzt genug der Wortklauberei.
Die Versöhnung im Bett ist keine Versöhnung, wenn sie nicht für beide Entkrampfung bringt, neue Grundlagen schafft für ein Entwirren irgendwelcher Knoten.
Sie ist es auch nicht, ohne Zufluchtsort zu sein für zwei durcheinandergeratene Menschen, die sich dort wieder treffen wollen. Doch wenn sie es ist, kann man hier des Guten nie zu viel tun. Es darf gelobt und geschmeichelt werden – alles ist erlaubt, was gefällt.
Es mag eine Versöhnungsmöglichkeit unter vielen sein. Aber es ist eine; sicher nicht die schlechteste.

»Hat wer mit dir der Liebe pflegt,
zum Leibe auch das Herz gelegt,
dann wirst du leicht und froh erwachen –
beherzte Liebe weiß zu lachen.
Post coitum ist man nur trübe,
wenn man geliebt hat ohne Liebe.«
Heinrich Mostar

Loben oder schmeicheln

Es gibt Menschen, die sind nicht in der Lage, einem anderen etwas Nettes zu sagen, selbst dann nicht, wenn sie von der Nettigkeit überzeugt sind.
Sie gehen sogar so weit, diejenigen als Heuchler zu beschimpfen, denen es leicht über die Lippen geht, was sie an anderen bewundern. Ja, die sich eher auf die Zunge beißen würden, als ein Lob auszusprechen.
Wie soll man so etwas werten? Weshalb diese Einstellung? Weiß man selbst genau, wie gut es einem tut, etwas zu hören, was in den Ohren wohlklingt.
Loben motiviert doch. Es muß auch nicht immer und ausschließlich der vollen Wahrheit entsprechen.
Schmeicheleien sind eine weit verbreitete Art des Konversationmachens auf Partys, Empfängen und in Diskotheken.
Werden ganz gezielte Wortschöpfungen gesäuselt und genauso gezielt plaziert, dann ist es oftmals nicht mehr weit zum: »Geh'n wir zu Dir oder geh'n wir zu mir?«
Ob da der Zweck die Mittel heiligt?
Schmeicheln ist immer ein Mittel zum Zweck. Der Schmeichler geht bewußt vor, um etwas zu erreichen. Und da die meisten Menschen für Schmeicheleien empfänglich sind, bekommt er auch nicht selten, was er sich vorgenommen hat.
Hier soll klar unterschieden werden zwischen loben und schmeicheln. Loben ist etwas Positives.
Negativlern, denen alles negativ ist, sogar das Zwitschern der Vögel, werden in keinem Lob etwas Positives finden können. Sie werden immer ein »Aber« parat haben und selbst das hübscheste und geistreichste Lob oder Kompliment zu einem dummen, hirnlosen Geschwafel herabsetzen.
Sie werden sich so um eines der angenehmsten Gefühle berauben. Trotzdem sollte sich niemand davon abbringen lassen, im-

mer das zu sagen, was man an Anerkennendem oder Lobenswertem am anderen entdeckt hat. Man sollte es immer mehr tun.

Denn um Boshaftigkeiten und Gemeinheiten, Sticheleien und nicht gefragten Meinungen ist man weltweit nicht verlegen. Sie wuchern unter jedem Dach, bekommen täglich Nahrung durch die Stimme der allgemeinen Meinung und stiften so viel Unfrieden.

Also sollte man das Positive, das Schöne, den Fleiß und den Erfolg wie immer diese auch aussehen mögen, und wie und wo immer man ihnen begegnen mag, bemerken und entsprechend bewundern.

Auch sollte man aufmunternd wirken: Du kannst es, du weißt es. Morgen sieht schon alles besser aus, morgen wird es bestimmt besser gehen.

Ein wenig Menschenfreundlichkeit gehört dazu, die nichts kostet. Es ist keine Aufforderung zur Schmeichelei, zur Heuchelei. Loben, Bewundern, Anerkennung äußern, Komplimente machen soll nicht zweckentfremdet werden, soll nicht Ziel der verbalen Bemühungen der eigene Vorteil sein.

Der Unterschied zwischen Anerkennung und Schmeichelei ist der: der Lobende hat das Wohl des *anderen* im Sinn, er will ihm etwas Gutes tun –

der Schmeichler nur sich selbst.

Loben und Lob empfangen ist gegenseitiges Erfreuen. Es wird für beide eine angenehm offene Situation geschaffen – die Betonung liegt auf *beide*.

Es ist eindeutig, wo Loben aufhört und Schmeicheln beginnt. In der Partnerschaft macht Schmeicheln keine Probleme, solange das ›Wirdenken‹ nicht verlorengegangen ist.

Das Wohlfühlen des anderen, das Wohlergehen des anderen, eben auch, nette Dinge zu sagen – Liebesübertreibungen sind keinesfalls Schmeichelei, sie sind ›Liebestun‹.

Zum Thema Loben gehören auch Komplimente.

Wie wenige beherrschen diese Kunst, die viel Angenehmes mit

sich bringt. Sie sind an eine Person direkt gerichtete Anerkennungsäußerungen.

Es gibt Komplimente und Komplimente, die diese Bezeichnung nicht verdienen. Zum Komplimentemachen gehört Geist und Phantasie. Außerdem eine scharfe Beobachtungsgabe und natürlich Bewunderung.

In der Partnerschaft nimmt diese Art der Kommunikation einen besonderen Rang ein. Ein wenig Übertreibung wird einem gekonnten Kompliment nicht verübelt. In der Übertreibung liegt die Deutlichkeit. Und genau das unterscheidet wiederum ein Kompliment von einem normalen Lob. Ein Kompliment hat etwas Blumiges, Überschwengliches, während ein Lob zwar Anerkennung gibt, ohne dabei jedoch die Ursache des Lobens aus dem Auge zu verlieren.

Ein Kompliment, ausgesprochen von einem Verliebten oder Liebenden, wurde ausgelöst durch eine Eigenschaft, eine Beobachtung, durch Faszination und kann ohne Schwierigkeiten von der einen Sache zur anderen überspringen. Oft wird es so sein, daß letzten Endes das auslösende Moment verschwommen ist.

Ein Kompliment ist anders, kann mehr sein, weniger sachlich als ein Lob.

Komplimente muß man auch nicht so sehr ernst nehmen. Sie sind dazu da, prickelnde Gefühle hervorzurufen, Stolz zu erwecken für Aussehen oder eine Eigenschaft, für die man gar nichts kann. Lob bekommt man für Leistung.

Die meisten Frauen haben es gerne, Komplimente zu bekommen. Sie tun der Selbständigkeit und dem Freiheitswillen keinerlei Abbruch. Und Männer?

Man zeige mir einen Mann, der über eine Anerkennung oder eine Bewunderung nicht geistig wächst? Manchmal scheint er auch körperlich zu wachsen, wenn er die Schultern reckt ob eines Kompliments. Auch ihnen tut das wohl und wir Frauen täten gut daran, dies öfter zu bedenken.

Männer lieben einfache Komplimente. Sozusagen technische. Ohne Schnörkel und Schleifen.

Man braucht einem Mann nur zu sagen, daß er meisterhaft einparkte, nur anzudeuten, wie schnurgerade er den Gartenzaun gesetzt hat, nur zu bemerken, daß man ohne ihn unmöglich die Kiste in den Aufzug hätte schleppen können.
Die Komplimente für die Männer sind eigentlich ein Lob, das mögen sie.
Manchmal genießen sie es auch, wenn man ihr gutes Aussehen ins Gespräch bringt.
Innerlich wachsen tun sie aber, wenn Können, Fähigkeiten, erreichte Ziele und Erfolg mit Bewunderung bedacht werden.
Und wenn man ihnen sagt, daß sie gut lieben.

Vertrauen oder Mißtrauen

Ein Mißtrauen in Form von Umsicht, Vorsicht oder Weitsicht ist nie verkehrt. Es kann vor viel persönlichem Unheil bewahren, vor niederdrückenden Enttäuschungen schützen.
Trau, schau wem.
Mißtrauen aber zu einer Weltanschauung werden zu lassen, ist das Ende zwischenmenschlicher Beziehungen.
Wenn Vertrauen als fundamentales Gefühl der Begegnungen von Menschen untereinander abhanden gekommen ist, dann sind diese Menschen ärmer als der elendigste Bettler auf der Straße.
Sind es aber Menschen, die Vertrauen haben, die glauben können aus dem Herzen heraus, dann sind sie reich und stark. Der Vertrauende bleibt immer Sieger für sich, darauf kommt es an. Wie könnte es anders sein, so ist auch dieser nicht gefeit vor Fehlern und Fehlentscheidungen, sogar vor groben Mißgriffen im menschlichen wie auch im sachlichen Bereich nie sicher.
Niederlagen werden ihn genauso anreißen wie viele andere, nur, ihn werden sie nicht zerreißen.
Er wird weiter vertrauen in seiner unerschütterlichen Gabe, das Gute zu sehen, wo immer er es vermutet. Er wird es sogar dann noch sehen, wenn es nur noch in seiner Phantasie vorhanden ist. Das läßt ihn weiterleben, weiter vertrauen.
Diese Haltung wird ihn auch davor bewahren, seinen Partner, sollte er ihn einmal enttäuscht haben, mit permanentem Mißtrauen zu strafen. Eine Methode, die jede Zweierbeziehung auch jede Freundschaft zu Fall bringen kann.
Vielmehr wird er den Partner in sein Vertrauenschenken einbinden. Vertrauen wir also unseren Mitmenschen und trauen wir ihnen das Gute zu.
Frauen wie Männer sind Schurken, wenn sie Vertrauen, das man in sie setzt, mißbrauchen oder verhöhnen.

Mit solchen will man nichts zu tun haben, doch manchmal bleibt es einem nicht erspart:
Es gibt Männer, die sind Kanaillen, nützen das unerschütterliche Vertrauen ihrer Frauen schamlos aus, gehen ›regelfremd‹.
Es ist so. Augen auf. Man hat Vertrauen, glaubt, ist sich vielleicht zu sicher – aber nicht blöd.
Das hätte dann mit der ›Trotzdemliebe‹ nichts mehr gemein.
Trotzdem heißt Wissen um...
Nicht Vogel-Strauß-Politik. Nicht wie die drei Affen. Nichts hören, nichts sehen, nichts sagen.
Für eine echte Partnerschaft heißt es: Hören, sehen, sprechen, handeln.

Der erhobene Zeigefinger

Niemand hat sie aufgefordert, keiner nach ihrer unmaßgeblichen Meinung gefragt: Die Menschen, die unablässig mit erhobenem Zeigefinger eine Unterhaltung führen.
Hier wird dem Gesprächspartner Unsicherheit oder Unzulänglichkeit suggeriert. Sie versteigen oder verbeißen sich in Themen, bei denen sie ihre vermeintliche Überlegenheit demonstrieren können. Nicht selten wird finanzielle Potenz sogar als Verhandlungstaktik ins Spiel gebracht, in jeder Art der Unterhaltung. Schwer zu sagen, ob solche Menschen in »Notzeiten« ein verständnisvolles Ohr finden können, vielmehr ist es möglich, daß sie als Antwort das Echo dessen bekommen, wie sie in den Wald hineingerufen haben. Bekanntlich erntet man das, was man gesät hat. Niemand verspürt Lust, sich als Befehlsempfänger behandeln zu lassen. Auf Dauer werden »Zeigefingermenschen« einsam sein müssen, sie werden ihre Umgebung dafür verantwortlich machen.
Giftzwerge erfreuen sich mitunter eines gewissen Gefürchtetseins – manchem mag das genügen, einem umgänglichen Miteinander ist diese Einstellung ausgesprochen abträglich.

In der Partnerschaft ist es schwer, mit derlei Menschen zu kommunizieren. Sie verhalten sich dominant auf eine unangenehme Art und Weise, lassen ihrem Mitmensch wenig Luft zum Atmen, halten ihn klein. Meistens ist es die Frau, die unterdrückt wird, wer es auch immer ist – er muß sich auflehnen in seiner Einstellung, seinem Gegenüber zeigen: so groß wie du bin ich schon lange. Niemals ducken, aufrecht bleiben. Die Persönlichkeit darf nicht schrumpfen.
Lebt man auf engerem Raum zusammen, was in den meisten Partnerschaften üblich ist, so ist die Notbremse ›Zurückziehen‹ nur mit Schwierigkeiten zu bedienen. Man muß sich der Situa-

tion stellen, man kann ihr nicht davonlaufen. Stellen heißt, geistigen Widerstand leisten, unerschrocken mit Gegenargumenten arbeiten, sich aufrecht ›darzustellen‹.

Schweigen oder Sprechen

Wie wichtig ist das, was man gehört oder gesehen hat?
Es gibt eine Zeit zu sprechen, eine Zeit zu schweigen. Letzteres ist schwerer.
Gemeint ist nicht das Schweigen aus Trotz, aus Wut oder Ohnmacht.
Gemeint ist, Schweigen, das Schlimmeres verhütet.
Schweigen, das die Möglichkeit gibt zu denken.
Schweigen, das ruhig macht.
Schweigen, das zum Ursprung, zum Grund führt.
Schweigen, das lächeln läßt, wenn man den Blick eines anderen auffängt.
Schweigen als Gespräch mit der Seele.
Dies alles begegnet einem nicht, wenn man immerzu den Mund auf hat. Hören, Sehen – nicht immer sprechen. Klug sein.
Mit Sicherheit gehören philosophische Eigenschaften dazu, im richtigen Augenblick zu schweigen.
Das Sprichwort: »Hättest Du geschwiegen, Du wärst ein Philosoph geblieben«, sagt dies ganz klar.
Schweigen ist schwer, besonders dann, wenn einem die tollsten Dinge einfallen, die nicht ausgesprochen, umsonst erdacht sind.
Doch mit der Zeit entdeckt man, daß zum Beispiel ein »schweigender Mund« viel mehr geküßt wird als Lippen, die ständig in Bewegung sind.

Andererseits erfordert Sprechen im richtigen und wichtigen Augenblick auch Mut und Zivilcourage.
Sprechen kann klärend sein, hilfreich.
Sprechen über Schwierigkeiten entspannt, macht oft den Blick klarer für die jeweilige Problematik.
Zu viel wird geredet.

Zu wenig wird gesagt.
Es ist fatal. Wie soll man dies in den Griff bekommen?

Eine Partnerschaft wird dann kompliziert, wenn ein Teil äußerst mitteilsam ist, der andere eher zur stillen Zunft gehört. Die Männer sind zahlreich, die sich ihren Frauen gegenüber introvertiert und verschlossen zeigen.
Kommt der Mann abends nach Hause, möchte die Frau gleich loswerden, was sich den Tag über ereignet hat, mit den Kindern, den Nachbarn, außerdem gibt es noch eine brisante Neuigkeit zu berichten über die oder den oder beide.
Er, den Kopf noch vollgepackt mit Berufsalltag und sonstigem Kram, will nun überhaupt nichts derartiges hören. Nicht gleich. Erst abschalten. Dies sollte gewährleistet werden, er braucht es.
Anders, wenn er Ärger hatte im Beruf, die Ehefrau es ihm schon ansieht, wenn er zur Haustür hereinkommt.
»Gab's etwa?« – »Nein, warum sollte?« Ende der Unterhaltung.
Die Frau macht sich Sorgen, denn sie spürt doch, daß er etwas mit sich herumträgt.
Hier machen viele Männer einen entscheidenden Fehler:
Entweder sollte er wie immer gutgelaunt die Haustür aufsperren, wenn er nicht sprechen will, oder nicht kann, um seine Frau nicht zu beunruhigen – oder er macht sich Luft, bezieht die Partnerin mit ein in seine Sorgen, was zu einer Partnerschaft einfach dazugehört.
Es ist auch ein Vertrauensbeweis, der einer Gemeinschaft mehr Tiefe, mehr Festigkeit geben kann.
Eine dritte Möglichkeit wäre für den Mann, daß er seiner Frau zwar sagt, daß es Ärger gegeben hat, daß er aber noch nicht darüber sprechen möchte – erst später. Eine Beruhigung ist das allerdings auch nicht, doch muß sich die Frau nicht ausgeschlossen fühlen. So wartet sie, bereit für ein Gespräch.
Auf eine besorgte oder interessierte Frage einfach mit »Nichts«, zu antworten, ist lieblos und ungezogen.

Solch eine Antwort läßt den Partner draußen, läßt ihn im »Regen stehen«. »Nichts« gibt es nicht. Nicht, wenn man Anlaß zu Fragen gibt.
Also, sprechen, wann immer es erforderlich ist.
Schweigen immer dann, wenn es die bessere Lösung bedeutet.
Bei allen Mängeln, die das Nichtreden aufweist, wird allgemein zu viel geredet. Zuviel Unnützes.
Im Laufe der Menschheitsgeschichte ist mehr Unheil angerichtet worden durch Worte als durch Schweigen.
Ein wenig Kontrolle über die schnelle Zunge tut jedem gut.

Auf einem anderen Blatt Papier steht das gezielte Verletzenwollen. Das sind keine Schwächen mehr, mit denen man leben kann, sofern man trotzdem liebt, sondern es sind Unverschämtheiten, die, auf lange Zeit praktiziert, zu einem gestörten Verhältnis führen müssen.
Mit Mitteilen als Sprechen hat das nichts mehr zu tun, mit sich Nähern auch nicht. Im Gegenteil. Je spitzer und schärfer geschossen werden konnte, um so größer ist die Genugtuung.
Schade so tief sinken zu müssen, um sich aufzubauen.

Sprechen oder schweigen?
Viel und laut sprechen beim Loben.
Viel schweigen bei Zurechtweisung, beim Tadeln, Kritisieren, Mitfühlen.
Schwierig sich hindurchzufinden.
Ein wenig Selbstkontrolle, schon hat man das eine oder andere unbedachte Wort nicht gesagt – schön war's.
Ebenso wäre es schön, immer Worte zu finden, die »passen«, die Verbindungen herstellen, Beziehungen festigen, Leichtigkeit in den Raum stellen, die trösten.

Traurigkeit

Traurigkeit kann eine Droge sein, die uns ein gefährliches Gefühl der Ruhe gibt, die apathisch macht, teilnahmslos am Geschehen, am Leben.
Man muß sich bemühen, um nicht allzu tiefe Traurigkeit hereinbrechen zu lassen.
Mitunter kann sie angenehm sein, bringt Entschuldbares mit sich für Lethargie, für ein Verhalten ohne Halt, ohne Konzept.
Wenn man in den Sog einer Traurigkeit geraten ist, dann muß man auf der Hut sein, daß sie nicht zu einer Weltanschauung gemacht wird. Jeder Mensch kennt Situationen, die niederziehen, wo man nur noch ein schwarzes Loch vor sich sieht – sonst nichts mehr. Der gesunde Egoismus muß einen davor bewahren, in dieses Tal voll Traurigkeit zu fallen.
Wogegen »trauern« etwas anderes ist. Trauern oder traurig sein kann auch ein fröhlicher Mensch, einer der Humor hat.
Doch Traurigkeit mit sich herumtragen – da ist kein Platz mehr für Humor.
Wenn Thomas von Aquin schon im dreizehnten Jahrhundert sagte: »Unter allen Leidenschaften der Seele bringt die Traurigkeit am meisten Schaden für den Leib«, dann liegt man mit dem Egoismus, der alleine schon vor Traurigkeit bewahren sollte, völlig richtig. Traurigkeit kann auch ein sonst intaktes Gefühlsgefüge mit Fäulnis durchsetzen. Bald ist der ganze Mensch faul.
Sich Abwechslung verschaffen, Kontakt zu gefühlsgesunden Menschen suchen, sind gute Mittel, dagegen anzugehen.
Einsamkeit zieht Traurigkeit nach sich.
Traurigkeit zieht Einsamkeit nach sich. Das ist ein ›Hand-in-Hand‹-Gehen.
Man tut gut daran, sich Fundamente zu schaffen, die dann tragen, sollte dieses schwarze Loch einen verschlingen wollen.
Brücken bauen zu Menschen.

Ausgleich

Bekanntermaßen ist dort, wo viel Licht ist, auch viel Schatten. Doch die Menschen haben so ihre eigenen Gesetze – ihre eigenen ›Nichtgesetzesmäßigkeiten‹, mit denen sie ihre Umgebung drangsalieren. Die Naturgesetze werden über den Haufen geworfen.
Solche Menschen machen es ihrem Partner schwer, tolerant und nachsichtig zu sein. Wenn sie nur ungehobelt, nur unverschämt und egozentrisch sind, sollten sie mindestens ebensolche schwergewichtigen *guten* Eigenschaften zeigen.
Es geht auch nicht an, zerstört sogar eine Partnerschaft, wenn einer immer nur seinen Frust loswerden darf, der andere ihn dagegen ständig schlucken muß.
Wenn der Ausgleich nicht stimmt, stimmt auch die Beziehung nicht. Erfreuliche Erfahrungen müssen sich mit den weniger schönen Ereignissen mindestens die Waage halten. Noch besser wäre, die Schale ›Licht‹ tendiert nach unten – ist schwerer als ›Schatten‹.
Wenn einer meint, rüpelhaft sein zu müssen, dann hat er sich anzustrengen, daß er derartige Unarten durch ein liebenswertes Wesen unwichtig und bedeutungslos macht, daß sie besser wegzustecken sind.
Es muß immer wieder für Entspannung gesorgt werden.

Interessante Menschen sind anstrengend, sie strapazieren das Nervenkostüm ihrer Mitmenschen ohne Rücksicht auf Verluste, oft bis zum Zerreißen.
Seien es cholerische Auftritte, reine Zwangsübungen der Machtbehauptung, oder insistierende Gesprächsführung. Das alles kann einem passieren bei Menschen, die nicht langweilig sind, deren Charakter ein Höchstmaß an Toleranz erfordert. Wenn man sie zu nehmen weiß, sind sie Quelle der Abwechslung, bie-

ten Aneinanderreiben. Wichtig ist nur, man reibt mit. Man schleift sich gegenseitig ab.
Interessante Menschen, schwierige Menschen, sie besitzen ein ausgeprägtes Eigenleben.
Je mehr sie durch ihre Persönlichkeit von ihrer Umwelt verschlingen wollen – um so mehr müssen sie von sich abgeben.
Das kann der erwarten, der sie immer ertragen muß.
In der Beziehung zwischen Mann und Frau herrscht noch vielfach ein Mißverhältnis: Es wird nur gefordert, nur erwartet, nur belastet, sich nur schlecht benommen und nichts dagegen gesetzt.
Das macht kaputt, macht mürbe, unfähig. So ist es doch.
Aber niemand sollte sich damit zufrieden geben – keine Frau und auch kein Mann – immer nur angerempelt und ausgelaugt zu werden. Niemand. Eine Partnerschaft besteht aus Aufeinanderzugehen und auch ein Sich-voneinander-Entfernen. Alles zu seiner Zeit. Wenn die gegenseitigen Strömungen in einem regelmäßigen Rhythmus sind, von zwei Menschen geschaffen, dann sind sie auch mit der Natur im Einklang. Dann besteht die natürliche Gesetzesmäßigkeit von Licht und Schatten. Der Ausgleich ist da. Er wäre da, wenn...
Wenn sich wirklich jeder um den Ausgleich bemühen wollte. Es wird hier nicht die Erwartungshaltung angesprochen: »Wie ich Dir – so Du mir«, sondern das ganz normale Erwartenkönnen eines ganz normalen Anstandes.

Wer fordert muß auch geben – wer viel fordert, muß viel geben.
Ob sich in dieser Beziehung in den nächsten Jahren etwas ändern wird?
Seien wir zuversichtlich. Es wird sich etwas ändern, etwas bewegen in Richtung Menschlichkeit auf allen Gebieten.
Die Menschen werden wieder Menschen sein können und es auch bleiben. Sie werden herausfinden, daß ihnen sonst der ganze Fortschritt mitsamt seiner Faszination nichts nützen wird, daß sie sich davor hüten müssen, selbst zu Robotern zu werden.

Sie werden nicht nur alles abfragen, sondern auch sich hinterfragen und sich täglich im eigenen Leben das *Miteinander* bewußt machen.
Ausgleich schaffen. Zu zweit ist so etwas allemal leichter, wenn man sich gegenseitig hilft.
Man sollte auch den Mut aufbringen, den anderen um Hilfe zu bitten. Das ist keine Niederlage oder Schwäche, sondern bewußtes teilhaben lassen am eigenen Ich.
Einen gehbaren Weg finden und ihn bewahren.

Auch kann aus einer religiösen Haltung heraus Boden gewonnen werden. »...Es ist nicht gut, daß der Mensch allein sei...«
Es ist aber auch nicht gut, wenn er sich demütigen läßt. Solch eine falsche Auffassung von ›Miteinander‹ kann zur Vereinsamung führen, wenn kein Ausgleich geschaffen wird.
›Wehret den Anfängen‹ bei allem und immer. Spätestens dann, wenn man feststellt, daß die Beziehung nicht miteinander läuft, sondern gegeneinander.
Was hat sich verändert? Wer hat sich verändert?
Wenn man ehrlich ist, kommt häufig die Erkenntnis, daß man sich selbst verändert hat. Schlechte Sitten bürgerten sich ein, der andere wurde genervt und verhielt sich dementsprechend. Ein Teufelskreis hat sich geschlossen. Er muß gesprengt werden, nicht abwarten, bis er von selbst explodiert.
Immer wird es nicht zu vermeiden sein, vor allen Dingen dann nicht, wenn nur einer an die Rettung glaubt, der andere längst an einem neuen ›Haus‹ ein Fundament baut und in Gedanken schon seine Koffer packt.
Das ist eine bittere Pille, die jedoch manchmal heilsam sein kann für denjenigen, der sie schlucken muß. Er wird mit viel Geduld und Einsicht feststellen können, daß in allem ein Sinn zu sehen ist. Doch letzten Endes macht die Partnerschaft erst ein Ganzes aus. Wir sind eine Einheit. Es kann nichts abgezogen werden, noch gebrochen, noch geteilt, nur zusammengezählt ergibt es die Summe: Partnerschaft.

Aus dieser Erkenntnis heraus stellen sich Fragen:
Was ist gut für *uns*? Was bringt *uns* weiter? Wie können wir *uns* nützen? In der Partnerschaft, in der Gemeinschaft.

Jede Bewegung nach vorn beginnt mit dem ersten Schritt. Jedes Bemühen beginnt nicht bei irgend jemandem, sondern es muß jeder zuerst *selbst* an den Start in der berechtigten Hoffnung, daß er nicht alleine ist.
Lassen wir uns nicht allzuviel Zeit mit dem Beginn des Neuen. Gehen wir verschwenderisch mit positivem Ausgleich um.

Die Liebeserklärung

Nichts wird beschönigt, ist vorbei oder verschwunden.
Weder kehrt jemand etwas unter den Teppich, noch kippt er es ins Meer – ich käme für derlei Aktivitäten ohnedies niemals in Frage. Deine Schwächen und Fehler sind mir wohlbekannt.
Oft genug fühle ich mich belastet durch deine nervigen Eigenheiten. Dinge, die du dir im Laufe deines Lebens angewöhnt hast, sind auch nicht immer dazu angetan, mich zu erheitern.
Manchmal befällt mich ein großes Bedürfnis, laut schreiend aus dem Haus zu laufen, weil du wieder einmal nichts begreifst.
Trotzdem liebe ich dich.

Anstatt dich mit mir zu ereifern, dich mit mir solidarisch zu erklären in meiner Aufregung, bist du von einer unerträglichen Ruhe, die selten dazu beiträgt, meinen Gleichmut wieder zu finden. Wenn du Antworten gibst, die mir nichts anderes sagen, als daß du nicht zugehört hast, überkommt mich eine lähmende Verständnislosigkeit. Bitterkeit macht sich in mir breit, wenn du auf unverkennbare Weise deine Überlegenheit demonstrierst, die – wie jeder weiß – ohnehin nur sogenannt ist. Wenn du mir einzureden versuchst, nur du könntest beurteilen, was für mich gut ist oder nicht, dann laß dir gesagt sein, daß ich es selbst weiß und mich darauf einzustellen vermag.
Es scheint ein Steckenpferd von dir zu sein, Paragraphen zu reiten. Durch dein Beharren auf Buchstaben und präziser Ausdrucksweise werde ich auf eine lächerliche Art an meine Schulzeit erinnert.
Trotzdem liebe ich dich.

Wenig geistreich und zugleich unerfreulich – weil durchschaubar wie Glas – sind deine Ausflüchte und Ausreden. Auch Zivilcourage hast du nicht auf dein Banner geschrieben, wenn es darum geht, einen Irrtum einzugestehen oder eine Möglichkeit zu suchen, dein Fehlverhalten offen darlegen zu können. Andererseits bist du ein Prahler, wobei ich ein solches Gebaren nicht einzuordnen weiß. Warum brauchst du immer jemanden, der dir auf die Schulter klopft? Das sind dann *deine* Leute. Sollte es aber einer wagen, dir zu widersprechen oder dich gar zu kritisieren, ist er die längste Zeit dein Günstling gewesen.

Dein Suchtverhalten ist besorgniserregend:
Du bist süchtig nach deinem Job, süchtig nach der »Glotze«, dem Computer. Süchtig nach der Zigarette, dem Alkohol, dem vollen, schweren Magen, süchtig nach dem Geschwindigkeitsrausch.
Warum aber bist du nicht auch »süchtig« danach, deine Gleichgültigkeit und Interesselosigkeit aufzugeben? Weil es unbequem werden könnte – das ist der Grund.
Trotzdem liebe ich dich.

Wer deine Kreise stört, hat schlechte Karten. Dich aus deinem indifferenten Dämmerschlaf wachzurütteln, kann gefährlich werden. Man riskiert eine gespannte Atmosphäre und setzt deine »gute Laune« auf ein Pokerspiel.
Wie soll ich jemals Erfolge verbuchen beim Versuch, dich für eine Sache zu begeistern, die außerhalb deiner rationalen Denkweise angesiedelt ist?
Du wirst begriffstutzig, wenn es um Einsicht, Nachsicht, Rücksicht und Umsicht geht, schaltest auf Durchzug, werden Eigenschaften wie Nachgeben oder Feingefühl gefordert. Du negierst diese »Grundnahrung« für ein Leben zu zweit.

Ja, ich erkenne dich und begreife, es ist nicht einfach dich zu lieben...
»...und trotzdem liebe ich dich...«

Du willst erfahren weshalb?
Es sind die *anderen, die liebenswerten* Eigenschaften, die dich auszeichnen – deshalb!

Mein Dank

Meiner Verlagsleiterin, Frau Ingeborg Castell, danke ich von Herzen für Ihre geschickte Art, mich zu Disziplin, Fleiß und Phantasie anzuspornen. Sie hat mich mit Sachverstand und Erfahrung immer wieder auf das richtige Gleis gestellt.

Danken möchte ich auch den vielen ungenannten Gesprächspartnern, die mich durch ihre offenen Antworten auf meine vielen Fragen tatkräftig unterstützten.

Auch gilt all jenen mein Dank, die mir während meiner Recherchen jegliche Hilfe und nützliche Ratschläge angedeihen ließen, die mir Quellenmaterial zur Verfügung stellten, oder mich an die entsprechende Adresse verwiesen. Hier möchte ich ganz besonders Herrn Dr. Hengesch, Universität Homburg/Saar, erwähnen. Herrn Wolfgang Knörzer, Diplom-Pädagoge, Heidelberg, möchte ich danken, für seine Stellungnahme zu »Männer und Gefühle«, ganz besonders aber für seine spontane Bereitschaft, das Vorwort zu schreiben.